60分類キャラクター&グループ対応表

Chara-Bible

山岳
Mountain
moon 5
面倒見のいい黒ひょう
earth 15
どっしりとした猿
earth 25
穏やかな狼
moon 35
頼られると嬉しいひつじ
earth 45
サービス精神旺盛な子守熊
earth 55
パワフルな虎
灯火
Candlelight
earth 4
フットワークの軽い子守熊
moon 14
協調性のないひつじ
earth 24
クリエイティブな狼
earth 34
気分屋の猿
moon 44
情熱的な黒ひょう
earth 54
楽天的な虎
太陽
Sunshine
earth 3
落ち着きのない猿
earth 13
ネアカの狼
moon 23
無邪気なひつじ
earth 33
活動的な子守熊
earth 43
動きまわる虎
moon 53
感情豊かな黒ひょう

宝石
Jewelry
moon 8 磨き上げられたたぬき
sun 18 デリケートなゾウ
sun 28 優雅なペガサス
moon 38 華やかなこじか
sun 48 品格のあるチータ
sun 58 傷つきやすいライオン
鉱脈
Metal
sun 7 全力疾走するチータ
moon 17 強い意志をもったこじか
sun 27 波乱に満ちたペガサス
sun 37 まっしぐらに突き進むゾウ
moon 47 人間味あふれるたぬき
sun 57 感情的なライオン
大地
Field
earth 6 愛情あふれる虎
earth 16 コアラのなかの子守熊
moon 26 粘り強いひつじ
earth 36 好感のもたれる狼
earth 46 守りの猿
moon 56 気どらない黒ひょう

Chara Bible

60分類キャラクター&グループ対応表

個性心理學60分類キャラクター換算表

西暦／年号	1月	2月	3月	4月	5月	6月	7月	8月	9月	10月	11月	12月
1920(大正9)年＊	54	25	54	25	55	26	56	27	58	28	59	29
1921(大正10)年	0	31	59	30	0	31	1	32	3	33	4	34
1922(大正11)年	5	36	4	35	5	36	6	37	8	38	9	39
1923(大正12)年	10	41	9	40	10	41	11	42	13	43	14	44
1924(大正13)年＊	15	46	15	46	16	47	17	48	19	49	20	50
1925(大正14)年	21	52	20	51	21	52	22	53	24	54	25	55
1926(昭和1)年	26	57	25	56	26	57	27	58	29	59	30	0
1927(昭和2)年	31	2	30	1	31	2	32	3	34	4	35	5
1928(昭和3)年＊	36	7	36	7	37	8	38	9	40	10	41	11
1929(昭和4)年	42	13	41	12	42	13	43	14	45	15	46	16
1930(昭和5)年	47	18	46	17	47	18	48	19	50	20	51	21
1931(昭和6)年	52	23	51	22	52	23	53	24	55	25	56	26
1932(昭和7)年＊	57	28	57	28	58	29	59	30	1	31	2	32
1933(昭和8)年	3	34	2	33	3	34	4	35	6	36	7	37
1934(昭和9)年	8	39	7	38	8	39	9	40	11	41	12	42
1935(昭和10)年	13	44	12	43	13	44	14	45	16	46	17	47
1936(昭和11)年＊	18	49	18	49	19	50	20	51	22	52	23	53
1937(昭和12)年	24	55	23	54	24	55	25	56	27	57	28	58
1938(昭和13)年	29	0	28	59	29	0	30	1	32	2	33	3
1939(昭和14)年	34	5	33	4	34	5	35	6	37	7	38	8
1940(昭和15)年＊	39	10	39	10	40	11	41	12	43	13	44	14
1941(昭和16)年	45	16	44	15	45	16	46	17	48	18	49	19
1942(昭和17)年	50	21	49	20	50	21	51	22	53	23	54	24
1943(昭和18)年	55	26	54	25	55	26	56	27	58	28	59	29
1944(昭和19)年＊	0	31	0	31	1	32	2	33	4	34	5	35
1945(昭和20)年	6	37	5	36	6	37	7	38	9	39	10	40
1946(昭和21)年	11	42	10	41	11	42	12	43	14	44	15	45
1947(昭和22)年	16	47	15	46	16	47	17	48	19	49	20	50
1948(昭和23)年＊	21	52	21	52	22	53	23	54	25	55	26	56
1949(昭和24)年	27	58	26	57	27	58	28	59	30	0	31	1
1950(昭和25)年	32	3	31	2	32	3	33	4	35	5	36	6
1951(昭和26)年	37	8	36	7	37	8	38	9	40	10	41	11
1952(昭和27)年＊	42	13	42	13	43	14	44	15	46	16	47	17
1953(昭和28)年	48	19	47	18	48	19	49	20	51	21	52	22

西暦／年号	1月	2月	3月	4月	5月	6月	7月	8月	9月	10月	11月	12月
1954(昭和29)年	53	24	52	23	53	24	54	25	56	26	57	27
1955(昭和30)年	58	29	57	28	58	29	59	30	1	31	2	32
1956(昭和31)年＊	3	34	3	34	4	35	5	36	7	37	8	38
1957(昭和32)年	9	40	8	39	9	40	10	41	12	42	13	43
1958(昭和33)年	14	45	13	44	14	45	15	46	17	47	18	48
1959(昭和34)年	19	50	18	49	19	50	20	51	22	52	23	53
1960(昭和35)年＊	24	55	24	55	25	56	26	57	28	58	29	59
1961(昭和36)年	30	1	29	0	30	1	31	2	33	3	34	4
1962(昭和37)年	35	6	34	5	35	6	36	7	38	8	39	9
1963(昭和38)年	40	11	39	10	40	11	41	12	43	13	44	14
1964(昭和39)年＊	45	16	45	16	46	17	47	18	49	19	50	20
1965(昭和40)年	51	22	50	21	51	22	52	23	54	24	55	25
1966(昭和41)年	56	27	55	26	56	27	57	28	59	29	0	30
1967(昭和42)年	1	32	0	31	1	32	2	33	4	34	5	35
1968(昭和43)年＊	6	37	6	37	7	38	8	39	10	40	11	41
1969(昭和44)年	12	43	11	42	12	43	13	44	15	45	16	46
1970(昭和45)年	17	48	16	47	17	48	18	49	20	50	21	51
1971(昭和46)年	22	53	21	52	22	53	23	54	25	55	26	56
1972(昭和47)年＊	27	58	27	58	28	59	29	0	31	1	32	2
1973(昭和48)年	33	4	32	3	33	4	34	5	36	6	37	7
1974(昭和49)年	38	9	37	8	38	9	39	10	41	11	42	12
1975(昭和50)年	43	14	42	13	43	14	44	15	46	16	47	17
1976(昭和51)年＊	48	19	48	19	49	20	50	21	52	22	53	23
1977(昭和52)年	54	25	53	24	54	25	55	26	57	27	58	28
1978(昭和53)年	59	30	58	29	59	30	0	31	2	32	3	33
1979(昭和54)年	4	35	3	34	4	35	5	36	7	37	8	38
1980(昭和55)年＊	9	40	9	40	10	41	11	42	13	43	14	44
1981(昭和56)年	15	46	14	45	15	46	16	47	18	48	19	49
1982(昭和57)年	20	51	19	50	20	51	21	52	23	53	24	54
1983(昭和58)年	25	56	24	55	25	56	26	57	28	58	29	59
1984(昭和59)年＊	30	1	30	1	31	2	32	3	34	4	35	5
1985(昭和60)年	36	7	35	6	36	7	37	8	39	9	40	10
1986(昭和61)年	41	12	40	11	41	12	42	13	44	14	45	15
1987(昭和62)年	46	17	45	16	46	17	47	18	49	19	50	20
1988(昭和63)年＊	51	22	51	22	52	23	53	24	55	25	56	26
1989(平成1)年	57	28	56	27	57	28	58	29	0	30	1	31

西暦／年号	1月	2月	3月	4月	5月	6月	7月	8月	9月	10月	11月	12月
1990(平成2)年	2	33	1	32	2	33	3	34	5	35	6	36
1991(平成3)年	7	38	6	37	7	38	8	39	10	40	11	41
1992(平成4)年＊	12	43	12	43	13	44	14	45	16	46	17	47
1993(平成5)年	18	49	17	48	18	49	19	50	21	51	22	52
1994(平成6)年	23	54	22	53	23	54	24	55	26	56	27	57
1995(平成7)年	28	59	27	58	28	59	29	0	31	1	32	2
1996(平成8)年＊	33	4	33	4	34	5	35	6	37	7	38	8
1997(平成9)年	39	10	38	9	39	10	40	11	42	12	43	13
1998(平成10)年	44	15	43	14	44	15	45	16	47	17	48	18
1999(平成11)年	49	20	48	19	49	20	50	21	52	22	53	23
2000(平成12)年＊	54	25	54	25	55	26	56	27	58	28	59	29
2001(平成13)年	0	31	59	30	0	31	1	32	3	33	4	34
2002(平成14)年	5	36	4	35	5	36	6	37	8	38	9	39
2003(平成15)年	10	41	9	40	10	41	11	42	13	43	14	44
2004(平成16)年＊	15	46	15	46	16	47	17	48	19	49	20	50
2005(平成17)年	21	52	20	51	21	52	22	53	24	54	25	55
2006(平成18)年	26	57	25	56	26	57	27	58	29	59	30	0
2007(平成19)年	31	2	30	1	31	2	32	3	34	4	35	5
2008(平成20)年＊	36	7	36	7	37	8	38	9	40	10	41	11
2009(平成21)年	42	13	41	12	42	13	43	14	45	15	46	16
2010(平成22)年	47	18	46	17	47	18	48	19	50	20	51	21
2011(平成23)年	52	23	51	22	52	23	53	24	55	25	56	26
2012(平成24)年＊	57	28	57	28	58	29	59	30	1	31	2	32
2013(平成25)年	3	34	2	33	3	34	4	35	6	36	7	37
2014(平成26)年	8	39	7	38	8	39	9	40	11	41	12	42
2015(平成27)年	13	44	12	43	13	44	14	45	16	46	17	47
2016(平成28)年＊	18	49	18	49	19	50	20	51	22	52	23	53
2017(平成29)年	24	55	23	54	24	55	25	56	27	57	28	58
2018(平成30)年	29	0	28	59	29	0	30	1	32	2	33	3
2019(平成31)年	34	5	33	4	34	5	35	6	37	7	38	8
2020(平成32)年＊	39	10	39	10	40	11	41	12	43	13	44	14

＊はうるう年

☆個性心理學60分類換算表及び対応表の見方

例）1976年9月13日生まれの女性の場合　【計算方法】

1. 1976年9月のコード数を確認する。→ 52（①）
2. コード数に生まれた日を足す。→ 52（①）＋ 13（②）＝ 65（③）
3. 合計数が60を超える場合は、合計数から60を引く。→ 65（③）－ 60 ＝ 5
4. 60分類キャラクター対応表で5を調べる。→ 面倒見のいい黒ひょう

個性心理學60分類キャラクター対応表

		キャラクター
1	大樹	長距離ランナーのチータ
2	草花	社交家のたぬき
3	太陽	落ち着きのない猿
4	灯火	フットワークの軽い子守熊
5	山岳	面倒見のいい黒ひょう
6	大地	愛情あふれる虎
7	鉱脈	全力疾走するチータ
8	宝石	磨き上げられたたぬき
9	海洋	大きな志をもった猿
10	雨露	母性豊かな子守熊
11	大樹	正直なこじか
12	草花	人気者のゾウ
13	太陽	ネアカの狼
14	灯火	協調性のないひつじ
15	山岳	どっしりとした猿
16	大地	コアラのなかの子守熊
17	鉱脈	強い意志をもったこじか
18	宝石	デリケートなゾウ
19	海洋	放浪の狼
20	雨露	物静かなひつじ
21	大樹	落ち着きのあるペガサス
22	草花	強靭な翼をもつペガサス
23	太陽	無邪気なひつじ
24	灯火	クリエイティブな狼
25	山岳	穏やかな狼
26	大地	粘り強いひつじ
27	鉱脈	波乱に満ちたペガサス
28	宝石	優雅なペガサス
29	海洋	チャレンジ精神の旺盛なひつじ
30	雨露	順応性のある狼

		キャラクター
31	大樹	リーダーとなるゾウ
32	草花	しっかり者のこじか
33	太陽	活動的な子守熊
34	灯火	気分屋の猿
35	山岳	頼られると嬉しいひつじ
36	大地	好感のもたれる狼
37	鉱脈	まっしぐらに突き進むゾウ
38	宝石	華やかなこじか
39	海洋	夢とロマンの子守熊
40	雨露	尽くす猿
41	大樹	大器晩成のたぬき
42	草花	足腰の強いチータ
43	太陽	動きまわる虎
44	灯火	情熱的な黒ひょう
45	山岳	サービス精神旺盛な子守熊
46	大地	守りの猿
47	鉱脈	人間味あふれるたぬき
48	宝石	品格のあるチータ
49	海洋	ゆったりとした悠然の虎
50	雨露	落ち込みの激しい黒ひょう
51	大樹	我が道を行くライオン
52	草花	統率力のあるライオン
53	太陽	感情豊かな黒ひょう
54	灯火	楽天的な虎
55	山岳	パワフルな虎
56	大地	気どらない黒ひょう
57	鉱脈	感情的なライオン
58	宝石	傷つきやすいライオン
59	海洋	束縛を嫌う黒ひょう
60	雨露	慈悲深い虎

動物キャラナビ［バイブル］

個性心理學研究所®所長
弦本將裕

集英社

はじめに

私が、世界で初めて人間の個性を12種類の動物キャラクターに当てはめ、「個性心理學」として発表したのは、１９９７年4月のことです。動物キャラクターを使用しているにもかかわらず、私自身は、当時から「個性心理學＝人間図鑑である」と考えてきました。

人間は、長年にわたって、わからないモノを理解するために「分類する」という手法をとってきました。分類することで、見えなかったモノが見えてくるのです。図書館に行けば、あらゆる図鑑が並んでいます。動物図鑑、植物図鑑、昆虫図鑑、魚や鳥の図鑑でさえも…。ところが、これまでなぜか、人間図鑑だけが存在しなかったのです。

動物の生態を知ることで、その行動特性や資質、性質などを知ることができます。すなわち、これらの図鑑は、動物や植物や昆虫、あるいは魚や鳥たちの取り扱い説明書でもあったのです。

みなさんだって、恋人や夫や子どもについての「トリセツ」がこの世に存在したら、たいへん便利だとは思いませんか(笑)!?　ご安心ください。本書こそが「人間のキャラクター別のトリセツ」なのです。これでもうあなたは、人間関係で悩むことはありません。毎日を楽しく過ごすことができるのです。風水学における開運の極意のひとつは、「人間関係を良好にする」ことだと言われています。自分の周りの人間関係が改善されれば、ストレスから解放され、おのずと運気も上昇していくわけです。

人間関係に起因するストレスは、すべて「個性の違い」から生まれるものです。なぜなら、「個性の違い」が、「価値観の違い」を生み出すからです。人間が、自分とは異なる価値観を受け入れるのは、容易なことではありません。私たちは、自分の価値観に支配されて生きています。ですから、自分と違う考え方をする人間や意見が対立する人々を、知らず知らずのうちに敬遠しているのです。

でも、もうそんな時代は終わりました。人々が許し合い、認め合う新しい時代が、いよいよ幕を開けるのです。

では、なぜいま「動物キャラナビ」や「個性心理學」が、再びもてはやされるのでしょうか？

1999年に出版された私のデビュー作『個性心理學／キャラクターナビゲーション』（発売：角川書店）は、おかげさまで大きな反響を呼び、それをきっかけに、日本中で動物キャラクターをベースにしたたくさんの占いが、大ブームとなりました。そのころ、高校生や大学生だったみなさんが社会人となり、また結婚して子育ての真っ最中だったりして、改めて「あ、コレって、子育てにも使える！」とか「仕事の営業に活用してみたら、売上げが上がった」などと、その価値を再認識していることも関係しているかもしれません。また、当時はまだ幼かった多くの方々にとっても、新鮮でわかりやすい心理学として支持されているからかもしれません。

「個性心理學」というと、少し堅く感じるかもしれませんが、動物キャラクターに当てはめた〝人間のナビゲーション＝人間図鑑〟だと思ってみてください。だからこそ本書は「動物キャラナビ」なのです。これは、私の造語ですが、今や世界中で「Ｃｈａｒａｎａｖｉ」として、広く認知されています。現在、多くの車にはカーナビが標準装備されていますが、これに慣れてしまった私たちは、もうカーナビのない生活に戻ることはできません。同じことです。これは、人間関係に不可欠な「キャラナビ」なのです。

私は、大学時代に社会心理学を専攻しましたが、実際に社会に出ると、残念なことにまったく使いモノにはなりませんでした。私たちが本当に必要とするのは、「社会」というマスの心理学ではなく、身近な人間関係を決める「個人」であるからです。

心理学が、「心のメカニズムを解明する科学である」と認知されるようになったのは、つい最近のことです。このごろでは、量子力学などの影響も受け、行動心理学的物理学などの領域まで研究されるようになってきました。でも、待ってください。果たして、私たちの心や恋愛の心理を、そんなに簡単に科学的に解明できるでしょうか？

学者たちは、人間の心理を科学的に解明しようとするあまり、心の痛みや恋愛における心理的葛藤について、また、天気と同じように毎日刻々と変化する「運気（バイオリズム）」などについても、研究の対象からバッサリ切り捨ててきました。言い換えれば、「宇宙の法則」とも言える「天体のプログラム」や、それらが人体に与える影響について、まったく「土俵の外」のこととして、無視し続けてきたのです。

これらを鑑みて、個性心理學研究所は、単なる実験的な心理学ではなく、「実学」として「今日から使える心理学」の確立を目指してきました。私たちが本当に欲しいのは、「異常性格者の心理学」でもなければ「犯罪心理学」でもありません。恋人や大切な家族、毎日顔を合わせる会社の上司や同僚、また、学校の友人などといった、そのつきあい方に悩んでしまう「目の前にいる人」との関係を良好にしたいのです。

実際、私のところに相談にくるクライアントには、たくさんの臨床心理士などのカウンセラーやドクターといった心理学の専門家が含まれています。どれだけ大学や大学院で心理学を究めても、人間関係を究めることにはなりません。彼らもまた、日々の人間関係で悩みを抱えているのです。学位などと関係なく、みな、毎日を楽しく過ごしたいのが本音です。

人生をエンジョイし、かつビジネスで成功したいのであれば、次のふたつのことを、よく知らなければなりません。

①本当の自分について　②自分の運気について

このふたつを深く理解して、初めて他者との関係性に生かすことができます。「自分と他人は違うのだ」ということを実感として理解すること。違いがわかってこそ、初めて他者を受け入れることもできるようになるのです。

子どもからお年寄りまで、多くのみなさんが人間関係で悩んでいます。しかし、難解な心理学は、多くの人々に有効な方法を説いてはくれません。世間では通用しないのです。「本物は、シンプルでわかりやすくなくてはならない」というのが、かねてより私の持論です。そのためには、誰にでもわかりやすい表現方法が不可欠でした。これまでの学問は、ともすると簡単なことをわざとむずかしく表現したり、もっともらしく伝えることに終始してきました。しかし、これからの真の学問は、「むずかしいことをいかにわかりやすく伝えるか？」を、使命とすることでしょう。

「人間の記憶は、イメージでしか残らない」ということが、心理学でも証明されています。これに着目した私は、人間を動物のイメージに当てはめてみたのです。これが大ブームを呼ぶきっかけとなりました。世の中に受け入れられたのです。この動物キャラたちは、特段珍しいモノではなく、実は私たちの日常にあふれかえっています。プロ野球の球団名、家電製品、引っ越しのトラックのイラスト、会社名やお菓子などの商品名、遊園地、そのアトラクション、果ては流行りの「ゆるキャラ」たちだって、その多くは動物ではありませんか⁉

いま、大きな時代の転換期を迎え、これまでの価値観や固定概念やモノサシが通用しなくなっています。複雑になる社会環境、国際競争などを考えると、私たちの心に、休む暇はありません。毎日おびただしい情報に翻弄され、何を信じていいのかすら、わからなくなっています。評価し合う社会では、人は勝者と敗者に分けられ、いつの間にやら、みな自信を喪失しています。人々から笑顔が消え、テレビでは人と人とが殺し合うニュースが、連日報じられています。本当にこれでいいのでしょうか？

紀元前1万年前に農業が始まったころ、地球上の人口はわずか５００万人だったと言われています。長い歴史を経て、１９５０年には25億人となり、その後、急激に人口は増加して、40年後には2倍の50億人を突破。いまでは、70億人をはるかに超えています。毎日25万人、年間1億人ずつ人口は増え続けているのです。この人口の増加と、人々のストレスが、深い相関関係にあることは誰もが認めるところでしょう。

昨今では、日本はもとより海外でも支持を受ける「Ｃｈａｒａｎａｖｉ」ですが、文化・風習・伝統・肌の色・言語が違っても、個性心理學が受け入れられることは、「個性に国境はない」ということの証左だと思いませんか？　コミュニケーションが成立すれば、人々はおのずと互いに向き合うことができます。隣人同士が認め合えれば、まず地域が変わるでしょう。地域が変われば、国も変わるでしょう。国が変われば、いずれは地球だって変わっていくはずです。本書を通じて、私は、真にストレスのない社会づくりに貢献できることを信じてやみません。

私たちは、何のために生まれて来たのでしょうか？

答えは、「倖せになるため」です。

笑顔でいれば、まずそれだけで楽しいし、恋人とも仲良くできる。会話が弾めば、商談だってたちまち決まるでしょう。この本を、恋愛に、ビジネスに大いに活用して、みなさんご自身の人生の「質」をどんどんと向上させてください。

本書は、前述の『個性心理學』の完全改訂版＝「バイブル」として、まったく新たに書き下ろす形で出版する運びとなりました。本書の出版にあたり、集英社第６編集部の水木英氏には大変お世話になりました。本当にありがとうございました。

２０１３年４月

個性心理學研究所　所長　弦本將裕

動物キャラナビ［バイブル］

目次

第一章 ようこそ、個性心理學へ

個性心理學とは？

私たちは、とても恵まれた環境にいます。世界の国々を見れば、明日食べるパンがなかったり、住む家がなかったり、働く職がなかったりと悲惨な状況の中で暮らしている人々がいかに多いかに驚かされてしまいます。

私たち日本人は、豊かでとても治安のいい国の中で暮らしています。飽食の時代といわれ、飢餓に苦しむ人はいません。みんなきれいな洋服に身を包み、街は素敵な車であふれかえっています。しかし、どうでしょう？　みなさん、「まったくストレスがない」と言えますか⁉

講演会などで、受講されているみなさんにもよくこの質問をします。ほとんどの方が、「自分は倖せだ」と感じていらっしゃいますが、「ストレスがない方は手を上げてください」と聞くと、ひとりも手が上がらないのです。

つまり、私たちは人並みかそれ以上に倖せだと思ってはいるものの、ストレスは感じているということなのです。

では、ストレスの原因は、いったいなんでしょうか？　答えは、「人間関係」です。

実に、ストレスの原因の90％以上が自分を取り巻く様々な人間関係に起因していることがわかっているのです。この複雑に絡み合った人間関係を紐解く心理学こそ「個性心理學」なのです。

個性心理學は、生年月日からその人の個性や運気を割り出すため、「占いですか？」とよく聞かれます。私は、占いを否定するつもりはありませんが、これまでの占いは、自分の運勢や恋愛運、仕事運など、自分のことばかりが興味の対象となっており、他人に目を向けることは少なかったのも事実です。たとえば星座占いでいえば、自分がおうし座なら、おうし座のことだけわかれば満足してしまうのです。これほど普及しているにもかかわらず、ホロスコープを完全に理解している人は、ほとんど皆無でしょう。

占いの単行本に限らず、週刊誌、月刊誌、新聞などにも様々な占いが掲載されていますが、ほとんどの人は、自分のところしか読まないのです。つまり、自分と他人の「人間関係」に重きを置く個性心理學とは、根本的に考え方が違うわけです。

個性心理學研究所では、単に情報を発信するだけでなく、講演会、講座、勉強会を通じて、個性心理學の普及活動に努めています。さらに、人前で講演したり、問題を抱えている方をカウンセリングする目的で、認定講師・認定カウンセラーの資格制度を設け、人材の育成にも力を入れております。現在では、１５００名を超える講師・カウンセラーのみなさんが、全国各地で活躍しています。最近では、海外でも個性心理學の資格取得を目指して勉強している多くの方々がいらっしゃいます。人間関係の悩みが、世界共通の悩みであることがよくわかります。

私は、全国で講演会やセミナーを開催していますが、受講生の関心は「本当の自分」を知るところから始まって、「自分と他人」の違いを理解するところに到達していきます。自分を深く見つめ直すことで「自分と他人は違うのだ」と、初めて受け止めることができるのです。

個性の違いが価値観の違いを生み出しますから、自分とは異なる価値観を受け入れるのは容易ではありません。ところが、「自分とあの人とでは個性が違うのだ」という視点で見直してみると、相手の言動が「検証」として受け止められるようになっていきます。

「アキラメル」ことの本当の意味

また、個性心理學では、「アキラメル」ことを提唱しています。アキラメルとは、「個性の違いを明らかに認めて、受け入れる」という意味です。

私たちが学校などで教わる「諦《あきら》める」という言葉には、どうしてもネガティヴなイメージがつきまとっています。確かに国語辞典などをひいてみると「望んでもかなわないことがわかって、望むのをやめる意」とあります。類似する言葉に「断念する」もあります。しかし、人間関係を断念してしまったら、あなたの人生は、もうおしまいでしょう。

個性心理學が提唱している「アキラメル」は、漢字で書くと「明らめる」となります。この意味は、諦めるとは真逆の意味を持ちます。「事情や理由を明らかにする。はっきりさせる。心を明るく楽しくする。気持ちを晴れやかにする」という意味です。つまり、人間関係においては、「自分と他人では個性が違うことを明らかにして、なぜそんな行動をとるのか、どうして意見がいつも食い違うのかの理由をハッキリとさせることが重要である。その原因を理解することでおのずと心は明るくなり、気持ちが晴れやかになる」という個性心理學の根底をなす考え方そのものなのです。

古来から、人間は諦めきれない動物であると言われてきました。あの人のことが、あのときのことが……。諦めようと思うと、逆にそのことにとらわれてしまうのです。みなさん、今日から積極的に「アキラメ」ましょう!! 「アキラメル」ことで、ストレスの原因である人間関係を初めて受け入れることができるのです。今日から、ストレスのない毎日が送れるのです。「心は明るくなり、気持ちが晴れやかになる」のですから、どれだけ人生が明るくなり、エンジョイして日々の生活を送れるのか。これは、21世紀の私たちの理想としている生き方そのものなのではないですか？

そうは言っても、アキラメ方がわからないと言われることもよくあります。ここで、簡単にアキラメル方法を伝授しましょう。

たとえば、冬に咲いていない桜の花を見て、嘆き悲しむ人はいないと思います。もちろん、ストレスを感じることもありません。それは、私たちが「桜は4月に咲く」ということを「明らかに認めて知っている」からなのです。ほかにも、こんな効能もあります。2月にきれいに咲いている梅の花を見ても、自分が桜であることを知っていれば、羨ましがったり、妬んだり、僻んだりすることはありません。心から「きれいに咲いて良かったね～」と言ってあげられるのでしょう？ そこには、競争の原理は働きません。種類とサイクルが違うということがわかっているからです。「個性＝種類&サイクル」ということもできると思います。どんな植物も、咲く時期と咲かない時期があるのです。

自分の子どもが桜なのに、冬に咲かせようとしたり、薔薇の花を咲かせようとしたって、咲くはずがないのです。そんなことを繰り返していると、子どもたちは「どうせ、私のことなどわかってくれない」と親子のコミュニケーションを断絶し、子どもは心を堅く閉ざしてしまうのです。私がいつも講演会などでお話をする『杉の木の両親と松の木の子どものお話』（P30参照）は、まさにアキラメルがテーマとなっています。個性の違いを「アキラメル」ことこそが、ストレスから解放される唯一の方法なのです。個性心理學が発表された1997年4月までは、アキラメルことは容易なことではありませんでした。それは、誰が桜で、誰が梅なのかがわからなかったからです。

私は、常々こう思っています。「答えは、必ず自然界の中にある」と。宇宙の法則を知ることで、小さなことにクヨクヨすることもなくなり、腹の立つことも少なくなるはずです。太陽に向かって「なんで西から上がらないんだ！」と怒りをぶつける人などいませんし、台風で被害に遭ったとしても、天候を裁判所に訴える人もいません。みな、自然には従うしかないのです。そうです。私たち人間も、自然界の生き物なのだということを忘れてはいけません。

自分も他人も知っている〝自分〟

心理学では有名な「ジョハリの4つの窓」にあるように、自分のことは自分がいちばんよく知っていると思っていても、実はいちばん不可解なものが自分であったりします。また、好きな自分とそうでない自分がいるはずです。気分のいいときと、朝から憂鬱なときがあるはずです。さて、自分とはいったいなんなのでしょう？

これは、人類の永遠のテーマでもありますが、「ジョハリの４つの窓」では、人間の心を４つの窓にたとえて、このように定義しています。

・自分は知っているが、他人が知らない自分
・自分も他人も知っている自分
・自分は知らないが、他人が知っている自分
・自分も他人も知らない自分

このように、４つの窓のうちで、自分が知っている窓は、たったふたつしかないのです。

自分も他人も知っている自分の窓（＝開かれた窓）を大きく広げることで、人間関係は大きく改善していきます。そのための最大のツールが、個性心理學なのです。

現代社会は、評価し合う社会となっています。評価とは、他人との比較です。生まれたときから、体重が何グラムかが全国平均と比較され、学校に入れば、身長・体重・視力・聴力・学力・運動能力などあらゆる要素が比較され、通知表や学力テストでは偏差値が用いられます。ようやく社会人になっても、人事考課は、比較と好き嫌いで決めつけられてきました。

個性心理學を知ることで、他人の評価を気にして生きる必要がなくなります。もう、ビクビクして生きる必要もありません。どうぞ、本当の自分を知ることで自分に自信を持って「自分らしく」生きてください。そして、自分を愛してあげてください。そうすることで、他人に優しくなれますし、他人を愛せるようになるのです。

個性は遺伝しない

～杉の木の両親と松の木の子どものお話～

　むかしむかしあるところに、杉の木の夫婦が住んでいました。お互いに同じ杉の木ですから、価値観も行動パターンも同じで、とても仲のよい夫婦でした。

　そんな杉の木の両親に待望の赤ちゃんが宿りました。夫婦は子どものことを考えると嬉しさでいっぱいになり、「元気に生まれてきてくれさえすれば…」と神に祈る毎日でした。

　出産日を迎え、丸々と太った可愛らしい元気な男の子が生まれました。そして赤ちゃんはスクスク育ちました。

　乳飲み子の頃は「個性」は強く出ませんが、成長するに従って、両親は違和感を感じ始めました。

　そうです、個性は遺伝しないため、生まれてきた子は杉ではなく「松の木」だったのです…。

　杉の木の両親は、〝木はまっすぐ空に向かって伸びるもの〟と、信じていましたが、わが子はなんと、くねくねと曲がりくねりながら、横に枝を伸ばして成長していったのです。

　このままではいけないと感じた両親は、何度も話し合って、ある決断をしました。

　その決断を実行する日の夜。スヤスヤと寝息を立てて眠っているわが子を、ロープやテープでぐるぐる巻きにして、大きな枝切りバサミで子どもの枝をすべて切り落としてしまったのです。

　寝込みを襲われた子どもは、泣き叫びました。

「お父さん、お母さん、痛いよ～!」「どうしてボクを傷つけるの?」「ボクは悪い子なの?」「ボクはボクのままじゃいけないの?」と、血だらけになりながらも両親に必死に訴えます。

　しかし、杉の木の両親は「これが、親の愛情だよ」「これがお前のためなんだ」と、松の木の子どもの言葉に耳を貸そうとはしなかったのです。

　枝を切り取られてしまった松の木の子どもは、成長の芽も可能性の芽も全部いっしょに切り落とされてしまい、小さく小さく、萎縮してしまいました。

その後も杉の木の両親の意に沿うように、枝を切られ続けて育った松の木の子どもは、個性を否定され、自信をなくしたまま、やがて成長期を迎えます。

しかし、松は杉にはなれません。子どもは苦しみながらその枝を横に横にと伸ばして成長していきました。それを見た杉の木の両親は「うちの子は直らなかったわね…」と落胆してしまいます。

そうして子どもが連れて行かれたのが、神経科の病院やカウンセラーのところでした。

最初の先生は、たまたま「松の木」の医師でした。ですから、松の木の子どものどこがおかしいのか理解できません。「お宅のお子さんはまったく正常です。素直に育っていますよ」と、両親に告げました。

すると杉の木の両親は「この医者はヤブ医者だ」と、病院を変えました。

次に行った病院の先生は「桃の木」の先生でした。松でも杉でもないので、言っていることがチンプンカンプンです。「この医者は変だ」と、また病院を変えました。

そして、やっと「杉の木」の先生に出会います。「ご両親の気持ちはわかります。やはり木はまっすぐ空に向かって伸びていないといけません」と、言われ杉の木の両親は大喜びしました。

そんな両親が選ぶ学校は「杉の木学園」ですし、塾も「杉の木塾」でしょう。

松の木の子どもは家で枝を切られ、学校で切られ、塾でも切られ、病院でも枝を切られ続けるのです。

さあ、この松の木の子どもは立派な大人に成長するでしょうか?

忘れないでください。「個性は遺伝しない」のです。この童話は、実話なのです。日本中で世界中で、この物語と同じ悲劇が繰り返されています。

個性の押しつけや価値観の押しつけよりも、その子の持つ個性を知り、その個性を伸ばして、温かく見守る子育てこそが肝要です。

最後に、子育てのワンポイントレッスンです。ぜひ、参考にしてください。
1、乳飲み子からは肌を離すな
2、幼児は肌を離して、手を離すな
3、少年は手を離して、目を離すな
4、青年は目を離して、心離すな
笑顔の子育てが、いいですね。

12分類から60分類のキャラクターへ

個性心理學では、言葉をとても大切にしています。造語もどんどんつくっています。「育てる」という言葉も「素立てる」と書きます。桜の種なのか、梅の種なのかわからなければ育てようもありません。子どもも部下も、個性を知ることで初めて「素」を知ることができ、「素立てる」ことが可能となるのです。「これからは、個性化の時代だ」という言葉が使われ始めて久しいですが、「では、どうすればいいのか!?」この答えは、誰も持っていませんでした。「あの子は、性格が悪い」とか「その性格を直しなさい」とよく言われますが、性格には良いも悪いもなく、曲がることもなく、それを直すこともできないのです。明らかに認めて（アキラメテ）受け入れるしかないのです。矯正の時代は終わり、認め合う時代が始まっています。大切なのは、「自分と相手の個性に気づくこと」なのです。

個性心理學では多くの方に「個性とは何か」を理解してもらうために、イメージ心理学の手法をとっています。12の動物キャラクターに人間の個性を置き換えて、わかりやすく個性を説明しています。さらに、運気を交えることで、12分類を60分類にまで進化させてきました。本書では、みなさんの強い要望にお応えし、60分類別に詳しく解説させて頂きました。きっと満足頂けると確信しております。

パナソニックの創業者である松下幸之助氏に、取材記者がこんな質問をしたそうです。

「なぜ、あなたは成功したのですか？」

それに対して松下幸之助氏は、「私は、自分の個性にいち早く気づいたから」と答えたそうです。

みなさんも、今日から新しい人生の扉が開くかもしれませんよ。

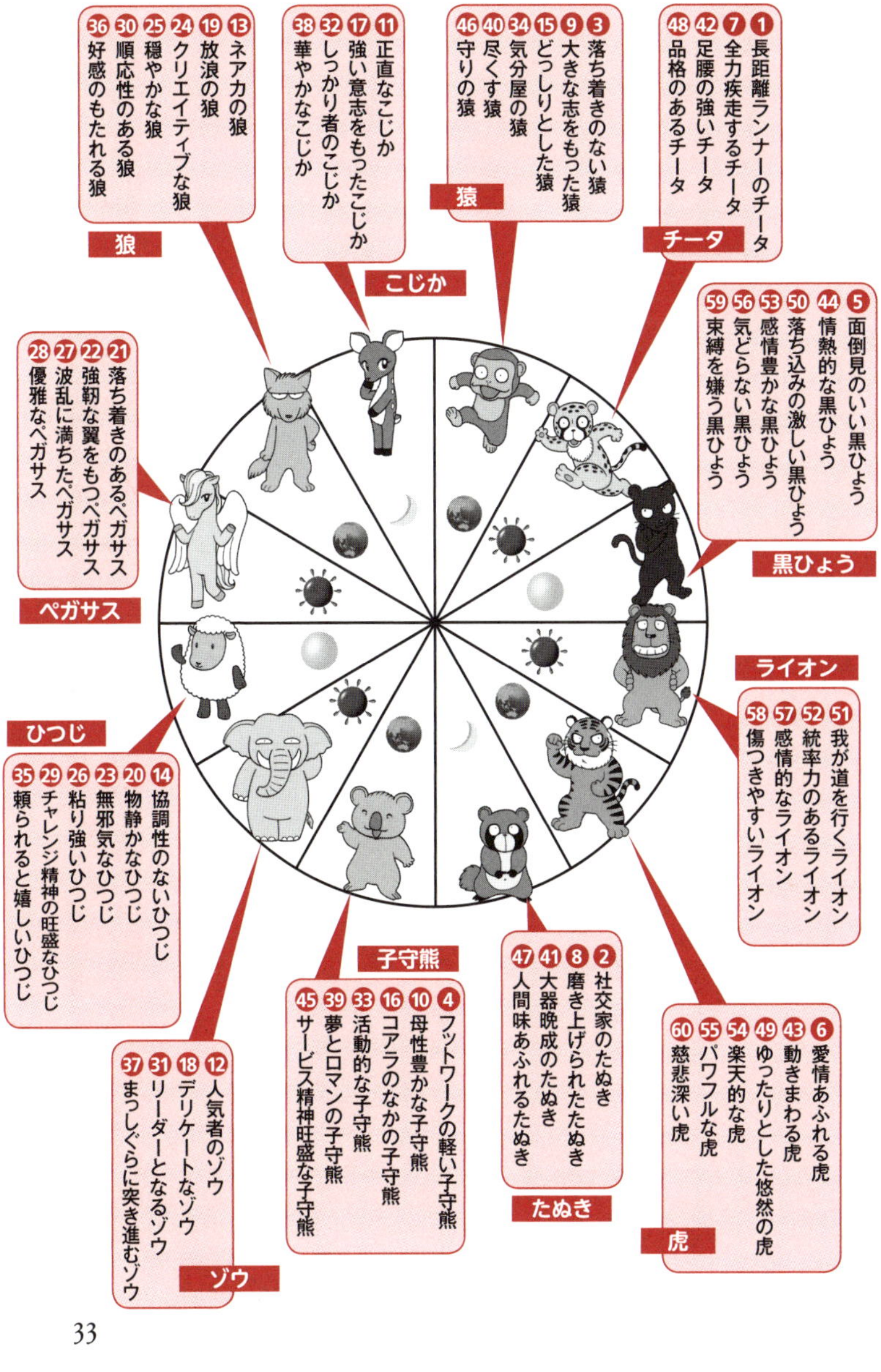
チータ
1 長距離ランナーのチータ
7 全力疾走するチータ
42 足腰の強いチータ
48 品格のあるチータ
猿
3 落ち着きのない猿
9 大きな志をもった猿
15 どっしりとした猿
34 気分屋の猿
40 尽くす猿
46 守りの猿
こじか
11 正直なこじか
17 強い意志をもったこじか
32 しっかり者のこじか
38 華やかなこじか
狼
13 ネアカの狼
19 放浪の狼
24 クリエイティブな狼
25 穏やかな狼
30 順応性のある狼
36 好感のもたれる狼
黒ひょう
5 面倒見のいい黒ひょう
44 情熱的な黒ひょう
50 落ち込みの激しい黒ひょう
53 感情豊かな黒ひょう
56 気どらない黒ひょう
59 束縛を嫌う黒ひょう
ペガサス
21 落ち着きのあるペガサス
22 強靭な翼をもつペガサス
27 波乱に満ちたペガサス
28 優雅なペガサス
ライオン
51 我が道を行くライオン
52 統率力のあるライオン
57 感情的なライオン
58 傷つきやすいライオン
ひつじ
14 協調性のないひつじ
20 物静かなひつじ
23 無邪気なひつじ
26 粘り強いひつじ
29 チャレンジ精神の旺盛なひつじ
35 頼られると嬉しいひつじ
虎
6 愛情あふれる虎
43 動きまわる虎
49 ゆったりとした悠然の虎
54 楽天的な虎
55 パワフルな虎
60 慈悲深い虎
たぬき
2 社交家のたぬき
8 磨き上げられたたぬき
41 大器晩成のたぬき
47 人間味あふれるたぬき
子守熊
4 フットワークの軽い子守熊
10 母性豊かな子守熊
16 コアラのなかの子守熊
33 活動的な子守熊
39 夢とロマンの子守熊
45 サービス精神旺盛な子守熊
ゾウ
12 人気者のゾウ
18 デリケートなゾウ
31 リーダーとなるゾウ
37 まっしぐらに突き進むゾウ

人間関係3分類とヒューマンリレーションの法則

人間関係3分類＝MOON・EARTH・SUN

人間は、ひとりひとり顔が違うように、みな個性が違います。しかし、ひとりの個人だけを分析しても手間がかかるばかりで「実学」として成立しません。そこで、「わからないモノを理解するために分類する」という分類学の原点に立ち返って、人間の個性を、MOON、EARTH、SUNという3グループにわかりやすく分類してみました。

宇宙において、月・地球・太陽は、それぞれが密接に関わり合い、お互いに影響を与え合い、干渉することで、完璧なバランスをとっています。これは私たち人間の日常生活でもまったく同じです。お互いの関係性をグループ分けすることで、個性の違いや価値観の違い、さらには力関係の違い（ヒューマンリレーション）がわかるようになったのです。

MOONのグループ（こじか・黒ひょう・たぬき・ひつじ）☆ひらがなで表記

月は自ら光り輝くことはなく、太陽からの光を反射させて綺麗に夜の地球を照らしてくれています。温和で控えめなMOONは、いちばん日本人らしい気質に近いグループです。

「世のため人のため」がモットーで、競争や争いを嫌います。相手を傷つけたくないので、なかなか本音が言えません。いつも相手の意見を先に聞き、相手に合わせようとします。学校や職場でも、人間関係の潤滑油的な存在で周囲を和ませてくれます。ただ、すべてにムダが多いので、仕事の効率はやや落ちてしまいます。

実は、MOONだけがさらにふたつの分類に分かれます。黒ひょうとひつじが満月、こじかとたぬきが新月となります。満月は、これからだんだん欠けていき、やがて新月になることがわかっていますから、「欠けたくない」という思いが強く、自分の立場やメンツにこだわります。逆に新月は、これからだんだん満ちていって、やがて満月になることがわかっていますから、出番待ちの姿勢です。

いずれにしても、愛情や友情、使命感といった、目に見えないモノに価値を見出す人たちです。

MOONのグループは、別名＝「いい人チーム」と名づけられています。

EARTHのグループ（狼・猿・虎・子守熊《コアラ》）☆漢字で表記

むかしから、しっかり者のことを「あの人は地に足がついている」といいます。EARTHの人は地球そのものですから、まさにその通り。なんでも現実的に考える個性です。

EARTHという文字を分解してみると、面白い発見があります。E→エコロジーで、ムダを極端に嫌います。時間のムダ、お金のムダ、話のムダ。何事も効率的に進めたいので、ペースを乱されると強いストレスを感じてしまいます。もちろん、お金の貸し借りには厳しいですし、お金も計画的に使います。話は結論から聞きたいので、MOONのように前置きや起・承・転は不要と考えています。ART→アートで、芸術性・創造性に優れ、美意識が高い。ARTの最後のT→TIMEで時間を表わしています。ですから時間をとても大事にします。H→ヒューマンで、人間を意味します。EARTH

の人は、自分と他人を明確に分けていますから、ライバルに対する競争意識が強く、勝ち負けに強くこだわります。自分の満足を先に考え、思っていることは何でも直球で相手に伝えます。

ＥＡＲＴＨのグループは、別名＝「しっかり者チーム」と名づけられています。

ＳＵＮのグループ（チータ・ライオン・ゾウ・ペガサス）☆カタカナで表記

太陽のイメージの通り、いつも光り輝いていたいというグループです。地球にはなくてはならない存在ですが、月も、太陽がなければ輝くことができません。日本だけでなく世界中を照らしているので、「インターナショナル」というキーワードが生まれます。

日本人であっても、気質は外国人です。学校の勉強でも、英語を中心に学ばせるとグングン成績が伸びます。就職したい会社は、外資系企業。観る映画も、当然ハリウッドスターが登場する洋画です。

束縛される環境に弱いので、自由奔放に「放任主義」で育てるのが、子育てでも部下の育成でも成功させるカギです。厳しく叱って育てるのは、逆効果となります。褒めて育てる長所進展法に徹しましょう。元来、天才肌の人が多いので、思わぬ結果を出して周囲を驚かせます。

このグループの人はムードメーカーですので、教室や組織にＳＵＮがいないと、何となく暗い湿った空気になってしまいます。ただ、天気と同じでいつも快晴というわけにはいきません。雨の日や曇りの日もあるのです。元気いっぱいなときとそうでないときの落差は激しいのです。

ＳＵＮのグループは、別名＝「天才チーム」と名づけられています。

月・地球・太陽の３分類とヒューマンリレーション

じゃんけんの法則

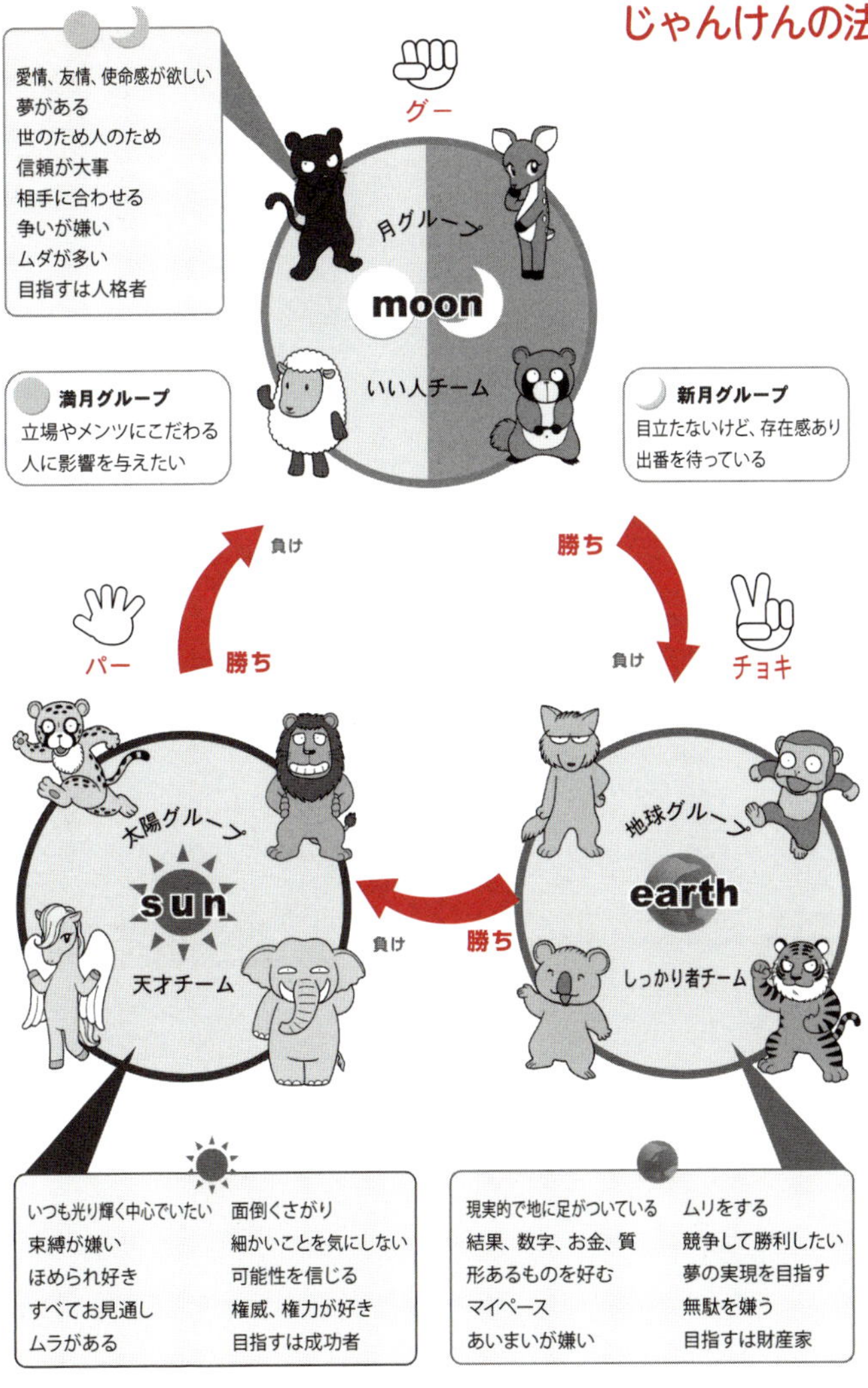
愛情、友情、使命感が欲しい
夢がある
世のため人のため
信頼が大事
相手に合わせる
争いが嫌い
ムダが多い
目指すは人格者
グー
月グループ
moon
いい人チーム
満月グループ
立場やメンツにこだわる
人に影響を与えたい
新月グループ
目立たないけど、存在感あり
出番を待っている
負け
勝ち
パー
勝ち
負け
チョキ
太陽グループ
sun
天才チーム
負け
勝ち
地球グループ
earth
しっかり者チーム
いつも光り輝く中心でいたい
束縛が嫌い
ほめられ好き
すべてお見通し
ムラがある
面倒くさがり
細かいことを気にしない
可能性を信じる
権威、権力が好き
目指すは成功者
現実的で地に足がついている
結果、数字、お金、質
形あるものを好む
マイペース
あいまいが嫌い
ムリをする
競争して勝利したい
夢の実現を目指す
無駄を嫌う
目指すは財産家

目標指向型と状況対応型

人間の行動パターンを大きくふたつに分けると「目標指向型」と「状況対応型」とに分類されます。このふたつは、考え方も意思決定のメカニズムも行動パターンも、すべてにおいて対照的です。東洋思想の原点である陰陽説の通り、男と女、天と地、黒と白のように両極をなしています。そして、互いに強く惹きつけ合うと同時に、強烈に反発もし合います。最も大きなストレスの原因が、このふたつの個性の違いに起因すると言って過言ではないでしょう。異なる価値観を持ったこの2分類が、人生の悲劇と喜劇を生み出しているのです。

●目標指向型（狼・猿・虎・子守熊＋黒ひょう・ひつじ）

この分類の人は、目標を決め、計画を立てて、実行するタイプです。だから目標がないとがんばれません。また計画通りに実行したいので、急に予定が変更になったり、約束の時間に相手が遅れるなど、予定外のことが起こると、すごくストレスを感じてしまいます。自分のペースを乱されたくないのです。仕事に対する目標達成能力は高いのですが、期限を決められないと動けません。

人間関係においては、常に「本音」でモノが言える関係が理想です。心を開き本音で話をすることがいいことだと思っているのです。しかし、どうでもいい人には本音を言いません。

また恋愛では、心と体を分けて考えられるので、単なる浮気は生理現象と考えます。しかし、心の浮気はＮＧです。

●状況対応型（チータ・ライオン・ゾウ・ペガサス＋こじか・たぬき）

この分類の人は、大きな方向性だけ決めれば、あとは臨機応変に対応しながらより良いものを目指すタイプです。計画通りに進まなくてもストレスにはなりません。仕事においては、期限を決められると逆にストレスを感じてしまいます。目標達成というよりも、成功願望が人一倍強く、突発的な出来事やトラブルが発生すると異常に燃えます。結果よりも、プロセスを重視する傾向があります。

人間関係においては、本音で語り合うことが苦手なので、対人対応はどうしても建前となってしまいます。けれどどうでもいい人には本音がいえます。

恋愛では、心と体は一体だと考えているので、ＳＥＸはハートに直結しています。だから、体の浮気もＮＧです。

未来展望型と過去回想型

個性心理學では、12分類円グラフを上半分と下半分に分けて、それぞれ未来展望型と過去回想型と呼んでいます。よく見て頂くと、上半分の未来展望型は身軽な動物たちで構成されていますし、下半分の過去回想型は、群れをなしたり、動かなかったり、大きな動物たちで構成されているのがわかります。

また、個性心理學のベースのひとつにもなっている四柱推命の理論に12星運というのがありますが、それは一生のエネルギーサイクルを人間の成長過程に置き換えたものということができます。

ちなみに、12分類の動物キャラを置き換えると次のようになります。

①狼（胎）→胎児　②こじか（養）→赤ちゃん　③猿（長生）→小学校3年生　④チータ（沐浴）→高校3年生
⑤黒ひょう（冠帯）→大学生・成人式　⑥ライオン（建禄）→エリートビジネスマン　⑦虎（帝王）→社長
⑧たぬき（衰）→会長　⑨子守熊（病）→寝たきり老人　⑩ゾウ（死）→危篤状態　⑪ひつじ（墓）→葬られた状態
⑫ペガサス（絶）→魂

どうです、面白いでしょ!?

とはいえ、寝たきり老人や危篤状態と言われたら、嬉しくないですよね？　ですから、これを12種類の動物のイメージに置き替えてみました。それが、個性心理學であり、動物キャラナビなのです。

・未来展望型（ペガサス・狼・こじか・猿・チータ・黒ひょう）

常に希望的な観測に立ち、過ぎ去った過去には興味がないプラス思考に見えるグループです。ですから、特別なことがない限り、同窓会などには顔を出しません。何事も「現地調達派」なので、旅行に行くとき

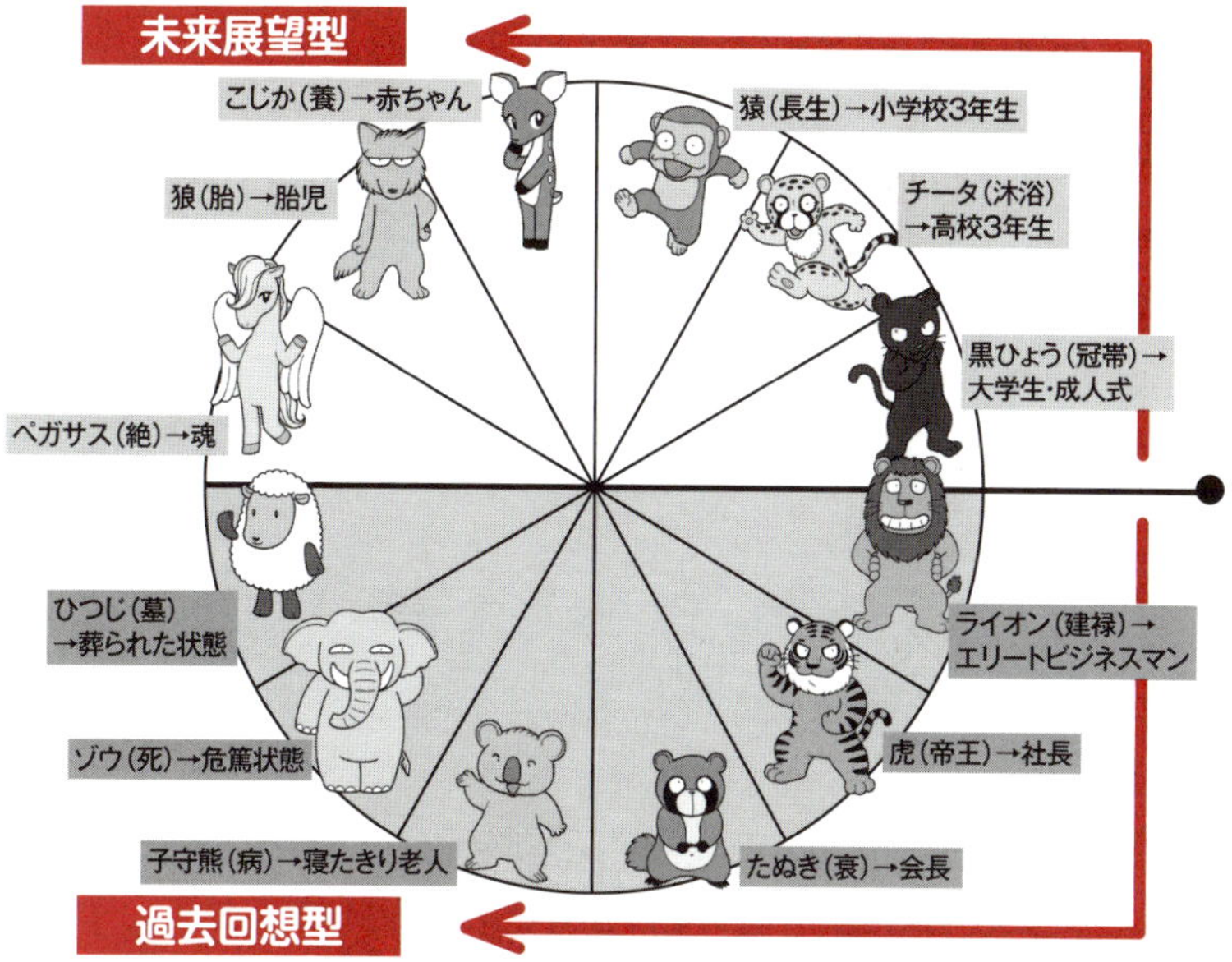

も、荷物は最低限のモノしか持っていきません。防災意識は高いのですが、備蓄にはこだわりません。「死んだら、それまで」と考えているので、保険や年金などにも、あまり興味を示しません。

車のガソリン警告灯が点灯しても、「まだ30キロ走れる」と余裕綽々《しゃくしゃく》です。

・過去回想型（ライオン・虎・たぬき・子守熊・ゾウ・ひつじ）

常に悲観的な観測に立つため、石橋を叩いて渡る慎重派のグループです。過去を振り返ってばかりなので、一見マイナス思考に見えます。

「用意周到派」なので、旅行に行くときはあれもこれもと、荷物が異常に多くなってしまいます。「もしも…」をいつも考えているので、保険は大好きです。防災意識が高く、不安から備蓄にこだわります。

ガソリン警告灯が点灯したら、「しまった～、途中でガス欠になったらどうしよう」と給油しなかったことを激しく後悔してしまいます。

右脳型と左脳型

いくらコンピューター主導の時代になったといっても、人間関係ほどアナログなモノはないでしょう。これまでも、「右脳型人間を目指せ」とか、「右脳教育法」といった類の本がよく売れていましたし、私も好んで読んでいました。

しかし、個性を考えたときに、もともと右脳型の人間と左脳型の人間がいるのではないかという疑問が出てきました。

そこで、個性心理學の基本である12分類円グラフを真ん中で分けて検証を重ねると、見事に右脳型（円グラフの左半分）と左脳型（円グラフの右半分）の2分類に分けられることがわかったのです。（左右が逆なのは人体では左脳が右半身を、右脳が左半身をつかさどっているのと同じ原理です）

●右脳型（ペガサス・狼・こじか・子守熊・ゾウ・ひつじ）◎円グラフの左半分

先程の「未来展望型と過去回想型」の項目でも触れましたが、右脳型グループのキャラクターを人間の一生のエネルギーサイクルに当てはめてみると、「魂」「胎児」「赤ちゃん」「寝たきり老人」「危篤状態」「葬られた状態」となり、これらのキャラは、現実社会で生きていないということがわかりました。

しかし、それゆえに精神エネルギーが高いグループで、何事も直感やイメージで考えることが多く、たくましい想像力を持っています。非現実の世界で生きていることが多く、相手の心を読み、未来を予測するなど、目に見えない能力に長けています。向いている職業も、医者、弁護士、大学教授、宗教家な

ど、モノを売るよりも、コンセプトを伝えていく分野に才能を発揮します。また、精神的な満足を優先させます。

●左脳型（猿・チータ・黒ひょう・ライオン・虎・たぬき）◎円グラフの右半分

エネルギーサイクルでは「小学生」「高校生」「成人」「エリートビジネスマン」「社長」「会長」となり、学生チームと社会人チームで構成されていることがわかります。つまり、社会エネルギーが高いグループで、経済観念が発達しています。現実社会の中でバリバリと仕事をして、お金を稼ぐのが得意なグループなのです。何事も、理論や計算で考えることが多く、自分の考えや理屈を曲げることはありません。商社マン、金融マン・証券マン、営業マン、技術者、職人など、ビジネスの世界に生きる職業に向いています。また、金銭的満足を優先させます。

column 01

【父音】

私は、以前から疑問に思っていることがありました。

それは、小学校高学年になってローマ字を習い始めたときに、先生が黒板で母音と子音の説明をしたときのことです。母音はア・イ・ウ・エ・オの音で、子音はア・イ・ウ・エ・オ以外の音を指し、言語はすべてこの母音と子音の組み合わせで成り立っていると教えてもらいました。

私は単純に、母音と子音があるのなら、もしかしたら「父音」というのもあるのではないかと思ったのです。すかさず先生に、「どうして、母と子だけなのですか? 父親はいないのですか?」と質問しましたが、まったく相手にされないどころではなく、ふざけているとして廊下に立たされてしまいました。生徒の素朴な疑問をいっしょに考えてくれるのが先生と思っていましたから、子どもながらにずいぶんと悲しい思いをしたのを覚えています。家に帰ってから、国語辞典や百科事典を調べてみましたが、どこにも「父音」については書かれていませんでした。

確かに、私たちは母音と子音を組み合わせて「言語」を構成し、相手との意思の疎通をはかっています。しかし、世界中には多くの言語が存在しており、文化の違いもあって、なかなか意思の疎通がはかれません。誤解や意味の取り違えから、ケンカになったり、戦争になったりしているのではないでしょうか!?

そのとき、私は気づいたのです。

「母音と子音だけでは、意味は伝わるが感動は伝わらない!」と。

すなわち、雰囲気こそ実は「父音《ふいん》の気」ではないかと確信したのです。

国語辞典で雰囲気を調べると、ふたつの説明がありました。
1. 天体、特に地球をとりまく空気。大気。
2. その場やそこにいる人たちが自然につくり出している気分。また、ある人が周囲に感じさせる特別な気分。ムード。用例としては、「家庭的な雰囲気の店」「職場の雰囲気を壊す」「雰囲気のある俳優」などが挙げられていましたが、面白いのは注意書きで、〝「ふいんき」と発音する人が増えているという調査結果がある〟と書かれていたのです!!
「ふいんき」とは、まさに「父音気」ではありませんか!?

私は、「父音」をこう定義しました。

「人間の意識や想いは、そのものが波動であり、時間・空間を超えてその人が意識する相手や場所に瞬時に到達する」

心理学者のC・G・ユング博士が提唱しているシンクロニシティ＝共時性や、マーフィーの法則と通じるところがあると思いませんか?

column 02

【氷山の一角】

私たちは、「自分のことは、自分がいちばんよく知っている」と思っていますが、果たして本当にそうでしょうか？　実は、いちばん不可解なのが「自分」なのかもしれませんよ。

自分の心なのに、制御不能になることがあるし、わかっていても止められないことだらけだし、言ってはいけないとわかっていても口をついて出る不平や不満。勝手に落ち込んだり、ハイテンションになったりと、何十年もつきあってきた「自分」に振り回されていませんか？

氷山の一角という言葉は、みなさん御存じだと思います。心理学者のフロイトは、「人間の心は、たとえてみれば海面に浮かぶ氷山のような構造を持っている。海面から出ている部分は意識であり、海面下の部分は自分には見えないが、はるかに大きな部分を占めており、それが無意識層である」と人間の心の複雑な構造を、わかりやすく説明しています。

海面から出ているのは、氷山のわずか7分の1に過ぎず、海面下の残り7分の6＝大半の部分が無意識層であるということなのです。

つまり、私たちがこれまで「自分」と思っていたのは、たった7分の1の顕在意識で認識できる自分に過ぎなかったということなのです。

個性心理學を学ぶことで、これまで私たち自身が知ることのできなかった「本当の自分」や「無意識に演じている自分」「頭で考えている自分」「現実逃避してしまう空想の自分」などを立体的に知ることができるのです。

さらに、宿命ともいえる「レール」の影響をとても強く受けて生きているということもわかります。

ありのままの自分を知ることで、内面の葛藤がなくなり、ストレスが大きく軽減されることでしょう。自分の価値観でのみ、相手を見ることもなくなりますから、コミュニケーション能力が驚くほど高まり、人間関係が見事に改善されるのです。

意識できるのは氷山の一角

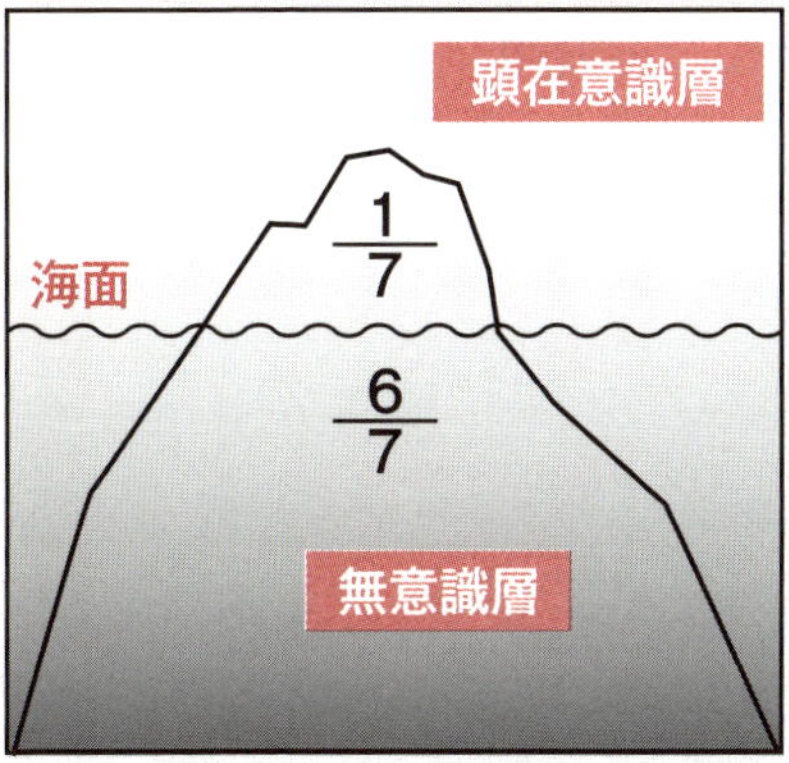

column 03

個性心理學語録①

人は常に「なぜ」「どうして」を考えます。しかし、飛行機に乗るとき、航空力学を学んでから乗る人はいません。電子工学を学んでからテレビのスイッチを入れようという人もいないでしょう。そうです。「個性心理學」もなぜそうなるのか、どうして当たるのかという議論よりも、結果の出る実学の心理学であると割り切って活用してもらっていいのです。理論を云々するのは学者の仕事です。

「楽しいから」「使えるから」、使ってほしいのです。

個性心理學語録②

私たちの祖先は、「人が空を自由に飛べたら、どんなにすばらしいだろう」と考えました。そして今は、飛行機があります。私たちの祖父の時代は、「ラジオに絵がついていたら、どんなに楽しいだろう」と思っていました。そして今、テレビがあります。同じように、太古の昔から「あの人はいま、なにを考えているのだろうか?」と相手の気持ちがわかったら、どんなにすばらしいだろうかと考えたに違いありません。それは現代でも同じです。そしていま、私たちには「個性心理學」があるのです。

個性心理學語録③

「個性心理學」の役割の最初は、「ポジショニング」です。私たちが地図を見るときにいちばん大切なのは、「いま自分がどこにいるのか」です。これがわからなければ、どんな高価な地図を持っていたって、1円の値打ちもありません。つまり、「本当の自分を知る」ということが個性心理學では最も重要なのです。次に重要なことが「センタリング」です。人はみな育ってきた環境や受けてきた教育、価値観が違います。いま求められているのは、世界基準の「モノサシ」です。本当に大切なこと、このことに気づくことです。これが「個性心理學」が気づきの学問であるといわれるゆえんなのです。

個性心理學語録④

心理学で、相手を感情的にさせる言葉のことを、「トリガー(引き金)」といいます。たとえば、結婚適齢期を超えた女性に対して、「結婚」という言葉が、この「トリガー」にあたり、私たちは1日に何回か「トリガー」に指をかけているはずです。人間が感情の動物であることはよく知られていますが、感情はいとも簡単に変わってしまいます。お互いの「個性」を知ることで、もう「トリガー」にムダに指をかけることはなくなるでしょう。

第二章　あなたのキャラクターを知る

◎キャラクターの割り出し方は、口絵(P7)を参照してください。

狼

- ひとりだけの時間と空間を好む
- 初対面では心を開かない
- 自己流で、No.1を目指す
- 狼にとって「変人」は褒め言葉
- 思ったことはハッキリ発言する
- 言葉足らずで誤解されやすい
- 何事も計画通りに進めたい
- 非凡でユニークな人生を念願
- 愛情豊かで、家族思い
- すぐメモをとる習慣がある

Wolf

狼

恋愛

心開かずして、Hなし

恋には慎重。ステディな関係にならないと心は絶対開かない。周囲から反対されると燃える特性あり。

天職

自分のペースでできる専門職

会計士、行政書士、プログラマー、ドライバー

健康

睡眠不足は大敵

マネー

ドカンと使うが、無駄遣いなし

弱点

ペースを乱されるとパニックになる

ツーと言われても、カーとは言えない。要するに不器用。

開運ポイント

脱器用貧乏

好きなコトを見つけて、トコトン打ち込んでみる

その気になるひと言

「やっぱり変わってるね」

なんでも人と違うことを指摘されるのが無上の喜び。「変人くん」「不思議ちゃん」も余裕でOK。

価値観

人は人 自分は自分

ラッキーカラー

シルバー、紫

ラッキーアイテム

時計、地図、辞書

【狼の取り扱い方】

日本では「送り狼」や「狼少年」などから連想される「狼」の持つイメージはあまりよくありませんが、実は12動物で唯一、生涯一夫一婦制を守っている大変愛情深い、家族を大切にする動物です。漢字を見ても、けもの偏に「良い」と書いて「狼」です。しかし、このキャラクターを持つ男性は眉間に皺が刻まれている人が多いので（女性は考えごとをするときなどキュッと眉間に皺を寄せたりします）、一見近寄りがたい印象を与えてしまいます。言葉足らずなところもあって、初対面ではとっつきにくいのも仕方ないところです。

「狼」は自分ひとりだけの空間と時間の保持にこだわります。**たとえどんなに愛情を感じている人とでも、24時間べったりと過ごすことは苦痛です。**「狼」はなぜか歩くことが苦にならないのですが、それは自分のペースでじっくり考えられる時間と、自分だけの空間を楽しんでいるためだと思われます。トイレの中が好きなのも、そこは紛れもなく自分ひとりだけの世界だからでしょう。

また、人から「変わってる」と言われることがとても嬉しいというのも、「狼」最大の特徴です。人と同じモノを持ったり、同じことをすることを嫌います。それは言動や服装、色使いにも顕著に表れますので、幼い頃から「みんなとお遊戯」するなどの団体行動も苦手ですし、お絵かきをしても紫や群青色

など、あまりほかの幼児が好まない色だけが減っていきます。そんな「狼」の個性を知らない先生は、心理的に何か問題があるのかも……と、戸惑ってしまいます。「お宅のお子さんは変わっています」と先生から連絡があっても、同じ「狼」の親ですと、まるで気にしません（黒ひょうやひつじやこじかやたぬきの親たちは、気をもんで仕方ありませんけど）。

何事もじっくり考えて行動に移すので融通は利きません。そのためか「狼」はメモをとる習慣があって、買い物に行くときも「ナス3本」「醤油1本」と全部書いていきます。電話の横にもメモが置いてありますし、カレンダーには、ゴミ出しの日などのスケジュールが書き込まれているはずです。メモをとることで頭の中を整理し、無駄な情報を省きたいのです。

「狼」にモノを売る際は、Aという商品を売りたかったら、Bの商品を勧めないといけません。そうするとなぜかAの商品に注意が向くのです。そして説明をするときは、必ず結論から言うことも忘れずに。また「放っておく」ことが最高のサービスとなるので、ベタベタした接客や求められていない商品の説明をするのは厳禁です。**すべての「狼」がキレたときに言う台詞《せりふ》「放っておいてよ！」は、実は「狼」としての本能的な欲求（遠吠え）だったのです。**

CHARACTER 13 NUMBER

ネアカの狼

男性

他人からの干渉を嫌い、誰かに頼ることなく自分で問題を解決する姿勢を持っています。また他人に媚びたり、ゴマをすったりしない潔さは、狼最大の魅力であるいっぽうで、人によってはクールでとっつきにくい人物だという印象を与えることもあります。

しかし、本来のあなたは明るく純粋で、素直なのびのびとした性格です。たとえ他人のことでも、筋を通そうとする正義感の強さがあります。その正義感が認められ、長くつきあう間に周

女性

ひとりで過ごす時間と空間を大切にしている人です。個性的なタイプが多く、自分の感性や感覚に従って、ブレることなく人生を歩んでいきます。社会や世間の価値観とは違うことで、摩擦が起きることもあるでしょう。

しかし、あなたは他人からどう思われようと、まるで気にしていません。ライフスタイルや趣味や好みなど、平凡や流行を嫌い、みんなと同じであることを嫌います。また、直感力が鋭く、それを生活のあらゆる面で生かしていく

狼

周囲から厚い信頼を寄せられるようになるようになるはずです。

仕事面では独特の感性がベースにあるため、発想が豊かで新しいアイディアや奇抜なプランを考えだす人です。あなたの企画力には、周囲も一目置いているでしょう。

出世争いは好みませんが、自分の得意な分野におけるナンバー1を目指して、長期戦にも耐えられます。周囲の評価を気にせず、とらえどころのない態度で、自己流を貫きます。

グループや派閥、権力争いなどという人間関係のわずらわしさに関わりたくないので、集団に属さず、自分の専門分野を伸ばすような生き方が向いています。本当の自分を理解してもらえば、大きな信頼を得て成功するでしょう。

ので、大変世渡り上手な人物となります。

一度心に決めたら、どんなに時間がかかっても、必ず実行します。ただ、その実行が明日になるか、10年先になるかがわからないので、予定は立てにくいでしょう。

少々変わった人ですが、人見知りせず、誰にでも親切で、開けっぴろげな社交家ぶりは、常に人の気を集めます。お店など持つと、風変わりな趣がかえって人気となり、繁盛する可能性があります。

恋愛についても独自な価値観を持ち、プライドも高いので、知り合ってすぐ燃え上がることはありません。専業主婦としては不向きですが、明るさと夢を持って生きているので、どんな状況にでも順応できます。

CHARACTER 19 NUMBER

放浪の狼

男性

あまり他人の目を気にせず、自分なりの生き方や流儀を貫くタイプなので、初対面では愛想のないとっつきにくさを感じさせることがあります。この周囲に対する無頓着さは、好き嫌いや気分にも左右されない意思の強さにつながっています。

しかし、内面はシャイで、とても素直な人情家です。裏表のない正直な性格で、義理人情にも厚く、頼まれると断れず、解決のために奔走します。

仕事面でも自分の世界観をしっかり持っており、独創的な発想をします。

女性

外見からは素直で、明るく、こだわりのない性格に見えますが、奇人変人の要素を多分に持っています。そのためか、集団に自分を合わせるのが面倒で、単独行動を好みます。第一印象は少し冷たい雰囲気を感じさせ、初対面ではなかなか親しくなれませんが、何度か会って信頼感が生まれてくると、博学でユーモアもあり、気軽につきあえる人であることがわかります。

異性に対しても、媚びることなく、あっさりとした態度で接するため、度

狼

ありふれた企画や保守的な仕事の方法には満足せず独自のやり方を確立しようとします。そのため、ベンチャービジネスや新製品の開発など、過去のものや既存のものを改革していく仕事に向いているでしょう。また束縛を嫌い、一か所に留まれない流動的な生き方をするので、堅苦しい日本の社会より、海外で成功を手にする可能性があります。

感覚的な好き嫌いから、一見、根気がないように見えますが、実はひとつのことに集中するエネルギーは誰にも負けません。ただ落ち込むと酒色に陥りやすい傾向があります。

大きな災難を避けられるような不思議な運勢を持っています。将来のビジョンを明確にすることで人生の目標は必ず達成できます。

胸のある女性に見られますが、本質は情にもろく、気の弱いタイプです。

しかし、誰かに甘えることはなく、〝人は人、自分は自分〟と、割り切って、自己流を貫きます。

心の移り変わりが早く、変化を求めることが好きなため、気まぐれだと思われることもあります。

多忙な中でも、あれこれ同時にやりとげるエネルギーを持ち、一度心に決めたことは必ず実行するので、多くの仕事を見事にこなすでしょう。

心惹かれる男性のタイプは、包容力があり、完全な自由を与えながら、陰で温かく見守ってくれるような人です。強い個性を持っているため、恋愛対象を探すには時間がかかりますが、一度つきあい始めると長続きします。

CHARACTER 24 NUMBER

クリエイティブな狼

男性

他人にペースを乱されるのを嫌い、独自の道を歩む人です。しかし、人への心配りは細やかで、温和で親切です。精神的に自立していて、才能も知恵も十二分。融通のきかない頑固な面はありますが、秩序を大切にし、きっちりと筋を通すような正直さが魅力です。

抜け駆けなどの裏技は決して使えないタイプで、金銭的な利益より名誉を取ります。合理的な処世術を心得ていますが、人間的に冷たいわけではなく、思いやりがあって、お人好しな面も備

女性

外見はさっぱりとして飾り気がなく清潔な印象を与える女性です。人見知りをしない開放的な態度や、相手の思惑や言動を気にしない率直さが魅力です。頭がよく、豊富な知識を持っており、物事を客観的な視野で判断できる人です。

世間体を気にせずマイペースで生きる人で、邪心もなく純真なところが何よりの特徴です。

誰の前でも上手に自己表現できますが、心の中では自己の世界観が構築されていて、他人を入れることを好みま

狼

えています。また頭もよく、理数系や技術系の理論的思考にも優れています。

仕事面では事前調査をし、自信や確信のあることにしか手を出さないので、着実に成果を上げるでしょう。

自分で立てた目標は、とことん追求する凝り性な面があり、仕事にも熱心に取り組みます。商売よりも、研究者肌の素質を生かした仕事が向いています。

人当たりはいいのですが、群れるのが性に合わないため、組織にどっぷりつかるような環境は合っていません。本来バランスの取れた好人物なので、周囲からの引き立ても少なくなく、実力以上に仕事や人生を拡大できます。

また凶を吉に変える運を持っているので、自信を持って我が道を歩むとよい結果につながるでしょう。

せん。そのため、女性的な気遣いがないと思われることもあります。

自分の置かれている立場を理解し、現実と向きあえるようになるのは、中年から晩年にかけてでしょう。

何事も自分が納得できるまで、じっくり時間をかけるタイプなので、一度決めたら、長期戦に耐え、ムラのない安定した成果を残します。

あなたが好む男性は、男らしく頼もしい、多角的な才能を持っている人で、しかも謙虚さがなければいけません。

恋愛については、いつもの客観性を忘れ、あえてのめりこむように進むことも必要です。また婚期が遅くなっても焦ることはありません。結婚後は夫を頼りにせず、自分が主導権を握り、好みの家庭をつくるでしょう。

CHARACTER 25 NUMBER

穏やかな狼

男性

他人の評価など気にすることなく、自分なりの流儀や生き方を貫くという、孤高の精神を持った人です。明るく温和であっても、どこか近寄りがたい雰囲気があります。しかし、実際のあなたは几帳面で裏表がまったくなく、温和な性格です。古い慣習や常識に縛られず、現実に即した自由な発想をします。

　また筋の通らないことや納得できないことには容易に妥協しないという独自の正義感があります。この気質がベースにあるため、悪気はなくても、正

女性

人に頼らず、何でも自分で問題解決をしようとする強い自立心を持っています。外見的には、少女性のあるあどけなさを残していますが、シャープな印象を与えます。性格はいたって素直で正直。悪気はまったくありませんが思ったことをそのまま口にするので、周囲からは、変わり者と思われていることもあります。

　一見、無愛想に見えても根は親切で面倒見もよく、自分だけの利害や損得にこだわることのない善人です。

　瞬間的な集中力は見事で、短時間に

直にはっきりと発言し過ぎて、相手を傷つけることがあります。

義理堅く、人に尽くすタイプなので、頼まれると、まずイヤとは言いません。そこをうまく利用されて、金銭的な損害を被ることがありますので、頼まれごとには慎重な対応が必要です。

仕事面では研究熱心で、好奇心旺盛。結果が出るまで徹底的に追求する姿勢と誠実さで、社会や組織での信頼や尊敬を集めます。独自の発想や個性を生かせる専門職や技術職が向いているでしょう。

弱気になったときに、酒色に陥る傾向がありますが、本来のよい運気を下げてしまいます。自信を持って取り組めば、必ずいい結果が出るので、焦らず基盤を築いていきましょう。

多くの処理する能力を持っています。働き者ですが、要領よく立ち回れないので、損をすることもよくあります。しかし自分に厳しい有言実行の生き方は、周囲の厚い信頼を得るでしょう。

過去を振り返ったり、感傷的に思い出に浸ることもなく、今現在の現実世界を重視しながら、将来の自分の理想に向かって努力します。その楽天的な性格から、対人関係を除いては、あまりストレスを溜めることはないでしょう。

恋愛は、愛されるより愛したいタイプで、自分から好きにならないと進展しません。しかし、この人！と決めたら、身内の反対を押し切ってでも結婚するような情熱があります。強い独占欲を見せますが、結婚後も仕事を続けながら、家庭を守るよき妻となります。

CHARACTER 30 NUMBER

順応性のある狼

男性

とても知的な好人物です。押し出しもよく、どんな場所にいても堂々としていて、上下関係の区別なく誰にでも意見が言えます。一見、近寄りがたく見えますが、その裏表のない正直さで、つきあいが深まるにつれ、みんなから信頼と好感を持たれるようになります。

理想だけを掲げる理想主義者に見えますが、実社会での生活力は旺盛です。頭で考えたことよりも、経験を優先して、決断し実行していきます。

平凡さを嫌い、通俗的な分野においてお

女性

誰とでも気軽に接し、女性特有の甘えや媚びがなく、陰日向のない生真面目さが特徴です。外見的には美人が多いのですが、情緒性に乏しく、気兼ねしない雰囲気を持っているので、冷たい性格と受け取られてしまうこともあります。

本来の性質は親切で、お人好し。人間関係は損得を抜きにしたざっくばらんな人情派です。

自分の考えには確固とした自信を持っているだけに、意地っ張りに見られかねません。あなたがうまくやってい

ても独自の発想や意見を持っているところが魅力です。周囲にとっては、マンネリ化しやすい日常に刺激を与えてくれる貴重な存在で、気の合う仲間内では大変な人気者でしょう。

熟考型のため即断は苦手で、直感や即決を要求される仕事には向いていません。しかし、綿密な企画力があるので、周囲に実働部隊をつくっておくと、アイディアに富んだ企画を実現させることができます。

生まれつき金銭運や物質運には恵まれていて、無理をしなくても自然に必要なものが集まるという恵まれた天分を持っています。人からの引き立てや、出会いで成功のチャンスを掴むことができます。自分の長所である正直さと発想力を磨くことが大事です。

くためには、周囲の人の温かい理解が必要不可欠です。持ち前の明るさに加えて、より細かい気遣いを心がければ、味方は何倍にも増えていきます。

変化を求める性格のせいか、中年以降、不安定な時期を過ごすことになる可能性があります。若い頃から、現実に即した考え方で人生設計を心がけましょう。利殖や投資など、経済観念が発達しているため、貯蓄は確実に増えていきます。

好みの男性は、深い教養と知性を持ったインテリタイプです。恋愛の仕方は、冷静で遊びの駆け引きを好まず、直接、真意をぶつけます。あまり免疫がないので、一気に燃え上がる可能性もありますが、結婚後は家庭を大切にする、堅実な妻になるでしょう。

CHARACTER 36 NUMBER

好感のもたれる狼

男性

一見とっつきにくさを感じさせますが、本来は人当たりの柔らかい、温和で優しい心の持ち主です。ただ自分以外のことに無頓着なので、人づきあいはあまり得意ではありません。また平常心を失わない落ち着きがあるので、実年齢よりも上に見られることが多いでしょう。

物事に対する考え方に偏りがなく、自分の利害や人情に流されません。そのいっぽうで、義理人情に厚く、人が困っている状況に目をつぶることができない、お人好しな一面もあります。

女性

とっつきにくい印象とは裏腹に、素朴な人柄で、周囲の人に対して温かく、愛情深く接していく人です。親しくなるにつれて、飾らない人生を飄々《ひょうひょう》と生きている女性であることがわかります。

どんな状況でも、自分の信念に忠実に生き、夢や希望と共にゆっくりと人生を歩んでいく人です。

自分自身を見つけるのにも時間がかかるので、まして他人から理解されることは容易ではないでしょう。世間の風評や習慣にはこだわらず、自分で決

仕事の取りかかりや要領はよくありませんが、時間がかかっても自分のペースで一歩一歩確実にこなしていくので、周囲からの信頼も厚く、確実に成果を上げていきます。

仕事的にはなんでもこなせますが、ビジネスとプライベートを明確に分けているので、公私混同する上司や同僚とは折り合いがむずかしいかもしれません。

独自のセンスがあるので、自分に合った分野の仕事を任されると、素晴らしい才能を発揮します。興味のあることを追求し、まだ誰も試みていないような斬新な方法で、形に仕上げることに優れています。研究者、あるいは参謀向きといえるでしょう。

将来にオリジナリティあふれる大きな目標設定ができれば、必ず成功します。

めた人生観とルールを守って生きていくため、周囲との折り合いをつけるには、それなりの苦労が伴います。

しかし、開き直ったときのパワーには目を見張るものがあるので、個性を生かして、人ができない、やらないことをどんどん実践することにより、充実した人生となるでしょう。そんな生き方によって、地位や財産、名誉を得ることも可能です。

恋愛も真面目で遊びは考えられません。慎重過ぎて、時間がかかりますが、手にした愛は大切に育てていくので、途中で目移りしたり、壊したりすることがありません。独占欲は強く、相手にも自分だけを見つめるように要求しますが、機嫌の悪いときは放っておいてくれるような相手が理想です。

こじか

Fawn

- 好奇心は旺盛だが臆病
- 好き嫌いが激しい
- 行動範囲が限られている
- 直感で相手の人柄を見抜く
- 人見知りだが、親しくなるとわがまま
- 教え上手、育て上手
- 感情を隠しきれない
- とにかく、かまってほしい
- いくつになっても無邪気で天然
- どこでもイジられ役

こじか

恋愛 いつもいっしょにいることが愛

スキンシップは必須。恋人は親友的スタンスがうまくいく。騙されやすいので悪い恋の餌食にならないように要注意。

天職 アットホームな職場◎

保育士、小学校教諭、ペット関連、飲食店

健康 オーガニック好きの健康オタク

マネー お金の計算も人任せ

金銭管理は甘い。しかし、困ったときには必ず助け舟が出る。

弱点 ひとりだとすぐへこたれる

威勢はいいが、小心。周囲からちょっと冷たくされただけで、立ち直れない。

開運ポイント 本物に接する

美術品から、自然、その道の達人まで、〝本物〟に触れることで人生開眼。

その気になるひと言 「どんなときも味方だよ」

大事なのは絆と安心感。

価値観 「和」が大事

ラッキーカラー オレンジ、黄緑

ラッキーアイテム ぬいぐるみ、花、オーガニック系商品

【こじかの取り扱い方】

「こじか」は12動物の中で、唯一の赤ん坊です。赤ちゃんは純真無垢で汚《けが》れを知りません。無邪気な笑顔だけで一瞬にして周囲の空気を和ませ、突然火がついたように泣いては周囲を慌てさせます。「こじか」の人たちも自分の感情や感覚に正直に生きているため、人の好き嫌いがとても激しいのが特徴です。

子どもが母を求めるように、親しい人間には誰にでも愛情を求めます。携帯電話の料金がいちばん高いのも「こじか」で、愛情を確認するために、用もないのに何度も連絡を取ります。恋愛に限らず、同性の友人同士でも頻繁に連絡を取り、レスがこなかったり遅れると、「もしかしたら嫌われた？」と、必要以上に不安になる人が多いのです。

「こじか」の持つ純粋さを同じ仲間としてキャッチしているのか、子どもや動物には大変好かれます。小動物を飼いたがるのも「こじか」の特徴で、熱帯魚やハムスター、仔犬や仔猫など、小さな動物が大好きです。

また人を育てたり教えたりすることも得意ですから、教育の世界でも「こじか」は活躍しています。保育士や幼稚園、小学校の教員が多く、ここでも小さな生き物（擬似的に？）を可愛がるということでしょうか。

こじかは好奇心旺盛ですが、同時に警戒心も強い動物です。イメージとしてはぴゅんぴゅんと楽しげに跳ね回っていますが、常に母鹿の目の届く範囲内でしか行動しません。ですから初対面の人には心を開くことができません。知っている顔がいると安心できるので、お店なども行きつけの店にしか行きません。

潔癖なところがあり、健康志向も強いので空気清浄器と浄水器は「こじか」の必需品です。飲み物や食べ物の食品添加物なども気になりますから、無農薬・無添加にこだわります。よく缶ジュースなどを飲みながら、ラベルを読むともなしに読んでいる人がいますが、かなり高い確率で「こじか」でしょう。

そんな「こじか」に絶対やってはいけないタブーが、嘘をつくことです。罪のないささいな嘘も許せません。嘘がバレると出入り禁止となりますが、「こじか」本人はちょくちょく嘘をつくことがあります。しかし、面白いほど顔に出ますのですぐにバレます。可愛いものです。

好きな人とはいつもいっしょにいたいし、歩くときは必ず手をつなぎたがります。スキンシップが大好きなので、同性でも異性でもハグは有効です。そして話は最後まで聞いてあげてください。「後で聞く」「その話もう聞いたよ」などの言葉は厳禁です。みなさん、「こじか」には、常に一声かけてかまってあげてください。かまってもらえないと気を惹くために、子どものような悪さをしますから……。

CHARACTER 11 NUMBER

正直なこじか

男性

豊かな好奇心と子どものような純粋な心を忘れないまっすぐな人です。温和なおとなしい性格で、いつも誰かにかまって欲しいという気持ちの強い、寂しがり屋です。自分の外見上のことにはあまり興味がなく、服装や態度でも虚飾を好みません。性格的にも飾り気がなく、愛想はいいのですが、お世辞は言えません。

ときに思ったことをズバリと口に出して、周りを驚かすことがあります。交遊関係は広くないので、心を許せる友人が数名いれば快適です。

女性

好奇心旺盛なわりに、人見知りで初対面の相手には強い警戒心を持っています。温和でおとなしい印象ですが、親しくなると、可愛いわがままが出るようになり、いつも相手からの愛情を受けていたいと願っています。

気が強そうなタイプに見えますが、実際は穏やかな心と古風な面を持っています。周囲に対する気遣いも行き届いていますが、人の好き嫌いは激しいほうです。寂しがり屋なので、孤独な環境に弱く、また急激な変化も好みま

ただ、誠意があり世話好きな性格のために他人に振り回されたり、騙されたりすることも少なくありませんので、この点は注意が必要です。

　こじかは外には出しませんが、とても情熱的な面があり、自分の夢や希望の達成に向けて努力を惜しみません。このまっすぐな熱意は人を指導し、育成することに向いています。

　仕事面では事業運があるので、起業すれば成功する可能性も高いのですが、他人を蹴落として戦う粘り強さがありません。もう少しがんばれば結果が出る直前で、あっさりやめてしまったり、人に譲ってしまいます。

　健全で大らかな思想の持ち主なので、アットホームな環境で堅実な仕事を心がければ安定した成功が望めるでしょう。


せん。新しい人や場所、状況にすぐに順応できない面がありますが、自分から心を開くことで、様々な世界にチャレンジしていけるはずです。

　また嘘が大嫌いなので、ささいな嘘でも許せません。融通の利かないバカ正直なところがあるため、社交の範囲が次第に狭くなる傾向にあります。注意しましょう。また警戒心が強いため、親しくなるには長い時間を必要としますが、一度心を開いて親しくなってしまえば、生涯変わることのない長いつきあいになります。

　恋愛も慎重派で、身近な人と友だちのようなつきあいをしているうちに、いつしか恋愛に発展するケースが多いようです。結婚後は家庭にこもらずに外に出るほうが、うまくいきます。

CHARACTER 17 NUMBER

意志をもったこじか

男性

知的で落ち着いた外見ですが、少年のような心を持った純粋な人です。上下関係や礼儀には厳しく、円満な人間関係と秩序を重んじる保守的なタイプです。好奇心は旺盛ですが、平和を愛し、極端な変化は望みません。争いごとや喧嘩を嫌うため、やや八方美人的な面がありますが、内には猛烈に強い意思を秘めています。

若いうちは負けず嫌いで、実力もあるため自信家になりがちですが、年齢とともに穏やかな物腰になっていきます。

女性

物静かで悠々とした雰囲気と、おっとりした話し方が温かみを感じさせる女性です。柔和な印象を与えますが、内に隠した闘争心と、人生を成功させるための意思の強さは半端なものではありません。

世間からの評価が気になるので、人の噂には大変敏感です。周囲からの批判を避けるために、目立った行動や派手な表現を嫌う傾向があります。身分相応ということを人生哲学にしている、素朴で保守的な思想を持っています。

革新や変化を好まず、現状維持を選

こじか

強い

いざというときには、逃げも隠れもしない潔さと責任感の強さがあるため、周囲の信頼も厚い人です。

趣味に没頭するため、それが本業になることが多く、趣味が身を助けるタイプです。また、もともと好きなことが仕事に結びつくような幸運を持っています。学者や芸術家系に多く、この方面に進むと成功する確率が高いでしょう。

出世欲もなく、世渡りも決して上手ではないのに、気がつくとリーダーにまつり上げられている不思議な人です。

人を見る目や、世の中の動向を察知する能力にも長けているので、組織の責任者にも向いています。

人に尽くしたことが、何倍にもなって自分に返ってくる幸運の人なので、誠実に生きることが成功の鍵です。

ぶあなたですが、とても面白い運を持っていて、趣味が本業になったり、本業に近いほどの忙しさになったりします。つまり興味があること、好きで続けていることが、あなたの人生を発展させ、成功につながる可能性を秘めているということです。

また人に尽くしたことが、何倍にもなって自分に返ってくるという幸運にも恵まれています。

好みの男性はきめ細かく行き届いた気遣いをしてくれる人で、安定感があり、しかも活動的な人です。恋の始まりは静かですが、ある限界を超えると一気に燃え上がります。結婚後は夫を精神的に支えて尽くすよき妻となり、子どもにも恵まれ、安定した老後を迎えられるでしょう。

CHARACTER 32 NUMBER

しっかり者のこじか

男性

感情を隠すのが苦手で、巧妙な駆け引きや裏表のある対応はできません。柔和な言動と、人の気をそらさない気配りで、敵をつくらないように細心の注意をはらいます。円満な人格者で、人も自分も傷つけるのを嫌います。

人情に厚く、律儀で誠実な性格であるため、社会を見る目も家庭の秩序についても、保守的で封建的な面が強いところがあります。

おっとりしたのんびり屋に見えても、実は非常にせっかちで、合理的に手早

女性

いつも愛情を受けて、かまわれたいと思っている寂しがり屋です。人見知りで怖がりですが、好奇心は旺盛で、何事にも興味津々。

口数は少ないほうですが、心の中ではいつも空想の世界で遊んでいるようなところがあり、現実面での対応はやや苦手です。

精神的な分野に興味があり、宗教や哲学、宇宙、スピリチュアルな世界にまで幅広い好奇心を寄せていきます。そんな自分の世界観を大切にしているため、他人に心の中を軽々しく覗かせ

こじか

く物事を処理していきます。

順応性も高く、どのような状況にも合わせていける、たくましい生命力を持っています。

仕事面では安定した環境で生きることを望み、安全主義のため守備力が長所となります。リスキーな新規開発より、すでにあるものを改良するような仕事が向いています。

またソフトな感受性を持っているため、組織の中の潤滑油のような存在となれれば、実力を大いに発揮するでしょう。

企業家というよりは実務家タイプで、家業を継ぐか、中小企業のリーダーに向いています。人当たりの柔らかい独特な社交性を極めることで、人生の成功を収めるでしょう。


るようなことはありません。しかし、他人に合わせることは上手で、損得勘定なしにつきあいます。

子どものような心の中には、わがままもありますが、人から憎まれたり、敵をつくったりということはありません。人に甘えることで自分を表現するため、可愛らしく憎めない得な部分を持っているのです。いわゆる甘え上手な人です。そんな性質からも、大きなトラブルに巻き込まれることはなく、平穏な人生が望めるでしょう。

好む男性のタイプは、世渡りは下手でも真面目に生き、誠実な愛情を注いでくれる人です。スキンシップを求めいつもそばにいたがります。ただプライドが高いので、自分からは追いかけず、様々な策を練る恋の策士です。

CHARACTER 38 NUMBER

華やかなこじか

男性

強い感情を表に出さない温厚な人です。人当たりがよく、腰も低くてつきあいやすい人柄に映ります。しかし、内面には高いプライドと容易に周囲とは妥協しない信念を持っていて、自分の体面に関わる場合はなかなか引き下がりません。

子ども心のある人なので、普通の人よりテンションが高いところがあり、突然激したり、拗《す》ねたりするような気分屋なところがありますが、本来は律儀で思いやりのある人情家です。誠意と忍耐力を持ち、男気のある生き方を

女性

純粋な子ども心を忘れないシャイな女性です。何を考えているのか、どんなことが好きなのか、いくら話してみてもよくわかりません。謎めいたその雰囲気は同性からはときに嫌味に受け取られますが、女性的な情緒と甘い色気を感じさせるため異性からは受けがいいでしょう。

内面では、男性に対する本能的な警戒心と依存、自分の人生に対する強い情熱と冷静が共存している人です。つまり保守的な倫理観と芸術的な衝動が心の中で葛藤しながらも、うまくバラ

理想としています。

人の好き嫌いが激しく、趣味にも好みにも強い自我を示し、一度嫌うとまず認めようとしませんが、その独自の感性から、秀でたものが生み出されます。

そのため、趣味や学問、芸術などに興味を向けていくと、思わぬ才能が開け、人生の転換につながる可能性があります。物事への執着心が薄く、出世競争などの現実社会には無頓着な人ですが、自分の仕事にはきわめて忠実であるため、周囲からは信頼を集めます。

アットホームな職場環境に身を置くと、ストレスなく続きます。自分の得意な能力を生かして、それを進展させることで、成功する運を持っています。楽観的になり過ぎなければ、ある程度の組織を運営することができるでしょう。


ンスをとっているタイプなのです。

豊かな感情と旺盛な好奇心で、夢と現実の両方の世界に生きているような、掴みどころのないところがあります。

人の好き嫌いが激しいため、交際範囲は広くありません。自分の殻に閉じこもりがちで、せっかくの信頼や絆を生かしきれない損な面があります。

好きな男性のタイプは、知的で教養があり、情熱的に生きている力強い人です。いったん恋に落ちると、見た目からは想像がつかないほど情熱的で、相手が戸惑うほどですが、その積極性が恋愛成功率を高くしています。結婚後は、堅実で家庭を大事にしますが、個性を生かした趣味や仕事を続け、生きがいを感じる環境をつくっていくとよいでしょう。

猿

- 愛嬌たっぷりの人気者
- なんでも器用にこなす
- 褒められたいから、がんばる
- 細かなこと、小さなことによく気づく
- 早とちりや早合点の多い慌て者
- 何事も短期決戦派。持久戦や長期戦は×
- すべてにおいてカジュアルな雰囲気が好き
- 実利にめざとく、計算能力が高い
- モノマネがうまい
- 同じ場所にじっとしていられない

Monkey

猿

恋愛

デートとHの回数が愛情のバロメーター

恋愛もHもゲーム感覚でエンジョイ。楽しくなければ恋じゃない。ミニ浮気OK。

天職

商売人の才覚あり

サービス業、歯科医師、寿司職人、パティシエ、ゲームクリエーター

健康

そそっかしいのでケガ三昧

転んでキズ、ぶつけてアザ、いい歳して鼻血。落ち着けば無難に過ごせるはず。

マネー

小銭大好き

割り勘は10円単位で。商才はあっても博打は苦手で、コツコツ貯める。

弱点

短気でのんき

「なんとかなる」と思っているが、なんとかならないことも多い。

開運ポイント

瞑想

ひとりで静かに内観すると目標が明確になる。

その気になるひと言

「いっしょにいると楽しい」

おだてに乗りやすいので、どんな褒め言葉でもおいしくいただき、それを糧にめちゃくちゃがんばれる。

価値観

人生、楽しんだ者勝ち

ラッキーカラー

黒、赤

ラッキーアイテム

キーホルダー、お菓子、スニーカー

【猿の取り扱い方】

「猿」は、小学生のような無邪気な気質を持っています。ちょうどアニメ『サザエさん』に出てくるカツオのような憎めないキャラクターなのです。なにせ小学生ですから、勉強でも恋愛でも、なんでもゲーム感覚で取り組みます。ゲームには勝ち負けがつきものですから、**勝敗には異常なこだわりを見せます。スポーツや仕事はもちろん、たかがジャンケンひとつでも負けたくないのです。**

また、長期的展望に立って考えるのは苦手で、目の前にあることを現実的に処理していきたいのです。過ぎ去った過去やまだ来ない未来に興味はなく、「今日のお楽しみ会」や「明日の遠足」をどうやって充実させるかが最大の関心事というわけです。小学生にとっては来年ですら、「そんな先のこと…」なのです。

猿というキャラクターが連想させるように、まったく落ち着きがありません。いつもソワソワと動いています。手足が器用なので授業中でもシャーペンをぐるぐる回していたり、足で冷蔵庫を開けたり閉めたり。床に落ちた物は足でつかんで拾う。美人のOLが、カフェのテーブルの下でハイヒールを足先にぶら下げブラブラさせているのも、「猿」でしょうね。

堅苦しい雰囲気を嫌う「猿」には、フランクな態度で接するようにしてください。ビジネスの世界でもあまりかしこまった対応をすると心を開くことができません。「やあ！」とか「元気？」と軽く手を上げて挨拶を交わすくらいがちょうどいいのです（ライオンにこれをやると即試合終了ですので要注意です）。

基本的に落ち着きがないので、早とちり、早合点が多いのも「猿」です。「わかった、わかった」と話の途中でわかった気になりますが、半分もわかっていません。周囲がしっかりフォローしてあげることで、着実に成長しますし、結果もきっちり出します。ただし、目的と指示を明確にしてあげないと駄目です。たとえば「何か冷たいものを買ってきて」では、具体的にウーロン茶なのか、緑茶なのか、ミネラルウォーターなのかを指示しないと買ってこられません。「ウーロン茶かなにか買ってきて」ですと、「ウーロン茶はなかったよ」と平気で手ぶらで帰ってきます。「ウーロン茶がなければほうじ茶でもいいのに」と思うのですが……。

しかし、「猿」は褒めて育ててください。年齢に関係なく、ある目的を達成したら心から褒めてあげるか、ご褒美を必ずあげてください。「猿」のモチベーションは最高潮に達し、さらにがんばろう！　と、能力を高めていきます。**おだてにしっかり乗るのが「猿」なのです。**木登りが得意ですから、どこまでも登っていきますよ。愛すべきキャラクターです。

CHARACTER 3 NUMBER

落ち着きのない猿

男性

社交的で堅苦しい雰囲気を嫌うフランクな人柄です。直情径行型なので、日常の行動は素早く、相手の気持ちを即座に察して、対応を考える機敏な駆け引きが得意です。多少そそっかしい面もありますが、理解が早く頭のよい人です。

　内面にやや保守的な考えを持っているため、秩序や上下関係を大切にし、巧みな処世術も身につけています。

　めったに本音を出さず、平然としていますが、一度決めたら手段を選ばず、結果を出そうとする勝負強さと集中力

女性

何でもゲーム感覚で楽しむことのできる若々しい精神を持っています。活動的で、いつも忙しく動いているという印象のある女性です。人間関係では、周りに対して細かい気配りができる人で、親切で世話好き。人を元気にすることができる明るさが魅力です。

　思ったことがすぐ顔に出る素朴でまっすぐな性格は、人から理解されやすく、安心感を与えます。怒って喧嘩になっても、自分の気持ちを相手に伝えてしまえばすぐ元に戻り、後をひかな

は抜群です。優柔不断で決断力に乏しいところがありますが、最終的には多方面で活躍できるでしょう。

人と接することで自分自身が日々向上していくような環境が理想です。また美的感覚にも優れているので、クリエイティブな仕事もこなせます。

純粋さゆえに逆境を乗り越える粘り強さに欠けるところがあるので、腰を落ち着けて、ひとつのことを継続する努力が必要です。

その反面、意志が強くなり過ぎると強引になり、つきあいにくい人物になる恐れもあります。人を統率するリーダーより、参謀を目指すと成功します。

長寿のタイプで、財運もあり、ほとんど苦労なく人生を送る運を持っています。志を正しく持つことが大切です。


いさっぱりとした気性です。

また何を頼まれても嫌な顔をせず、すぐに動く奉仕精神も、好感度の高さに一役買っています。

真面目で伝統を重んじ、人にものを教えるのも得意です。独自の感性を生かして、趣味と実益を兼ねて働くと、成果が得られます。興味のあることはどんどん学び、社会に役立てるとよいでしょう。

自立心が高く、真面目でマイペースなので、無理や無茶な生き方は避けたほうが無難です。

恋愛ではとてもモテる女性です。好きでもない人からの誘いは上手にかわさないと、人間関係を乱すことになりかねません。結婚後はやりくり上手な主婦として、仕事と家庭を両立させます。

CHARACTER 9 NUMBER

大きな志をもった猿

男性

無類の明るさが最大のセールスポイントで、それが保たれている限りは、幸運に恵まれた人生を送るでしょう。好奇心が強く、許容量も大きいので、何にでも首をつっこんでしまう傾向があります。知らないことをそのままにしておけず、深く究めたいという知的な貪欲さがあります。そのためアイディアは豊富！

ときとして、空想の世界に浸り、現実を忘れることもありますが、基本的には利益を第一に考える合理主義者です。とっさの判断に優れ、ここいちばんの

女性

女性特有のウェットさがなく、さっぱりとした気性です。表現や態度は温和で、堅苦しい雰囲気を嫌います。真面目で勝ち気な面が、芯の強さと粘り強さとなって表れています。大変な努力家で仕事ばかりでなく、趣味や遊びにも研究熱心。どんな分野でも、楽しんで取り組んでいるうちに、いつの間にかエキスパートになっていることが多いでしょう。

人間関係では周囲に対して細やかな気遣いができ、多少調子が悪くても、楽しい雰囲気をつくろうとする献身的

勝負どころにおける強さは抜群です。

仕事に対する努力と熱意は極めて旺盛で、着々と成果を上げていきます。しかし、せっかちなため、すぐに結果を求めます。理想をすぐに実現させたいという気持ちが焦りに変わると失敗するので、泰然とした構えで構想を練ることが大切です。

警戒心が強いため、あまり本心を見せることはありません。そのため交際範囲は狭くなりがちです。組織の中での権力争い等は苦手で、人間関係に惑わされない技術職や、専門職が向いています。負けず嫌いで自信過剰なところがあり、悪く出ると人から反発を買いますが、失敗を恐れずまっすぐに王道を進んでいけば、あまり苦労せずに成功を得ることができるでしょう。

なところがあります。

しかし、普段は努めて明るく振る舞っていますが、心の中では孤独感を感じています。自分の気持ちを表現することは苦手なので、周囲から誤解されることも多いかもしれません。相手に心を開いて正直に自分の気持ちを伝えましょう。

趣味や仕事でつきあうだけではなく、心から信頼できる友人を持つことが大切です。何でも相談できる、心で結びついた人脈ができると、ゆとりのある豊かな人生を送ることができます。

恋愛では、一途になるため、遊び人に騙されてしまう危険があります。持ち前の客観的視点で、相手の誠実さを見極めてから、恋を始めましょう。結婚後は倖せな家庭生活になります。

CHARACTER 15 NUMBER

どっしりした猿

男性

細かいことによく気がつき、何でも器用にこなします。独特の鋭い勘を持ち、様々な体験を重ねることによって、その勘に更に磨きがかかります。この勘によって世の中の流れを読み、チャンスを掴むのです。また歳をとるごとに運勢が上向くという、非常に幸運なタイプです。人生には極めて意欲的であり、努力を重ねて大成する場合が多いでしょう。

仕事面ではギブ&テイクの精神で、効率よくゴールまでの最短距離を目指す、クールな能率主義者。組織づくり

女性

周りの人すべてに行き届いた配慮を見せて、機敏に要領よく立ち回っていける活動的な女性です。ひとりの自立した女性として、誇り高く生きている印象を与えます。

内面には強い自我と大きな自信を備え、研究心や探究心の深さも人に負けません。一見穏やかそうですが、自分の信じるものがすべてという、頑固な面もあります。日常のストレスは笑顔で自分の中に溜め込み、最後に爆発させてしまいます。会話することで上手に解消しましょう。

や人の運用が得意なため、独立自営や事業家に向いています。

しかし、リーダーシップを発揮する場合には合理性や効率性ばかりを追求せず、人間性を優先することを心がけるべきです。

判断力、瞬発力、勝負強さは秀でたものがありますが、慎重さや粘り強さに欠けるところがあり、早合点することもよくあります。どんなときも先を急ぎ過ぎず、ゆったりと落ち着いて方針を決めることが大事です。

生来の幸運を開花させるには、意識的に控えめな態度を心がけることです。更に義理堅く、人に尽くしていくと大成功を得られるでしょう。トップではなくあえてナンバー2を目指すほうが、成功への近道です。

仕事面では頭がよいので、何でも機敏に対応できます。競争意識が強く、男勝りな性格ですが、直感に頼り過ぎて状況判断を誤ることがあります。

理想に向かってひた走る意欲と努力は高く評価されますが、無理をし過ぎて失速することもあるので、機が熟すのを待つ、心のゆとりを身につけることが肝心です。そのゆとりがあなたの人生を成功へ導きます。

恋愛面では、知的な判断で合理的に物事を処理できる経済観念の発達した男性がタイプです。出会った瞬間に恋に落ちることはありますが、単に外見だけに惹かれたりはしません。

結婚後も働くことを望み、家庭を守ることよりも、外の世界に意識が向きやすいでしょう。

CHARACTER 34 NUMBER

気分屋の猿

男性

気さくで誰とでも打ち解けられるフレンドリーさが魅力です。堅苦しい挨拶や形式は苦手で、ざっくばらんな会話を望みます。

しかし、初対面では自分のペースが掴めないので少し距離を置いたところから交際がスタートします。じっくりとつきあってみると、洗練された知性と軽妙なユーモアに親しみを感じて、好感を持たれるでしょう。

責任感が強く、人の面倒見もいいので、あなたを慕う人たちが自然に集まって人脈が形成されます。

女性

スラリとした容姿を持った個性的な美人です。動作がきびきびしているので常にアクティブな女性の印象をあたえます。

現実にとらわれずに夢を追いかけるパワーがあり、自然と周囲に人が集まるようなカリスマ性を持っています。どんな環境でも生きていける順応性があり、世渡りも案外上手です。権力に媚びることなく、さわやかな処世術を身につけており、賢く世の中を渡っていける人です。

しかし、内面には神経過敏なところ

猿

仕事面では相手に上手に歩み寄りながら交渉に当たります。気が短いので頭で考えるよりはまず行動するタイプで、結果は必ず後からついてくると考えています。何事に対しても器用で飲み込みが早く、上達も早いので、短期決戦には抜群の能力を発揮します。優れた集中力と、何が何でも結果を出そうとする気持ちが強いため、不可能を可能にしてしまうパワーがあります。

ただし、目先の利益に目を奪われると、計画通りに物事が進みません。

芸術的な才能があるので、形のないものを商売の材料にしてお金を生み出すセンスの持ち主です。経済観念が発達しているので蓄財にも興味があります。商才は十分にあるのでどんな商売をやっても成功するでしょう。

があり、しなくてもよい取り越し苦労をしてしまい、次になにをすればよいか迷うことがあります。人に対してはもう少し大らかに構え、よほどのことがない限り放っておくくらいの気持ちが大切です。

独立精神が旺盛で家庭だけに束縛されるのを嫌います。専業主婦になってしまうと結婚生活がわずらわしくなることもあるので、結婚後も仕事を持ったほうが、スムーズにいくでしょう。

恋愛面においては、空想的なところがあり、少女のような夢を持ち続けます。実生活では相手に尽くす面が強く出ます。相手を思いやるあまり自分を犠牲にしてしまうところがあるので、ときどきわがままを言うくらいがちょうどよいでしょう。

CHARACTER 40 NUMBER

尽くす猿

男性

常に社交的な気遣いを見せて人の気をそらさず、行き届いた配慮を忘れません。人間関係においては摩擦を避けるために決して敵をつくりません。

そのために、自分の内なる感情はめったに表に出さず、保守的で安全な生活環境を築きます。

内面には鋭い感受性と直観力があり、些細なことから相手の心理を的確に読み取る観察力を持っています。

神経が細かいので、自分なりのストレス発散方法を見つけ、こまめに疲労回復をはかりましょう。

女性

明るく屈託のない印象でさっぱりとした気性の女性です。あまり情緒性はありませんが、いつもまめまめしく働き、子どものころから家事を切り回せるほど頭の回転が早く、手先も器用な女性です。

内面には他人に対する強い警戒心があり、ときとして不要なほどの競争心を燃やしてしまうこともあります。自分は自分、他人は他人と割り切った考えをすることが大切です。

職場では世話好きで親切、困っている人を見ると放っておけません。特に仕事面では冷静な頭脳で最善を尽くし、成果に結びつける行動力を備えた、非常に恵まれた才能の持ち主です。律儀で几帳面なので上司からも好かれ、引き立てられることも多いでしょう。

形のないものを具体化したりお金をもうけることに才能があり、財産を築くことに意義を見出します。普段の生活では贅沢をしませんが、いざというときのお金の使い方を心得ている人です。ただ、自分の能力に自信があり過ぎて何事も人任せにできない点には注意が必要です。得意の観察眼で人材をしっかりと見極め、大らかに任せることを学ぶべきです。

学問や芸術方面に大きな成功の可能性があるので、好きなことがある人はそれを追求するとよいでしょう。

身内や目下の人に対してはおせっかいなほど面倒をみてしまいます。

しかし人情家のわりには感情に流されることなく、合理的で非常に現代的な考えをします。

成功へのキーポイントは「流れに身を任せる」ことです。このタイプの人は自分で積極的に物事に取り組もうとすると、苦労を抱え込むことになるので、状況の流れるままに力まず行動をすることが成功につながるのです。

目先のことにとらわれて計画性に乏しいのが欠点ですが、結婚するとしっかり家庭を切り盛りする、いわゆる良妻賢母になります。好む男性は堅実な倫理観を持ち真面目に人生を生きていく頭のよい人です。人を好きになると、恋が最優先となり、恋愛を楽しみます。

猿

CHARACTER 46 NUMBER

守りの猿

男性

鋭い観察眼を持っており、活動的で素早い反応が特徴です。頭の回転が速く博識でトレンドを上手に掴み、若い世代からも話が合うと思われているでしょう。ファッションにも気を遣いおしゃれを楽しんでいるタイプです。

普段は小さいことにこだわらずアクティブな毎日を送っていますが、プライドがとても高いので、体面を傷つけられると、人一倍ショックを受けます。誰にでも愛想のよい人ですが内面では好き嫌いが激しく、選り好みは厳しく

女性

フランクな人柄でいつも明るく愛想のよい社交上手な人です。情緒的な雰囲気や女性らしい色気はあまりなく、物事を割り切って考える性格で、不満があっても我慢して淡々と生きていきます。

思い切った冒険はしない堅実派でもあり、あまり浮き沈みのない人生を送ります。社会の中では人の上に立つより、補佐役として人を盛り立てていくような立場に身を置いたほうが、生き生きと輝きを増すでしょう。

仕事面では相手の心理を深読みする

行われています。

また、負けず嫌いで周囲に遅れをとらないよう日々の努力を怠りませんが、自分を大きく見せようと背伸びし過ぎるところがあります。

仕事面では大きな希望を持ちつつも、守備力に力を注ぎ、焦らず騒がず物事を確実に進めていきます。また何をやらせても勘がよく、計数を扱うのが得意で数字を並べて行う説得術は見事です。

実生活においても趣味や芸術的なものよりも実利的な価値を追いかけます。目先のことにとらわれず、先の先を見通す戦略が必要でしょう。もう一歩突っ込んだ思考を身に付けると成功する確率が高くなります。生まれつき衣食には恵まれ、人からの引き立てで伸びる運勢を持っています。


のは苦手ですが、決して人の機嫌を損ねない交際術に長けています。感覚的な面には弱いところがありますが合理的にことを進める手腕は見事です。

普段の生活では趣味や教養にも実利的な価値を求めます。いわば、趣味と実益を兼ねた人生を目標にしています。勝ち気で努力家なので一度始めると途中で挫折することなく、最後までやり抜く気迫を持っています。

好む男性は、現代的な感性を持つ明るくルックスのよい人です。愛嬌のあるあなたにアプローチする男性は多いのですが、相手の外見だけに惑わされず、人間性を見極めましょう。つきあい始めると親切で世話好きな面が前面に出て相手に尽くします。結婚後はやりくり上手な妻になるでしょう。

チータ

Cheetah

思考パターン 左脳型

心理ベクトル 未来展望型

行動パターン 状況対応型

人間関係3分類 SUN

- 好奇心旺盛でどんなことにも果敢に挑戦
- プライドが高く、強気で短気
- 逆境に強い超ポジティブ思考
- 常に中心人物でいたい
- 攻撃は強いが、守備は弱く、撤退も早い
- 欲しいと思ったらすぐ買う。待てない
- 成功願望が強く、競争心も旺盛
- 肉（特に焼肉）が主食
- 早とちりでお人好し
- 瞬発力はあるが長続きしない

チータ

恋愛

狙った獲物は逃さない

でもダメとなったら、即あきらめて、次なるターゲットへ。12キャラ中№1の恋愛体質。

天職

チャレンジし甲斐のある仕事

外交官、タレント、政治家、マスコミ関係、セールスマン

健康

足腰の強さが身上

マネー

前向きな浪費家

衝動買いの達人。見栄のために散財。安物買いの銭失い。でも「金は天下の回りもの」だと思っているので、どこまでも楽観的。

弱点

色難

開運ポイント

恋愛成就

恋がうまくいっていれば、万事よし。

その気になるひと言

「キミならきっと成功する」

〝成功〟という言葉が世界でいちばん好き。

価値観

思い立ったが吉日

ラッキーカラー

ひょう柄、ゴールド

ラッキーアイテム

外国製の石鹸、アダルト雑誌

【チータの取り扱い方】

野生動物の世界でも、チータは陸上で最も足の速い動物です。時速140キロという驚異的なスピードで獲物を追いかけますが、全速力で走れるのは500メートルまでです。もう獲物に届かないとわかったら、とたんに追いかけるのを止めてしまう……。これが「チータ」というキャラクターの特徴と同じなのです。

何事にもすぐチャレンジしますが、あきらめも早い。熱しやすく冷めやすいのです。しかし、超プラス思考なので、クヨクヨといつまでも過去や失敗を引きずることはありません。気持ちの切り替えの早さは12動物中、いちばんでしょう。

成功願望が強いので、常に頭の中で自分のサクセスストーリーを夢見ています。書店などに行っても、『成功の法則……』や『サクセスするための……』というタイトルの本があると、つい手にとってしまうのが「チータ」です。

また、「チータ」は攻めているときは強いのですが、守りに入るとモチベーションが下がってしまいます。この傾向は勉強でも恋愛でも仕事でも同じです。**自分が追いかけているときは夢中になりますが、相手から逆に告白されると、とたんに興味を失ってしまうのです。**また、詮索されたり、束縛されると逃げ出したくなってしまいます。「締めつけ」を嫌う傾向は服装にも表れていて、ボディスーツやハードなストッキングなどは身に着けられません。家に帰ると真っ先にネクタイやストッキングを脱ぎ捨てます。理想は裸族！　だと思っているくらいですから。

「チータ」はコマーシャルや宣伝にめっぽう弱く、欲しいと思ったらすぐに買ってしまいます。そしてとにかく待つことができませんから、テレビでも大きな棚でも「本日お持ち帰り必須！」です。パンツの裾直しなどもお店で「お渡しは1週間後になります」と言われた瞬間に、「じゃ、いいです」と断ってしまいます。**「チータ」は待てて20分。覚えておきましょう。**

「焼き肉が大好き」なのも肉食動物「チータ」の大きな特徴です（注文してから出てくるまでが早いですし）。「チータ」が好むのは黒服がかしこまっているような高級ステーキハウスではなく、ツウが通う「汚くてもうまい」焼き肉屋です。焼き肉屋に限らず、知る人ぞ知る隠れ家的な店が大好きなのです。

「チータ」には逆説的指導法が効果的です。「これだけは触らないで」と言うと絶対に触ります。「絶対に見ないで」と言うと必ず見ます。ですから、何かをやらせたいときは「君にできるかな？」「君にはまだ早いと思うけど」と言うと、必ずやるのです。そして上手にできたときはすかさず「すごい！」と、人前で褒めてあげてください。そうすれば「チータ」は120％の力を発揮します。

CHARACTER 1 NUMBER

離ランナーのチータ

男性

人生に大きな目標を持ち、達成するまで何度もチャレンジします。外見はどこか子どもっぽいところがある好青年タイプで、歳をとっても実年齢より若く見られるのが特徴です。人懐こいところがあるので目上からの受けがよいでしょう。スマートな身のこなしや華やかなムードなど、異性を魅了する独特のオーラを放っています。

強運の持ち主なので逆境のときには必ず協力者が現れるなど、自分の能力以上の幸運に恵まれ、高いポストや仕

女性

引き締まった端正な容姿と男勝りな勝ち気な部分を持った人です。プライドが高く行動力があり意思も強いため積極的な生き方をします。女性特有の甘えや弱さもなく、誰と会っても物怖じしない態度はビジネスの世界でも高く評価されるでしょう。

気は短く直情的な面があり、思ったことをそのまま口に出してしまうため、生意気だと思われることもあるかもしれません。しかし同時に不正を許さない正義感があり、強い発言でも感情的

長距

事を手に入れることができます。

金銭的にはしまり屋で、ケチではありませんが、納得できないお金はびた一文出しません。

仕事面では実行力に優れ、極めて積極的です。即断即決型で様々な分野に挑戦します。また、先天的に感性が鋭く記憶力も抜群で、多方面にわたる知識も豊富です。組織内でチームワークの仕事に就くよりも、個人で独立するほうが成功するタイプです。

プライドの高さは魅力ですが、それが高じて自信過剰になると何事にも見通しが甘くなりがちです。素早い攻めには強いものの、壁を乗り越える粘り強さに欠ける傾向にあります。この点に注意することができれば順風満帆に人生を送ることができるでしょう。


にならなければ周囲の支持を得ることができます。

どんな困難にも果敢に挑む強い意思と、高い目標に向かって何度でもチャレンジを続ける粘り強さが武器です。先天的に幸運に恵まれており、自分の努力以上に周囲から引き立てられます。

好きな男性のタイプはデリケートな神経を持ち、スマートな感覚と態度を身につけた洗練された人。恋愛に関しては若いときから交遊が少なく、優雅に恋を楽しむほうです。恋のテクニックに自信があるいっぽうで男性に引きずられやすい面もあります。一途に押すだけでなく、ときに柔らかく引くことも必要です。そのエネルギーで結婚後は世話女房となり、細かいところまで口を出して家庭を仕切るでしょう。

CHARACTER 7 NUMBER

全力疾走するチータ

男性

外見からは繊細で張り詰めた隙のない印象を与えます。世俗的なことにあまり関わらず、超然とした雰囲気と育ちのよさを感じさせます。本来は負けん気が強く、理屈に合わなければ権力に立ち向かっていくような熱い正義感もあります。

プライドが人一倍高いので無神経で粗野な人間は許せません。

鋭い感性の持ち主で分析力と独創性に富んでいます。芸術的な分野で才能を発揮するでしょう。

ただ、この分析力を人のあら探しに

女性

超プラス思考の人です。ハキハキした態度の中に色気を秘めた現代風の性格の女性です。しかし外見のおおらかさに比べ、内面は気が短く神経質で、頑固なところがあります。外見の品のよさで、すべてを包み込んでしまうので、容姿で得をしているといえるでしょう。

若い頃は、尖ったままがむしゃらに突き進むため身近な人間関係、特に両親とは衝突が絶えないでしょう。

女性としての情緒や夢もありますが、利害計算で割り切って考える現実的な

使うようになると周囲との摩擦を招くことになるので要注意です。

　このタイプは変化に遭遇しやすい面を持っているため、引越しや転職を繰り返したり人間関係が大きく変わるような機会に多く接します。しかしプラス思考のチータは変化を前向きに捉えることができるので、変化を新たなチャンスとして飛躍のバネにすることができるでしょう。

　プライドの高さを上手に表現することができれば、事業家として成功する可能性が高くなります。問題や障害が起きたときは、逃げ腰にならず積極的に打って出ることが最も解決を早めることになります。生まれながらに持っている社会成功度が高いので、人の意見をよく聞くことで大成するでしょう。

面もあります。

　自分の中に矛盾する性格を抱えていて、情緒的でウェットな面も持っていますが、その性格が表面に出ることはめったにありません。冷静な理論派に見えるのがこのタイプの特徴です。才気煥発で現実的な性格は、仕事を持つ女性にはふさわしいといえるでしょう。

　恋愛は、鋭い感性と冷静さを持つインテリタイプの男性が好みです。恋のチャンスは多いのですが、確固たる恋愛観を持っているのですぐに燃え上がることはありません。相手への条件が厳しいため晩婚の傾向にあります。結婚後も仕事を続け、家庭生活にどっぷりと浸からず、恋愛生活の延長のような生活を理想としています。子どもに対しては教育ママになるでしょう。

CHARACTER 42 NUMBER

足腰の強いチータ

男性

きりっとした精悍《せいかん》な風貌の持ち主で、はきはきした態度が印象的。気は短く動作も快活で即断即決タイプです。洗練されたファッションセンスで自分を演出する術《すべ》も心得ています。勝ち気でストレートな表現のため、敵も味方も多くなります。

実利に関して非常に敏感で、損得計算に基づいて相手との距離を測ります。相手の心理を見抜く鋭い勘と教養あふれる説得力が大きな武器となります。器用さもあり、巧みな駆け引きもラクラクとこなしていきます。

女性

一見ロマンチックな雰囲気を感じさせますが、意外に気が短く、目標に向かって猛烈に前進していく情熱家です。少女時代には可憐な印象ですが、成長とともに活発で勝ち気な面が強くなってきます。

人生の前半は金銭など物質的なものを追い求めますが、半ばを過ぎると徐々に精神面に目を向け始めます。それがひとつの転機になってゆとりのある落ち着いた考え方ができるようになるでしょう。物質的な成功もこの精神面の充実とともに自然に手に入れるこ

そのいっぽうで頼まれると嫌と言えない人のよさもあり、その落差も魅力です。仕事面では頭の切れが抜群で、マルチな才能を備えている人です。脚光を浴びることで力を発揮するので、裏方や地味な作業は向いていません。保守的な組織の中では窮屈な思いをします。専門職を極めて成功することが多いでしょう。

また、野心から政治に強い興味を持つ人が多く、実際に政治家を目指すことを真剣に考えます。資質はあるものの、長期的な企画力と何事も楽観視し過ぎるので、几帳面な補佐役が必要です。ワーカホリックともいえるほど仕事大好き人間なので、その意欲を生かすには、新しい分野を開発する独創的な仕事を見つけることが大切です。

利害関係の計算もしっかりできる人なので、感情的な好き嫌いや情緒的な満足のために損得を無視することはありません。持ち前の行動力と本能的な勘で理想や目標に向かっていくため、仕事では高い評価を得ることができます。ただし、自分が活動的で仕事ができるだけに、他人の仕事ぶりや言動にも口うるさい面があります。

恋愛をすると少女のような夢見がちな部分が出て、普段の勝ち気な面とのギャップが魅力的に映るでしょう。好む男性のタイプは、ゆったりとして物事にこだわらない、社会的な成功者です。頭の回転の早い人でないと、ペースが合わないでしょう。結婚後も仕事を続け夫をリードする世話女房になります。

CHARACTER 48 NUMBER

品格のあるチータ

男性

気さくで会話上手、誰とでも打ち解けられる朗らかな人です。常に細やかな神経を使って、相手の気持ちを読み取り、さりげなく配慮するタイプです。しかし、内面は人の好き嫌いが激しく、勝ち気で、その鼻っ柱の強さは外見からは想像もできません。そのいっぽうで、人情の機微にも通じ、人の泣き所もよく知っています。

知的な洞察よりも直感で反応して行動するため、早合点なうっかり者の烙印を押されることもありますが、それ

女性

ユーモアがあり、明るく陽気なオーラで、人を惹きつけます。性格的には気が強く、あらゆる面で男勝りな印象を受ける女性です。気まぐれで、お茶目なところは魅力でもありますが、気分が乗らないと平気で約束をキャンセルするなど、わがままな面は要反省です。しかし、生まれながらの努力家で、目標のためにはすべてを賭けても悔いがないだけの、情熱と意思を持っています。

ただし、一度、現実的な目標を見失うと、どこへ飛んでいくかわからない、

が愛嬌となって、人から好かれる魅力になっています。

仕事面では、歯に衣着せぬ発言や、目標達成のためにはすべてを投げ出しやり抜く粘り強さが特徴です。ただ、一途になり過ぎると周りが見えなくなり、主観でしかものを見られなくなるので、常に冷静さを失わないことが大切です。

能力を十分に発揮できる場面では、チータが獲物を狙うように、多角的に対象を観察し、戦略を立て、時代を先取りしていきます。この才能は生まれつきのもので、突然のひらめきで革新的なアイディアを生み出すことがあります。周囲からの引き立てを受けて伸びる恵まれた運の持ち主なので、大切な人には誠実に接するように心がけてください。また信念は貫きましょう。

あぶなっかしさがあります。目標や目的は短期ではなく、長期的展望で立てることが大切です。

精神的なものや愛情といった目に見えないものより、実利的で社会的価値のある成功を人生の目標にしています。その意味では、本来家庭志向の女性ではなく、結婚よりも仕事に生きるほうが向いているでしょう。

無邪気で子どもっぽいところのあるあなたは、人を喜ばせたり、楽しませたりするのが得意で、多くの男性から好意を寄せられます。しかし実際に恋人ができても、更にいい人を追い求めて、なかなか落ち着かない傾向があります。好む男性のタイプは、実社会でたくましく生きる成功者です。結婚後は仕事と家庭を両立させるでしょう。

黒ひょう

Black Panther

◆ メンツやプライド、立場にこだわる
◆ おしゃれで美意識が高い
◆ 不正を許さない正義の味方
◆ 新しいものや情報が大好き
◆ スタートダッシュに優れた先行逃げ切り型
◆ 人に気を遣われると嬉しい（やさしくされると好きになる）
◆ 傷つきやすいため、最後の心の扉は開けない
◆ いつまでも現役でいたい
◆ 会話に主語が多い
◆ 小さな親切が得意

黒ひょう

恋愛

情に厚い面食い

ルックスがとても大事（結婚は別）。ときめきがないと生きてる気がしない恋愛至上主義者のくせに、相手から強く押されると同情から恋愛に発展してしまうお人好しな面も。

天職

カタカナ商売で実力発揮

デザイナー、マスコミ関係、スタイリスト、企業コンサルタント、エステティシャン

健康

皮膚は内臓の鏡

無理がきく体なので、過労に要注意。心身の不調が肌に出やすいタイプ。

マネー

気がついたら「ない！」タイプ

新製品やファッションで散財。人にもよく奢るため、後で気づいたときに「なんでこんなにないんだろう…」とへこむ。

弱点

怒られると根に持つ

プライドが高いので、怒られることに耐えられない。特に容姿批判は絶対にＮＯ！

開運ポイント

人生の師を見つける

よき師との出会いで、人生が大きく豊かに変わる。

その気になるひと言

「センスいいね」

これに尽きる。

価値観

一生青春！

中身も見かけも若いんです。

ラッキーカラー

白、黒

ラッキーアイテム

トイカメラ、音楽、ボディローション

【黒ひょうの取り扱い方】

黒ひょうはワイルドキャットと呼ばれ、〝自然界に存在するいちばん美しい動物〟とムツゴロウ先生が評しているように、非常に高い美意識が特徴です。実際に動物園や動物図鑑で黒ひょうを見てもらうとわかりますが、一見真っ黒ですが、よく見るとヒョウ柄があるのです。これが「黒ひょう」の美学で、シンプルでシックなおしゃれを好み、派手な柄や原色は好みません。

さて、この「黒ひょう」の最大の特徴は、「新しいモノ好き」という点です。**新製品、新商品、新情報には弱く、しかもネコ科ですからすぐに飛びつきます。**「まだ誰も知らない」「まだ誰も持っていない」などのワードにはイチコロです。

チータと同じように攻撃的ではありますが、思わぬ障害があると簡単に「やーめた」とあきらめてしまいます。何事もスタートダッシュが大切ですから、「黒ひょう」に対しては、最初だけは細心の注意をはらってフォローしてあげましょう。そうすれば後はもう大丈夫です。なんといってもスマートに生きたい人たちですから、陰でものすごく努力します。ただ、努力する姿はカッコ悪いので誰にも見られたくないのです。

「黒ひょう」はいつも、自分が他人からどう見られているかを意識しています。彼らにとって重大なのは「カッコいいか、悪いか」なのです。ですから、**「黒**

ひょう」を人前で叱ることは最もやってはいけないタブーです。常にカッコいい仕事や見栄えのする役割を任せてください。攻めには強いので前向きなアドバイスを与えて、モチベーションを上げてください。きっちりとこなす器用さを持っているので、素晴らしい成果を上げます。そして、ご褒美は人前で褒めてあげることです。

「黒ひょう」は人間の成長過程でたとえると、20歳の成人式を迎えたばかりの青年です。肉体的には立派な大人でも、まだ精神的には繊細で傷つきやすいデリケートな一面を持っています。車でも黒いスポーツカーはカッコいいけど、些細な傷でも目立ってしまうのと似ています。「黒ひょう」のまたの名を「苦労性（くろうしょう）」と言って、まだ起こってもいないことを「ああなったらどうしよう」と思い悩んでしまいます。いわゆる取り越し苦労なのですが、妄想から自分勝手に落ち込んでしまうのです。喜怒哀楽が顔や態度に出やすいのも特徴です。「黒ひょう」とのつきあいで大切なのは、日ごろから十分なコミュニケーションを取るということ。情報が途絶えると不安から一気にネガティブな妄想を膨らませてしまうので、会えなくても電話やメールでこちらの状況や情報を知らせておきましょう。

黒ひょう

CHARACTER 5 NUMBER

見のいい黒ひょう

男性

スマートな生き方を好むおしゃれな人です。明るくのびのびとした性格で、その大らかさが人を惹きつけ、人脈を形成していきます。自分は変わり者であるという自覚があり、それを長所だと思っています。他人が自分に好意を持つのは当然のことだというポジティブな思考の持ち主で、その邪心のない思い込みが、実際に多くの人に好まれる得な性格です。曲がったことが大嫌いな正義感の強さと純粋さを持ち、自分を犠牲にしてでも人に尽くす面倒見のよさがあります。

女性

のんびりした柔らかいムードの持ち主で、性格は温厚そのものですが、自分の信念を押し通す、わがままな一面を持っています。少々の障害があっても跳ね飛ばしてしまう自尊心と、困難にもくじけない強い意志の持ち主です。

本当は心優しい人なのに、表現方法が不器用なせいで、頑固で強情な人だと思われることもあります。しかし、そこを理解してもらえば、周囲からはかえって信用されることでしょう。

仕事では物事の白黒をつけたり、即

面倒

また、外見からは想像もできないほどの負けず嫌いで、常にリードすることを心がけています。

　仕事では旺盛な独立心と上昇運を持っている上に、生来の努力家です。周りから自然とリーダーに引き立てられるように、くじけず奮闘します。

　芸術的センスが高いため「マスコミの星」と言われるほど、この分野で活躍する人が多いのも特徴です。芸術的な才能からか、空想や妄想を好み、実現不可能なくらいの高い理想を掲げ日々努力します。この発想力を生かし、フリーランスでマスコミ関連の仕事を行うのが向いているようです。もともと財運に恵まれており、目上の引き立てもあります。周囲とのバランスさえうまく取れれば、成功する運勢です。


断することが苦手ですが、自立心も強く、孤独にも耐えられるので、着実に実績を重ねて、職業人として成功することができます。

　数々の失敗や困難を乗り越えて器が大きくなっていくタイプなので、問題が起こっても深刻に考え込まず、開き直るくらいの大らかさが大切です。

　恋愛では、心の中では情熱を燃やしながらも、その思いをストレートに出さないため、いわゆる大人の恋ができる人です。好みのタイプは細やかな神経を持った知的で洗練された男性です。あなたは大変厳しい人で、つきあいが深くなるほど批判的になる傾向があるので、相手の小さな欠点にこだわらないようにするのが恋愛成就の秘訣です。おおらかに恋してください。

CHARACTER 44 NUMBER

情熱的な黒ひょう

男性

親しみやすく気さくで、人当たりのよいタイプです。自分の言いたいことは正直に伝えますが、腰が低いせいか、威圧的な印象を与えることなく、誰にでも心を開かせてしまいます。

いっぽうで、感情の起伏が激しくお天気屋なところがあり、日常生活の中では理想と現実のギャップに悩むこともあります。しかし、その豊かな感性は人生を充実したものにしてくれるので、芸術的な趣味を持つとよいでしょう。

おしゃれで身のこなしもスタイリッ

女性

時代の先端をいくようなトレンドに敏感で、新しい情報をいち早くキャッチする感覚に優れています。服装もおしゃれで、見た目にこだわります。

表面的には情緒的で人当たりも柔らかく、どこか脆さを感じさせる、しっとりしたムードを持った人が多いようです。

内面には情熱的で、一度心に決めたことは簡単にはあきらめない芯の強さを持っています。しかしなぜか自分では、甘えん坊で意思が弱いと思っているのもこのタイプの女性の特徴です。

シュです。トレンドにも敏感で、周りがまだ知らないような情報をいち早くキャッチして、話題にします。

プライドが高く、自分が引き立てられることを強く望んでいますが、トップを狙う気はあっても、根回しをしたり、策略を練ることは苦手で、実直な努力を身上としています。順応性もあり、切羽詰まった状況でも焦らず、常にユーモアを忘れない器の大きさもあります。この人柄と頭のよさが武器となり、説得術には右に出る者がいません。

感情のムラが仕事の出来、不出来に影響を与え、また反骨精神も強いので、目上には煙たがられますが、目下には慕われます。どんな仕事に就いてもある程度成功し、しかも年を経るごとによくなっていくタイプです。

仕事面では企画力に優れ、工夫して結果につなげる才能があります。既成のものから新しいアイディアを生み出す独創性に恵まれていますから、何かひとつのことに打ち込めば、素晴らしい結果が出せるでしょう。

もともと社交家で、何事にも熱心に取り組む情熱を持つあなたは、様々な分野でトップになれる素質を持っています。意欲と行動力は見事ですが、押しの弱いところがあるので、自分を切羽詰まった状況に追い込むくらいのほうが、やる気も結果も出るでしょう。

恋愛では、非凡でクリエイティブな能力のある男性を好みます。何度か恋をしても同じ雰囲気の人を選びます。結婚後は家庭より、外に生きがいを見つけるほうがいいでしょう。

CHARACTER 50 NUMBER

みの激しい黒ひょう

男性

スマートな生き方を好むスタイリッシュな人です。青年のような信念と理想を持ち、日々、新たなことにチャレンジする情熱を持っています。あふれる思いに言葉が追いつかず、自分の気持ちを上手に伝えられないことがありますが、濃い会話で関係を深めたいと思っています。

基本的にポジティブで意欲的ですが、意志も思い込みも人一倍強いので、一度落ち込むと長引きます。

また直感を重要視し、ひらめきで動く実践家なので、ときに行動に一貫性

女性

身のこなしや服装など、おしゃれでスタイリッシュな人です。少女時代から大人びたところがあり、穏やかな容姿に似合わず、男勝りで勝ち気な一面があります。人の意見は聞きますが、影響されることなく、自己の主張を貫き通します。物事を客観的に見つめる冷静さや緻密な分析力はあまりありませんが、直観力には優れています。トレンドに敏感で、周りの人が知らないような情報をいち早くキャッチする感覚は抜群です。

興味のある分野に関しては、人並み

落ち込

がなく、周囲からは気ままな人という印象を持たれることがあるでしょう。

　仕事では自分の経験から得たデータを生かして、時代の変化を先取りするような商品開発や新技術を開発するような職業が向いています。ただ熱しやすく冷めやすい性格から、目標や方針、職場が転々と変わる可能性があります。

　しかし、その変化の先も無意識のうちに時流に沿っている場合が多いので、保守的で動きの少ない組織に入るよりも、自分の直感と先見性を信じて職業を選ぶほうがうまくいくでしょう。

　また隠れた恩恵や引き立てを受けて、窮状を打開できる運を持っています。常に目標を見定め、柔軟でいながら、ひとつの信念を貫くことができれば大成するでしょう。


外れた努力と根性を持って追求していきますが、興味のないことには見向きもしません。

　外見的には穏やかに見えますが、実は繊細な悩み多き人で、心の中には絶えず葛藤を抱えています。他人にはそんな複雑な心中は理解してもらえず、それがまた悩みを増幅させます。自分の中の矛盾を素直に認めることで、この悪循環から抜け出せるでしょう。

　仕事面では大胆に自分をさらけ出すことができ、味方も多いのでどんな分野でも力を発揮できます。

　恋愛パターンとしては、男性に頼れているうちに友情から恋愛に発展することが多いようです。結婚後は家庭に納まると欲求不満になる恐れがあるので、仕事を持つほうがいいでしょう。

黒ひょう

CHARACTER 53 NUMBER

感情豊かな黒ひょう

男性

人当たりが柔らかく、明るく開放的な人柄ですが、やや線が細く現実感のない雰囲気を漂わせています。人見知りをするので、初対面の人と気さくに話すことは苦手です。しかし、時流を読み、名声を得るためには全力を尽くす、積極的で野心家な一面があります。

頭の回転が早く、心の中にいつも若々しい理想を追い求める情熱があり、それが独自の魅力となっています。また人情味があり、人の善意を疑わない純粋さが人望となって、周囲の人から

女性

明るく純真な雰囲気を持った人で、容姿端麗な女性が多いのが特徴です。美人ですが妖精のような茶目っ気があるので、嫌味がありません。人柄は優しく純粋で、お嫁さん候補として男性から人気があるのも納得です。

いつも理想を胸に抱き、人の善意を疑いません。そのため、自分の進むべき道が定まりにくく、人生を遠回りしてしまうこともあります。しかし、自分の心に正直で、これと決めたことには、一直線に突き進んでいくでしょう。

愛されます。

　仕事面では情緒性と芸術的な感性を武器に専門的な分野に進むと才能が発揮されます。天才的なひらめきを持っていますが、喜怒哀楽が激しく気分にムラがあるタイプなので、安定した人間関係や業績を望む大きな組織に入ることは不向きです。フリーのクリエーターなどの仕事が向いているでしょう。

　ただ途中で障害が立ちはだかると、粘り強さと執着心に欠けるため、あっさりと投げ出す傾向があります。また心配性なために、一度迷ってしまうと不安な気持ちが連鎖し、なかなか決断や行動に出られないことがあります。

　絶えず希望と理想を持って、マイペースでゆっくりと目標に突き進めば、成功が望めるでしょう。


本来は情熱家なので、自分の信念を通すためには、どんな苦労も平気で乗り越えていきます。ただ冷静さに欠けるところがあるので、現実が見えなくなる恐れもあります。

　また器用で努力家でもあるので、何をやってもそれなりに成功しますが、気分にムラがあり飽きっぽいので、途中で嫌気がさし、投げ出してしまいがちです。理想と現実の見極めはしっかりつけましょう。

　恋愛面では、アプローチしてくる男性には事欠かないほどモテますが、自分に夢を見させてくれるような人でないと満足できません。共に人生の夢を追いかける同志のような人を見つけたら、結婚を考えるでしょう。結婚後も仕事を持ち、自由な生活を望みます。

CHARACTER 56 NUMBER

気どらない黒ひょう

男性

誰に対しても誠実で、きさくな態度で接するので、味方が多く、敵をつくらない性格です。義理人情を大事にするため、長期にわたる交際をする友人が多いのが特徴です。

ただし、自分の世界を無神経に侵されることを嫌うため、人間関係は自然と整理淘汰され、結果的にはそれほど広いものではないでしょう。気のあった少数精鋭の友人たちと、仲間意識の強いつきあいをするのが、いちばん安心できるのです。

仕事面では好奇心旺盛で、新しいも

女性

豊かな情緒と母性愛にあふれた包容力を持った女性です。人に対しては優しく献身的で、愛情深く接します。警戒心があまりなく、自分を大胆に表現して体当たりの人生を歩んでいく情熱家でもあります。

男性的な世界で、活躍したいという野心があるので、過剰なほどの自信と信念が胸の奥で燃えています。思い立ったら即行動の、せっかちです。

仕事面では向こう見ずで、押しが強過ぎる印象がありますが、駆け引きは得意ではありません。感じるままに行

のや情報に機敏に反応します。じっとしていられない性分なので、考えるより先に動き情報をキャッチします。

芸術的センスがあり、色彩感覚に優れているので、その感性を仕事に生かしていけば、成功につながるでしょう。

外柔内剛の典型で、やや偏屈なところはありますが、筋を通し、打算的になることがなく、自分の信念を貫いていきます。

基本的には慎重に行動しますが、ときとして、浅い読みや急激な方向転換によって、大きなマイナスを引き起こすことがあるので注意が必要です。

困難に陥ったときでも、どこからか救いの手が差し伸べられる強運を持っています。自分の運を信じて、多少の苦難は気にせず進むことです。

黒ひょう

動していますが、鋭い勘を生かした仕事ぶりで、周囲の支持を受けます。

果てしない夢を描くことで自分をかき立てる面があり、一度決めたことは家族の反対や世間の評価など気にすることもなく、貫いていきます。それだけに謙虚さと反省心に欠けるところがあり、思わぬ落とし穴となるので注意しましょう。

美的感覚と色彩感覚に優れているので、デザイナーやインテリア関係の仕事に就くと能力を発揮できます。しかし、仕事関係のつき合いがよ過ぎることで、体調を崩さないようにしてください。

恋愛では自分と同じような気質の男性を選ぶ傾向があります。仕事が忙しくなると、家族に厳しくあたるので、上手に気分転換しましょう。

CHARACTER 59 NUMBER

束縛を嫌う黒ひょう

男性

誰に対しても腰が低く、こまめに気を遣う社交家です。自分自身がとても感受性が強いので、他人に対してもストレートな物言いはせず、相手の心理をうまく掴みながら、絶妙な会話を引き出すテクニックのある人です。常にポジティブ思考なので、明るく、落ち着いた雰囲気とマナーを心得た穏やかな人物という評価を受けます。

義理人情に厚い面も持っており、頼まれると嫌と言えません。しかし情に訴えられることが続くと、息苦しくな

女性

明るく伸びやかで、屈託のない印象を与えます。理性と感情のバランスが上手にとれる人で、本質的に中庸を好む平和主義者です。

人との交流も広く、長いつきあいに発展する友人も多いでしょう。そんな人脈が最大の財産となります。目に見えない不思議な世界や精神世界に強い興味を持ちますが、現実社会での成功にも意欲的で、精神性と実利性をバランスよく保っています。

また人生の目的を自分で探し出すよりも、周りの環境や人々によって与え

り、あっさりと逃げ出します。

直感に優れているので、理論的に考えるのは苦手ですが、自分の考えや思っていることを熱く語る熱意と説得力があります。

仕事では、ひとつの事を究めていく探究型で、何事もじっくり研究することが苦になりません。軽率な言動をすることもなく、よく考えた上で発言します。何をやっても着実にこなす器用さで、着実に実績を残していきます。

人生に信念を持つロマンチストですが、実体験に基づく結果だけを信用するという価値観を持っています。ひとりの決断では迷いが生じる場合があるので、よきアドバイザーを持つといいでしょう。自分の特技を生かした職業に就き、堅実に打ち込めば、成功します。


られるという運勢を持っています。そのため人生の前半と後半で大きくふたつに分かれ、それぞれまったく違う生き方をする可能性があります。このような運勢を生かすためにも、様々な人と交流し、チャンスの幅を広げることが大切です。

目標を定めると、客観的な才能や手腕に頼るよりも、自分の直感や好き嫌いに頼った判断で、実現させていきます。

好む男性は、現代的な教養とセンスを備えた洗練されたタイプの人です。第一印象でピンときた人を好きになり、自分からアプローチすることが多いようですが、理想と現実のギャップに悩みます。結婚後はセンスを生かした仕事をすると、精神のバランスがとれて、家庭もうまくいくでしょう。

ライオン

Lion

- 自己中心的で人の意見は無視
- 決して弱音は吐かず、一切の妥協を許さない
- 人に厳しく、自分に優しい甘えん坊
- 機嫌のいいときと悪いときの落差が激しい
- 何事もその道のプロを目指す
- マナーが悪い、品がない、常識がない人を嫌う
- 生まれながらの統率者、完璧主義者
- 責任感が強く、味方は最後まで絶対に守る
- 漠然とした話が多く、数字や計算に弱い
- プライドの高さはNo.1

恋愛
支配するのが恋、尽くされてこそ愛
ハーレムのような愛情の独占が理想。性欲に波があるが、男女共に相当なツワモノ。本音では甘えたいので恋愛対象は年上が希望。

天職
ワンマンで成功
外資系企業、商社、政治家、警察官、インストラクター、国家公務員

健康
ウォーキング（闊歩）で体調管理
疲れが関節、筋肉系にきやすいので、ストレッチも◯

マネー
「釣りはいらない」タイプ
細かい計算や蓄財に興味なし。欲しいものがあるときは節約して貯蓄もできる。

弱点
味方も多いが敵も多い
自己中心的で他人に手厳しいので、なんだかんだと敵をつくりやすい。

開運ポイント
人に伝える
自分の感性に響いたものや情報を惜しみなく人に伝える。そこから新しい世界（人脈）が広がっていく。

その気になるひと言
「特別な人だもん」
〝選ばれし民〟的扱いのワードが大好物。おしゃれやセンスを褒められるとモチベーションはすこぶる上がる。

価値観
オンリーワンよりナンバーワン

ラッキーカラー
ゴールド、赤

ラッキーアイテム
ブランド物のチャーム、香りのいい入浴剤、上質なシャンプー

【ライオンの取り扱い方】

百獣の王、ライオン。すべての動物の頂点に君臨するだけあって、最もプライドの高いキャラクターです。「わが子を谷底へ突き落とす」と言われるほど厳しい一面があり、教育方針や部下への指導法も当然厳しくなります。しかしそれは子どもや後輩、部下を思ってのこと。突き落とした谷から這い上がってきたら、徹底的に愛情を注ぎ、とことん可愛がります。

他人に厳しく、自分に甘いのも「ライオン」の特徴です。VIP扱いに弱いのも百獣の王だからです。礼儀礼節に厳しく、ケンカの原因も「なんだお前、その態度は！」です。挨拶だけでなく、立ち居振る舞い、言葉遣い、服装までが気になります。仕事で「ライオン」に接するときは、細心の注意をはらわないといけません。しかし、一度心を開いて気に入ってもらえると、態度が一変して大いに可愛がってもらえます。最初が肝心なのです。

ひつじの群れ、ゾウの群れ、猿の群れとそれぞれありますが、ライオンの群れだけは、「ハーレム」と言います。ライオンにいちばん響く言葉も「ハーレム」です。あおぐだけの女、肩をもむだけの女、爪を切るだけの女。そういう**「ハーレム状態」が、「ライオン」の理想の成功のシンボルなのかもしれません。**女性でも多くの男性を支配下においてコントロールしたい願望を強く持っています。

動物園でライオンを見ると、いつも寝ている印象がありますが、早朝にガオーッとひと吠えして存在感を示しているのをご存知ですか？　でも檻の中に閉じ込められたライオンにはどうも迫力がありません。束縛される環境に置かれるとライオンは生気を失くしてしまうのです。しかし、同じネコ科の動物である虎は、檻の中でも颯爽と歩いています。たとえ檻の中でも、自分の縄張りであり、自分の世界だからOKなのです。ですから「ライオン」を束縛すると、とたんにやる気をなくし、動けなくなってしまうのです。

「ライオン」は男女共に迫力のある毅然としたオーラを放っていますが、そうは言ってもネコ科の動物です。恋人など心を許した異性の前では、ときとしてネコのように甘えん坊になることもあります。外では百獣の王、家ではゴロニャーン。初めはこのギャップに戸惑うでしょうが、慣れてくると意外に可愛いものです。ただし、本人は甘噛みのつもりで甘えていても、そこはライオンですから、気がつくとこちらは血だらけ……なんてことも。

プライドが高く、態度も大きな「ライオン」ですが、実はガラスのハートの持ち主です。ですから、叱るより褒められることで大きく成長するタイプです。褒めて褒めて、強くて優しいライオンに育ててください。

CHARACTER 51 NUMBER

道を行くライオン

男性

一見、腰が低く見えても、心の奥底には百獣の王らしいプライドを持っています。決して弱音を吐かない意志の強さと我が道を行くこだわりを持っている人です。飾り気のない礼儀正しい人物で、社交家に見えますが、それは孤立しないように配慮しているためです。

妥協を許さない完璧主義者であるだけに、自分にも他人にも厳しい評価をします。その代わり、自分も他からの手助けや援助を期待することもありません。負けず嫌いで頑固な性分と、自

女性

表面は明るく振る舞っていますが、内心は周囲の人に対する警戒心が強く、頑固で隙がありません。本心はめったに口にせず、相手に調子よく合わせているので、一見社交的に見えますが、心から打ち解けているわけではありません。

もともとひとりでいるのが好きなタイプで「自分と他の人とは違う」という特別な意識を持っています。

仕事においては、責任感が強く、妥協を許さず、積極的に前進していく頼もしい女性です。小さなことでもおざ

我が

分の人生は自分で切り拓くというポリシーを持っているため、世間の評判や噂はいっさい気にしません。他人からの指図や命令、意見や助言を嫌います。

指導的な立場に就くことも多く、考え方は厳しいものの、その指導力と高潔さでこれ以上はない指導者となれる人物です。

仕事熱心で、上げる成果にはムラがなく、高いポテンシャルを維持できますが、組織の中でことを丸く収めたり、人と協力して作業することは苦手なので、ワンマンな才能を発揮できる専門職が向いています。

周囲との協調性を念頭に置いてことにあたると、持って生まれた運の強さと才能を生かすことができ、よい結果が期待できます。

なりにせず、確実に対処します。また伝統的なものを改良改革していく才能があります。

非常に仕事熱心で勉強家でもあり、指導力と統率力にも優れているので、リーダーとしての素質は十分です。

ただ物事の考え方が健全で常識的であるため、生真面目で融通のきかないところがあるので、柔軟な対応を心がけましょう。

年下や弱者に対しては親切で面倒見がいいので、頼りにされます。好む男性のタイプは堅実で安定した生活力を持ち、明るく細かいことにこだわらない人です。恋愛においても警戒心が強く自分の世界が確立しているので、理解し合うまで時間がかかります。結婚後も仕事と家庭を上手に両立させます。

CHARACTER 52 NUMBER

力のあるライオン

男性

親しい人にも弱みを見せない意志の強さと、強固なプライドを持った人です。指導的な立場に立つことも多く、教え方は厳しいものの、相手の細かい部分にまで気がつくため、よき指導者となれます。

外面的には温和で謙虚な礼儀正しい人物で、飾り気のない歯切れのいい話し方が特徴です。

他人の前ではあまり自分の意見や感情を出さず、受け身の態勢で話を聞いていますが、内心では常に自分の考えがいちばん正しいと思っています。

女性

優雅で華やかなオーラのある女性です。あなたが部屋に入ってくるだけで、ぱっと明るい雰囲気になります。しかし内面にはデリケートなハートと知的な冷静さを秘めています。周囲に対する警戒心も強く、誰に対しても堅苦しさが抜けません。新しい環境に慣れるまでには謙虚に見えても、女王のようなプライドの高さを持っています。決して弱音をはかず妥協を許しません。他人にも自分にも厳しい人です。

新しい環境に順応するまでに時間が

統率

身内の人間には厳しく、仕事の成果や責任の所在などは曖昧にできません。礼儀礼節にも厳しく、わきまえない人には容赦しません。

仕事に関しても几帳面で警戒心が強いため、フットワーク軽く飛びつくようなことはしませんが、いったん手をつけた仕事には、職人気質の完璧主義者らしく、黙々とこなしていきます。

人から指図されるのを嫌うので、ある程度自由のきく組織のほうが実力を出せます。大きな組織の中でも確実に成果を上げていく人ですが、政治的な根回しや細かな気配りが苦手なため、人間関係では苦労するでしょう。本来、自然と芸術を愛する人間嫌いなロマンチストなので、芸術的センスの生かせる仕事も成功への大きな道です。

かかるので、何をするにしても静観の構えで、受け身でスタートします。しかし自分の考えには絶対の自信があるのでなじんでくると打って変わって自己主張をし始め、強いリーダーシップを発揮します。独断的になることもありますが大変明るく爽やかなので人には悪い感情を抱かせない得な性格です。

マネージャー的な手腕があり、人を明るくし、苦労しても暗さを感じさせません。また、女性らしい情緒がありつつ芯の強さを感じさせるため年齢よりもしっかりとして見られます。

好む男性のタイプは、女性に対してきめ細かい気配りができる人です。警戒心が強いためモテるわりには恋愛経験は多くありません。結婚後は夫を助け教育熱心なよき母になるでしょう。

CHARACTER 57 NUMBER

感情的なライオン

男性

親しみやすい人に見えても、心の奥には高いプライドと強いこだわりを秘めています。表面上は他人に気を遣っているものの、愛想のよい言葉や態度をとるのが苦手な人です。素直で生真面目な性格のため、思ってもいないことは口にすることができません。しかし本来は竹を割ったような性格なので、逆に毒舌くらいの率直さを見せたほうが長所として認められます。

心を許せる友人の前では茶目っ気もあり、甘えん坊な面を見せることがあ

女性

社交的に振る舞っていますが、人づきあいは不器用なほうです。内面に、勝ち気で競争に負けることを許さないプライドの高さを持っています。

日常生活でものんびりした雰囲気はなく、いつも気負い立ち、走り回っています。

情緒的な感傷や曖昧な態度を嫌い、どんなことでも白黒はっきりさせたがります。論理的で用心深く、なによりも安定を大切に考えているのです。

大勢の中では努めて自分を抑えているせいか、ひとりでいることを好みます。

りますが、一歩外へ出ると独立独歩の精神で、人を頼りにしない孤高の努力家となります。他人にも厳しいものを要求しますが、その反面親分肌で面倒見もよく組織の統率力は抜群です。

　卑怯な行いや妥協を許さない正義感の強さと潔さは、リーダーとして大きな魅力です。しかし、感情の起伏が激しく、褒め言葉に弱い可愛い面があるいっぽう、怒りの感情は凄まじく、一度キレると手に負えません。

　仕事では分析思考力があり何事も白黒はっきりさせるので、会計士や税理士など数字相手の職業にも向いています。将来リーダーとして成功を目指すなら、謙虚な姿勢と自分の価値観を人に押し付けない寛容さを身につけることが大切です。


　そのいっぽうで感情の起伏が激しく、あまりにも率直過ぎて、ときどき感情を爆発させて損をしてしまうことがあるでしょう。正義感が強いのも特徴で、弱者に対しては自分が損をしてでも助けようとする人情味豊かな一面もあります。あなたのそんな面を知る人からは、愛情と尊敬を得ているでしょう。

　気位は高いのですが、気を許した相手には、甘えん坊な面を見せることがあります。

　好む男性のタイプは、独自のライフスタイルと主義主張を持つスケールの大きい人です。恋愛に関しては相手の出方しだいのところがあり晩生《おくて》なほうです。包容力のある男性を求めていますが、年下に頼られると簡単に恋に落ちたりする可能性もあります。

CHARACTER 58 NUMBER

きやすいライオン

男性

屈託のないおっとりした感じで、ものわかりのよさそうな印象を与える人です。しかし内面は几帳面で自分の信じるもの以外には心を動かされません。実直で融通がきかない頑固な面を秘めているタイプです。高潔で卑怯なものを許せない正義漢で、世のため人のために尽くすような純粋さを持っています。

また、常識や秩序を乱されることを極端に嫌い、上下関係や礼節には特に厳しい人です。権威を重視するため目上からの指示には忠実ですが、年下か

女性

外見的には引き締まった体型の人が多く、ほのかに甘い色香を感じさせます。しかし、女性っぽい甘えや情緒はなく、なんでもひとりで決断し、我が道を突き進みます。

いっぽうで、神経質な面もあり周囲の状況に過敏に反応するところがあります。些細なことでも人任せにしておけず、自分であれこれ指図しないと気がすみません。常にスポットライトを浴びているように人から注目されることで高いモチベーションを維持することができるのです。

傷つ

らの意見や世の中から認められていないものはなかなか受け入れません。

剛健に見えますが、何気ないひと言で、傷ついてしまう繊細さも特徴です。

仕事ぶりは堅実で絶対にミスのない完璧さを目指しています。直感やインスピレーションには頼らず実績のあるデータから結論を導き出します。

指導的な立場に立つことも多く、教え方が厳しいものの相手の反応によく気がつき、きめ細かな指導ができます。

年齢に関係なく、常に生気にあふれ無理なことも気力で乗り切ってしまいます。決して平坦な人生とはいえないものの、障害があると何倍ものパワーを発揮できる波乱に強い運を持っています。生来のエネルギーと強運で何があっても乗り越えていける人です。

行動範囲も広く、知的でエネルギッシュなため、周りから、有能な人だと高く評価されているでしょう。

いっぽう、人の心を見抜く感性に乏しいため意識的に愛想よく振る舞うようにしていますが、親しい人に対しては言葉がきつく、口うるさくなることがあるので要注意です。

仕事に関しては何かを犠牲にしてまで貫こうとする野心はないので、安全確実な道を進むようになります。賢明で判断力にも優れているので、確実な成果を上げて信頼を得るでしょう。

好む男性は、個性的で現実社会で確実な地位を築く人です。世話好きなので同情が恋に変わることがあるかもしれません。結婚後は夫を尻に敷き、家庭の実権はあなたが握るでしょう。

虎

思考パターン 左脳型

心理ベクトル 過去回想型

行動パターン 目標指向型

人間関係3分類 EARTH

- 悠然とした雰囲気を持つ自信家
- 面倒見がいい親分肌、アネゴ肌
- お世辞を言わず、おだてにも乗らない正義の人
- モットーは「自由、平等、博愛」
- 自分の生活圏（縄張り）を大切にする
- カラフルなおしゃれが好き
- 本音で生きる頑固者
- 白、黒、けじめははっきりとつける
- キツメの冗談や笑い話が大好き
- 意外と器用貧乏

Tiger

虎

恋愛

まずは、Hしてみてから

自分から大胆にアプローチできるタイプ。相手に本当の恋愛感情を抱くのはHしてみてから。恋愛欲も性欲も強いが、パタリとしなくなる〝愛と性の空白期間〟あり。

天職

どこに行ってもリーダー

金融関係、税理士、企業経営、不動産業、インテリア関係、プロスポーツ選手

健康

やせにくい

マネー

マネーの虎

抜群の金銭感覚。遣うところでは出し惜しみせず、ムダ遣いもなし。

弱点

ケンカ上等

カッとなったら、「どこでも、誰とでも、分け隔てなく」ケンカ。

開運ポイント

逆境がバネになる

ネガティブと思える出来事があなたのパワーや知性となる。逃げず、ひるまず、迎え撃って吉。

その気になるひと言

「キミにしか相談できない」

頼りにされると親分肌、アネゴ肌が「よっしゃあ！」と爆発。

価値観

有言実行

ラッキーカラー

ゴールド、黒

ラッキーアイテム

サングラス、カラフルな色のネイル、リップ

【虎の取り扱い方】

むかしから大切なモノのことを「虎の子」「虎の巻」などと言います。「虎穴に入らずんば虎子を得ず」とは、危険を避けていては大きな成功も有り得ないということのたとえですが、これは怖いもの知らずの「虎」の性格でもあります。自由、平等、博愛は「虎」の特徴で、世のため人のために尽くします。人から頼られることも多く、特に女性はアネゴ肌で、どこへ行ってもリーダー的な存在になります。弱者に優しい「虎」らしく、看護の世界で大活躍している人が多いようです。

親しくなると誰とでもざっくばらんに接してくれますが、ものの「言い方」には、過敏に反応します。楽しげに会話をしていても、「その言い方はなんだ！」と突然キレるのが「虎」です。相手の無礼な言い方（命令、恩着せがましい言葉、自慢話など）にカチンときてしまうのです。自分は笑いながらキツイひと言を平気で言い放つくせに、相手から言われると許せないのです。

また無駄を大変に嫌いますので、だらしない人には手厳しいところがあります。**話の無駄、お金の無駄、時間の無駄は許せません。**話は手短に結論から聞きたいし、待ち合わせの時間もきちんと守らなければ信用を失います。お金の貸し借りもタブーです。また、仕事とプライベートをきっちりと分けているので、飲んでいる席で仕事の話をしたり、仕事場でプライベートに立ち入り、根掘り葉掘り話を聞き出そうとしてはいけません。「虎」の心のシャッターが音を立てて閉じてしまいます。

「虎」の大きな特徴のひとつにバランス感覚があります。色、形、食事、お金、すべてにおいてバランスを重視します。喫茶店などでも、飾ってある絵画の額が傾いていると気になって直すのは間違いなく「虎」。家に帰ると、鍵を置く場所、かばんを置く場所なども決まっていて、テレビのリモコンも定位置にないと落ち着きません。配色にもこだわりがあり、黄色のバッグには黄色の靴、黄色いジャケットには、黄色の差し色の入ったトップスといった感じ。靴や服などけっこうたくさん持っていても、履く靴や着る洋服は偏ってしまいます。同じ靴を色違いで揃えたくなるのも「虎」ならではのセンスです。

最後にひとつ。「虎」は食べ物に対する恨みは絶対に忘れませんから、注意してください。**「虎」と話をする前には「いま、お腹減ってない？」と確認するのがベストです。**空腹時の「虎」は不機嫌ですから、まず何か食べさせてから商談なり相談なり持ちかけましょう。満腹になった「虎」は、穏やかでとても優しい生き物に変身します。

CHARACTER 6 NUMBER

愛情あふれる虎

男性

優しく温厚で、包容力のある楽天家です。地位や肩書きによらず、誰に対しても物怖じしない度胸のよさで周囲から頼られ、大物になる可能性のある人です。内面には強い自我を秘めた頑固者で、したたかな計算とアイディアをも併せ持っているので、何をするにも成功率は高いでしょう。

客観的に分析、判断しますが、結論を出すまでに時間がかかり、即断即決を求められる場面では失敗することがあります。マスコミや情報産業などの

女性

健康的で明るくエネルギッシュな女性です。あなたがいるだけで、その場が華やぎ、周囲を楽しくさせるオーラを持っています。社交的で友人も多く人望も厚いでしょう。弱い立場の者に深い共感を覚え、権力に立ち向かっていくようなアネゴ肌な面があり、心を許した相手には誠心誠意を尽くして接します。正義感の強い博愛主義者なのです。

周囲とのバランスを大切にしつつも、環境に影響されることなく自分の世界を築きます。どのような境遇でも自分

スピードを求められる職種よりも、じっくりと腰を据えて分析することができる分野で能力を発揮するといいでしょう。権威を尊重する官僚的な組織が向いています。ただプライドの高さから、人に頭を下げることが苦手なため、交渉がうまく進まない場合があります。謙虚さを身につければ、人間的な器も大きくなり、人望も増すでしょう。

　また情に深い親分気質のせいか、公私のけじめが曖昧で、自分を甘やかしたり、人から甘やかされたりしがちです。そのため職場のモラルもルーズになりかねません。注意してください。

　非常に勢いのある運勢で、体力的にも精神的にもとてもタフです。バランスよく幅広い視野を養っていくことで、大きな成功を収めることができます。

の生きがいを見つけ、明るく強く生きていけるタフな精神力を持っているのです。愛情の深さと共に何に対しても無意識のうちにしっかり損得勘定する冷静さが、大きな武器になっています。

　また、あなたは人を恨んだりすることがほとんどありません。人と合わせていながらも、自分の心に忠実でいるため後悔をすることがないからです。

　ただ、ときに自己中心的な理屈っぽさが目立ち、人から煙たがられることがあるので注意してください。

　恋愛では自分に好意を持っている相手が近づいてくると構えてしまいますが、いったん火がつくと家族や友人を捨ててでも、恋をまっとうする激しさがあります。相手をリードしていく立場に回るほうが賢明です。

CHARACTER 43 NUMBER

動きまわる虎

男性

温和な風貌の中にデリケートな神経や知的な鋭いまなざしが隠されています。第一印象では、どこかとっつきにくい雰囲気を与えますが、本人は人見知りをしない悠然とした人物です。何をするにもエネルギーがあふれ、自尊心も強く、独立独歩で事を進めていきます。

権力に立ち向かっていく博愛主義者で、どんな相手にも誠実に接する人格者です。その反面、周りの人にも自分と同じだけの誠意と愛情を求めるので、それが示せない相手には評論家的に口

女性

外見的には、さらりとした色気があり、人を振り向かせるオーラを発している女性です。性格は気さくで人が好く、さっぱりとしています。人の面倒をみるリーダーの資質を持ち、明るく楽しい雰囲気をつくり出す才能がありますが、反面、人から指図されたり、人の世話になることを嫌います。

少女時代はおっとりとした清純な雰囲気ですが、大人になるにつれて個性が強くなり、包容力があり、世話好きで度胸のあるアネゴ肌な気質になって

うるさく批判することがあります。

独創性には乏しいものの、芸術を愛する豊かな感性を持っています。ときに精神が不安定になることがありますが、芸術的な感性を生かす機会を持つことで、精神も運勢も安定するでしょう。

仕事面では行動派というより、理論派に属し、周囲の情勢を素早く把握して結果を出していきます。雑然としたものを統合、整理する企画力は抜群です。独力で物事を進めて成功したいと考えているので、人から指図されることを極端に嫌い、世話になったり助けられたりすることを恥ととらえてしまうところがあります。人の好意と意見は素直に受けることが大切です。その上で自分の能力を発揮していくと大成するでしょう。

くるのが特徴です。

人情家ないっぽうで、合理的な考え方と、肉親でさえ客観的に分析し厳しくジャッジする冷静さも備えています。それだけにリスクのある大きな冒険はしませんが、いつかは自分の中にある夢を実現したいという希望を持ち続け、決めたことはやり抜く強い意志とエネルギーを持っています。

本当に苦しいときは、必ず協力者が現れるという運に恵まれています。また若い頃の苦労が後々の成功につながる運勢ですので、多少、不自由な環境に身を置いても必ず報われるでしょう。

恋愛では、最初は関心のない態度を見せますが、内心では着々と計算しています。独占欲も強く、生真面目なので遊びの恋はできません。

CHARACTER 49 NUMBER

たりとした悠然の虎

男性

一見、近寄りがたい印象を与えますが、折り目正しく調和のとれた人柄です。相手に安心感を与えるような悠然とした態度をとり、話しぶりも堂々としています。物怖じせず誰とでも積極的につきあいを広げていくので、交際範囲も広く、周囲の人気も高いでしょう。

ただあまりにも外交的で開放的な性格のせいか、人情の機微には疎く、理詰めで人間関係を結論づけ、能力のない人間を軽視する傾向があります。親しくなるほど冷たい印象を受け、相手か

女性

明るくさっぱりとした印象の中に、清潔な女性らしさを持った人です。人見知りもせず、男性に対しても警戒心や媚びがありません。おおらかで母性的な包容力は、あなたのいちばんの魅力です。

物事の判断や人間の観察力に優れており、えこひいきのない平等で合理的な考え方をするので、周囲から人気があります。しかし、表面の明るさや大らかさに似合わず、感受性の強いところがあり、心配性で取り越し苦労の多い性格でもあります。

ゆっ

ら疑問に思われることがあるでしょう。そのため思わぬところに敵をつくるタイプでもあります。

しかし、何事もプラスに考える楽天家なので、落ち込むことは少なく、あっても非常に回復が早いのが特徴です。

仕事では緻密な企画力をベースに計画性のある行動をとります。自分の中に無限の可能性を信じている気持ちがあり、大勝負したいという衝動も秘めています。芸能人にも多いタイプです。

自信過剰にならないように注意すれば、どんな分野においてもかなりの成果を上げ、責任あるポストに就くことができるでしょう。

自信家のわりには、客観的で公平な立場を心がけているため、人から好かれるのが強みです。

トラブルに遭遇すると必ず誰か助けてくれる人が現れます。困難に磨かれ、人の情に助けられる人ですから、苦労が無駄になりません。

頭の回転は速いのですが、納得するまでに時間がかかり、決断が遅れます。様々な方法を考え過ぎて、選択に迷ってしまうからでしょう。

現実主義者で、夢を追うようなことはありません。地道に着実に可能性のある事を求め、成果を上げていきます。

また恋愛においても現実的かつ合理的な考えで、結婚を常に視野に入れています。相手を冷静に観察し、巧みな駆け引きで落としていきます。一見アネゴ肌に見えますが、男性に対しては古風に尽くすタイプです。結婚後も仕事を持ち、家庭だけには納まりません。

CHARACTER 54 NUMBER

楽天的な虎

男性

おっとりとした態度で、独特な風格を感じさせます。誰にでも変わらない態度でつきあう、開放的な温かい人柄で、つい相談をもちかけたくなるような雰囲気があります。警戒心がなく、何でも受け入れる度胸のよさがあり、どんなことでもこなせる器用さと柔軟性が自信につながっています。

また、できるだけ主観は避けて、先入観を持たずに客観的に物事を見られる人です。グループや派閥に属することなく、いつも中立の立場で考えるの

女性

ゆったりとした雰囲気と物怖じしない態度から、マイペースな印象を与えます。警戒心や猜疑心がないので、初対面でも人見知りせず、男性や目上の人にも堂々と無邪気に接することができます。面倒見のいいアネゴ肌な面もあり、強きをくじき弱きを助ける正義感の強い女性です。またまっすぐで素直な人なので、見たことや聞いたことをそのまま鵜呑みにして、信じてしまうところがあります。悪意を持って近づいてくる相手に騙されないようにしてください。

で、個性を発揮しづらい面もあります。

運動神経が優れているため、スポーツマンが多く、自分の目指すところに一途にまい進する体育会的なファイトやスピリットを持っています。

自分には厳しいものの、他人には甘く、頼まれると嫌と言えない人のよさがあり、自分より周囲に対する奉仕精神が強い人です。これは多くの人に愛される長所でもありますが、人に対する洞察力が弱いので、騙されたり、利用されたりすることがないよう注意してください。

どんな職業でも標準以上の結果を出せますが、特技を生かす技術系が向いています。早くから独立心を養い、自立することで、自身の持つ強い運気を上げていきましょう。


人生の波は非常に荒く、多くの事を経験し成し遂げますが、エネルギーが散漫になると達成できずに終わってしまいます。目標を決めたら、わき目も振らずに進んでいくことが肝心です。

成功も失敗も含めて、人生経験は積めば積むほどレベルは上がり、中年から晩年にかけては、高い知性を得て、多くの成功を手にします。人生に起こることをすべてポジティブにとらえる感性は、このタイプの人たちの天賦の才であり、強い運です。

好む男性のタイプは、服装や態度にもスマートな感性と教養を持った人です。恋愛は慎重型なので、社交家のわりには晩婚傾向にあります。そのぶん、確実に失敗のない幸せな家庭を築くことができるでしょう。

CHARACTER 55 NUMBER

パワフルな虎

男性

面倒見のいい親分肌でお人好し。誰に対してもはっきりと公平にものを言う、公明正大であけっぴろげな魅力があります。人の話もよく聞き、話の真意をしっかり把握して、フレキシブルに対処をしていきます。むやみに人と争うことはしませんが、いざというときは一歩も引かない気骨のある人です。

　要領がいいとは言えませんが、その場限りのいい加減な対応ができないところに周囲の人は信頼を寄せます。ただ自分の能力を買いかぶる高い自

女性

外見的にはどっしりと落ち着きのある、ある種の風格さえ感じさせる人です。女傑と言われるにふさわしい度胸も備えています。少女時代は大人びていますが、年齢を重ねるごとに段々と若々しくなって、社交的になる人です。

　曖昧なことが嫌いな熱血漢で、アネゴ的な雰囲気があるので、どこでもリーダーにまつりあげられることが多いでしょう。弱い立場の者を守るためには、権力に立ち向かっていく正義心があり、心を許した相手には愛情深く接

虎

信と言動が、傲慢に映ることがあります。高い自尊心は魅力的ですが、謙虚さを忘れなければ、対人面が安定するでしょう。

仕事面では機転がきき、決断力や行動力も申し分ありません。やるべきときはやるという、有言実行型の人です。リーダーとして、大きな期待ができる人ですが、権力や権威にへつらい、うまく世渡りしていこうという考えがないため、研究を究めたり、技術を身につけて実力で勝負していく世界のほうが向いています。

世間を甘く見て、人生が空転する時期もありますが、経験を重ねるにつれて、人として豊かになっていくでしょう。人に使われるよりも独立するほうが、生来の強運を生かすことができます。

します。表面は柔軟で包容力を感じさせるいっぽうで、内面にはしっかりとした自己主張を持っています。

そして、着実に人生の目標に到達していく持久力とエネルギーを備えています。金銭や名誉にこだわり、手に入れるために努力を惜しみません。

波乱の多い人生ですが、持ち前の勇気と楽天的思考で乗り越えていきます。そうした人生の経験が、あなたに知性や人情、冷静な観察眼など稀有《けう》な財産を与えてくれるのです。

好む男性のタイプは信念と誇りを感じさせる人です。異性を惹きつけるムードがあるので、アプローチされる機会が多いのですが、曖昧な態度からトラブルになる可能性もあります。結婚後は夫に依存しない生き方で輝きます。

CHARACTER 60 NUMBER

慈悲深い虎

男性

温厚誠実な人柄ですが、チャレンジ精神旺盛なプラス思考の強い人です。また紳士的な風貌で独自のファッションセンスを持つ、スタイリストです。内面ではプライドが高く、地位や名誉を重んじる傾向があり、名を取り実を捨てるような高潔さを持ち合わせています。しかし現実主義者でもあるため、その二面性から、しばしば葛藤することもあります。

人間関係では、細かい気遣いと誠実さで信頼関係を築き上げていくタイプで、周囲とのバランスを大切にしてい

女性

外見的には無垢な少女のような印象ですが、同性はもちろん、異性からも注目される華があります。世話好きで、親切。心を許した仲間には愛情と誠意を尽くして接します。また正義感の強い博愛主義者で、交友関係も広く、周囲とのバランスを大切にします。

しかし内面には強い自我を持っているため、環境に影響されることなく、自分の世界を築いていきます。人間関係は職場や友人とのつきあいだけではなく、趣味のサークルや地域のボラン

ます。困っている人や頼ってくる人のために奔走する慈悲深さが魅力です。

しかし、仕事関係となると、自分の能力に自信があるため、優れた上司以外の指示には従わない頑固さがあります。自己顕示欲が強過ぎると組織で浮いてしまう危険があるでしょう。

明晰な頭脳と粘り強さを持ち、リーダーとしての資質にも恵まれています。自他共に厳しいので、感情に振りまわされることなく仕事をこなします。独自の表現力とセンスを持っているので、うまく仕事に生かすことができれば、大きな成果を上げるでしょう。学問や技術的な専門分野で独立した人生を歩むと、生来の才能が最も発揮されます。他分野からの引き立て運もあるので、迷わず前進してください。

ティア活動でも発揮され、自分が必要とされるなら、損得勘定抜きで人や社会に貢献します。

そのいっぽうで、お金の計算が得意で、貯めるのも使うのも合理的です。衝動買いはほとんどしません。

仕事では状況をしっかり判断し、バランスよく自分のポジションを確保します。自分の能力に自信があるため、優れた人間以外の指示には従わない傾向があります。下積みの仕事ではストレスが溜まりやすいので、小規模ながらも独立を目指したほうが、成功への近道になるでしょう。

恋愛では、自分が納得できる人が現れるまでじっくり待ちますが、この人と決めたとたん独占欲が強くなります。愛情はたっぷり、束縛は控えめに。

たぬき

Tanuki

思考パターン　左脳型

心理ベクトル　過去回想型

行動パターン　状況対応型

人間関係3分類　MOON

- 古いものが大好き
- なぜか根拠のない自信がある
- ムードメーカー的存在で天然ボケが魅力
- 頼まれると断れない
- 他人の話をすぐ自分の話にする特技がある
- 行きつけの店にしか行かない
- 「わかりました」と返事はいいが、すぐ忘れる
- 年上に受けがいい
- ポーカーフェイスで用意周到
- どんな相手とも上手く合わせられる（化けられる）

恋愛

好きになってくれた人が好き

昔ながらの日本男子と大和撫子スピリッツ。恋愛はいつだって「結婚が大前提」。お酒を飲むと、本音が言える。

天職

誰かのためには命がけでがんばれる

教師、公務員、料理研究家、作家、伝統工芸関係、和菓子職人

健康

冷えは万病のもと

冷えやすいので、泌尿器系、自律神経系の疾患に注意。

マネー

財運があるのでお金はまわる

生活が地味なので、お金は貯まる。時々、周囲がびっくりするような大物買いをする。

弱点

物忘れ

どうでもいいことは仔細に覚えているが、大事なことはポッカリと忘れる。

開運ポイント

人と会う

人脈が人生の大きな宝となる人。老若男女問わず、交流すると運気アップ。

その気になるひと言

「いっしょにいるとホっとする」

和みのプロフェッショナルなので、その技をきっちり称える。

価値観

笑顔は敵をつくらない

ラッキーカラー

黄色、キャメル

ラッキーアイテム

和小物、上質な手帳、アンティークの時計、アクセサリー

【たぬきの取り扱い方】

12動物中、たぬきだけは日本固有の動物で、日本全土に生息しています。民話や昔話にも頻繁に出てくる、日本人にとってはとても馴染みの深い動物です。そんな影響からか**「たぬき」はすべてにおいて和風が大好きです。**食べ物なら日本食がいちばん。中でもそばは大好物で、たぬきそばがあるのも納得です。この傾向は外国人の「たぬき」も同じで、てんぷら、寿司、刺身、中には納豆が好きだというアメリカ人の青年もいたほどです。私の本も英語や中国語、韓国語、フィンランド語に翻訳されて出版されていますが、「たぬき」だけは統一して、TANUKIと表示しています。

何事も経験と実績を重んじるのも「たぬき」の特徴で、伝統や古いものには目がありません。新しいものに飛びつく「黒ひょう」とは対照的に「創業寛永元年より続く老舗」「明治の文豪たちが愛した宿」「40年もののビンテージワイン」などの言葉にときめきます。

小さい頃はおとなしく目立たない子どもが多く、なぜか年配の人や年齢の離れた人から可愛がられる傾向にあったようです。「たぬき」が古いモノに惹かれるのは、そんな牧歌的で優しい「刷り込み」のせいかもしれません。ある県警の少年課で初年犯罪のデータを個性心理学で検証したところ、「たぬき」少年たちの犯罪率が一番低かったそうです。

また「捕らぬたぬきの皮算用」という言葉があります。たぬきの毛皮というのは、すごく目が詰んでいて、非常に上質だったため実用品として重宝され、猟師の格好の的になっていたのです。そんな上質な毛皮に包まれている「たぬき」は、とても寒さに弱く、冬が苦手な人が多いようです。

そば屋や居酒屋の店先に置いてある、信楽焼のたぬきの置物をみなさんも見たことがあるかと思います。置物のたぬきは左手に大福帳を持っています。大福帳は今で言う金銭出納帳だと思ってください。「たぬき」は物忘れが激しいので、一応書き留めておくわけです。しかし、見るのを忘れてしまうので結局忘れてしまう……。**「たぬき」には「約束、覚えてる？」と、優しく聞いてあげてください。大きな声で怒鳴ったり、怒ったりすると真面目で気が弱いので萎縮して固まってしまいます。まさに「たぬき寝入り」してしまうかも？**

そして、みなさんが気をつけなければならないのは「たぬき」の「はい、わかりました」という返事です。返事だけはよいのですが、わかっていないのか、すぐ忘れてしまうのか。それでもお人好しで愛嬌たっぷりの「たぬき」は憎めません。人間関係の潤滑油的ともいえる、なくてはならない癒しの存在なのです。

CHARACTER 2 NUMBER

社交家のたぬき

男性

真面目で飾り気のない印象を与えます。控えめな態度と優しい話し方で、相手に合わせながら、自分の出方を考えます。気弱で執着心がないので、引っ込み思案に見られがちですが、強い自制心が働いているためです。またボランティア精神に満ちており、頼まれごとには真剣に取り組みます。この誠実さとまっすぐな性格で友人を増やして人脈が広がります。そのいっぽうで、素直な性格のためかお世辞や嘘が苦手です。もともと人を見る眼は鋭く、内心では好き嫌い

女性

身のこなしが柔らかく、そこはかとない可憐な色気を漂わせている人です。しかし、内面では警戒心が強く、常にガードを固めています。自分に自信がないので、どうしても人に依存しがちになります。そのため自分を助けてくれる人か？　頼れる人間か？　という観点から人を見る打算的な部分があるので注意しましょう。そのいっぽうで、温かい心の持ち主で、奉仕精神にもあふれており、弱者には無私の心で手を差し伸べます。基本的には物静かに考えることが好

たぬき

がはっきりしていますが、これをあまり表に出さないことが大切です。

仕事面では忍耐と努力と粘りをモットーに、手をつけたことは最後までやり抜く人です。理詰めで物事を進めるため、多少柔軟性には欠けるものの、組織の中では信頼を集め、引き立てられるでしょう。誠実で堅実な社交家ですので、人と直接接する仕事で独立するか、安定した企業のサラリーマンが向いています。

金銭の出入りは頻繁で、忙しいわりには成果が上がらないこともあります。また執着心のなさから、大金を惜しげもなく使ってしまうこともありますが、最も幸運になる晩年に向けて焦らずがんばると、本当の自分のよさが発揮されるでしょう。


きな人ですが、行動に移すときは実践的になれる、よく考え、よく動く人です。どんな状況においても辛抱強く、忍耐力に優れているのが特徴ですが、孤独が苦手で大勢の人といっしょにいるときに安らぎを感じます。集団の中で向上していく自分を知ることで、豊かな人生を築くことができます。

男性に対しては人見知りしない度胸があり、よくも悪くも「母性本能的」なものを備えた女性です。恋愛はどちらかというと年下に惹かれる傾向があります。受け身タイプなので、強引にアプローチすることはできません。真面目に相手を思い続け、少しずつ押していきます。結婚後は、上手に家事をこなし、かいがいしく夫をサポートする妻になるでしょう。

CHARACTER 8 NUMBER

上げられたたぬき

男性

他に類を見ないほどの好人物です。愛想がよく、嫌なことがあっても表情に出さず、温和な印象を与えます。たぬきらしく他のキャラクターに化けることもできますが、ときどき尻尾が出ているのがご愛嬌で、目上の人から可愛がられます。いっぽう人の嘘を見抜く鋭さがあるので、内面では人の好き嫌いがはっきりしています。

　秩序や伝統を重んじ、歴史や文化に深い興味と関心があるので、「老舗」「伝統」という言葉を聞くと、無条件に信用してしまいます。何事も経験と実

女性

外見的にはあどけなさと可憐さを残した女らしい人で、柔らかい曲線的な体つきの女性が多いようです。言動もしとやかで、優しさにあふれています。しかし、控えめな雰囲気の中にも自分をコントロールできない気まぐれさを感じさせます。プライドは高いのですが、トップで注目を浴びるより、一歩下がったポジションで自分をしっかり守ります。

　あなたは自分の中にある夢や考えを形にしないと精神的に安定しませんが、言葉による表現力が必要な仕事には向

磨き

たぬき

績を重視しており、見かけの格好よさや流行を追うようなことはありません。

仕事面では思いつきで行動することはなく、強い意志と計画性を持って実行に移します。また争いを好まず対人対応に配慮するので、大きな組織の中で肩書きやポストを手に入れます。社会的な成功には無関心を装っていても、内心では着々と準備を進めているタイプです。多くの人と交流することで幅広い人脈が形成され、それが大きな財産となります。しかし、独自の人生観や宇宙観を持っているので容易に人の意見を受け入れようとしません。異なる価値観を受け入れ、謙虚に感謝の気持ちを育てていけば大きな器が育ちます。生まれながらの恵まれた運気が更に大きく開花するでしょう。


いていません。もっと違う方法で個性を発揮するほうがいいでしょう。もともと整理整頓といった几帳面な作業が苦手で、社交的な仕事や活動のほうが好きなので、営業などに向いています。

人間関係は一時的な強いつながりよりも細くても長く続く関係を好みます。一度自分を理解してくれた人とは、生涯にわたって交際を続けていくでしょう。そのためにはできるだけ交際範囲を広くし、趣味や興味の間口を広げておきましょう。

自分では色気に乏しい女性だと思っていますが、男性から見るとそんなことはありません。恋愛に関しては展開が早く、恋人には全身全霊で尽くします。好む男性は、デリケートな神経と知性を併せ持つタイプです。

CHARACTER 41 NUMBER

大器晩成のたぬき

男性

誰からも好かれる温かい雰囲気を持ち、腰が低く控えめです。たぬきらしく他のキャラクターに化けることもありますが、尻尾が出ているようなどこか抜けたところが愛嬌になっています。

人間関係においては常に受け身で、どんなに興奮しても決して高圧的にはならず、冷静に対処していくことができます。「聞き上手」で温和な人格ですが、心中では相手をはかる計算はしっかりとしています。

理屈ばった人生観を持たず、何事も

女性

あどけない雰囲気の中に、親しみやすさと魅惑的な色香を感じさせる女性です。柔らかい物腰と控えめな表現の仕方で、いつも受け身の態度をとっています。異性だけではなく同性からも好かれる優しい女らしさの持ち主です。人の言うことをよく聞き、相手の意に沿った的確な行動をとります。それだけに感情を抑制してしまうと神経が疲れやすくなるので注意してください。

しかし、こうした外見や行動とは異なり、本来は束縛を嫌い、勝手気まま

たぬき

経験を尊重して生活していく現実派です。執着心が薄く、過ぎ去ったことは過去のこととしてすっぱり割り切り、常に前向きに人生を歩みます。このことがよくも悪くも人生のすべてに大きく作用していきます。

仕事面では無理をしないので失敗が少なく、信頼度は高いはず。よく気がつくためリーダーのサポート的な立場になると組織がスムーズに運営されます。そんな実績を買われ、いつの間にか出世していることも多いでしょう。流れに任せて体制に逆らわず、自分の出番をじっくり待つ自信家でもあります。悟りきった野心のない人物に見えますが、やがては陰の実力者となります。典型的な大器晩成型なので、焦らず実力を備えることが成功への道でしょう。


な気分屋な面があります。そのため緻密な事務作業が苦手で、芸術的センスや感受性が生かせる仕事に専念できることが幸福な人生への道です。

中年以降は精神世界への関心が強まり、人生観が大きく変化するのが特徴です。ただひとつひとつ段階を踏んで理解していく性質なので、悟りを開くには時間がかかるでしょう。やや自己評価に甘いところがありますが、時間をかけてじっくり取り組むことで、大きな成果を得られるでしょう。

恋愛では自分からなかなかアプローチできませんが、男性から頼られると情がわいてきて、つきあいが始まります。ときめきより情が勝るこのパターンは、あなたにとって幸せな結果になることが多いでしょう。

CHARACTER 47 NUMBER

味あふれるたぬき

男性

控えめな態度と柔和な風貌を持った、見るからに温和で物静かな人です。品行方正で周囲に受け身の態度で接し、自分を押し通すことはありません。たぬきらしく他のキャラクターに化けるときもありますが、尻尾が出ているような抜けたところがご愛嬌。しかし、表面には出さないものの、内面には燃えるようなファイトがあって、非常に努力家です。礼儀正しく、勤勉で誠実と忍耐を基本的な生き方とする模範的な好人物です。

また細やかな面と共にしたたかで図

女性

おっとりとした態度の品のいい淑女です。古風な日本女性の典型のような印象を与えます。時間を経て残った古いものに惹かれ、「老舗」や「伝統」という言葉に弱いところがあります。和風なものを好み、礼儀正しく、決して出しゃばらない謙虚さを持った女性です。

物事に対して、あまり深く考える性質ではなく、一見、周囲に対して無関心にさせ思えますが、これは内面にある一種の「悟り」のためです。周囲の状況をあるがままに受け入れるため、

人間

たぬき

太いところもあり、少々のダメージではへこみません。人情味も豊かで、困っている人には援助を惜しまず、ボランティア活動に参加する人が多いのもこのタイプです。

会社などの組織では全体の調整をする潤滑油的な存在として、多くの人に慕われるでしょう。また理想論ではなく経験に基づいた合理的な方法で確実に仕事をこなすため、時間が経つほど周囲から一目置かれる存在になっていきます。立身出世を目的とせず、仕事が趣味のような人です。芸術的才能に恵まれているので、豊かなアイディアを生かせる仕事に就くことが成功への鍵といえます。人生の前半を修養に、中半を仕事にあて、後半は後輩の育成に力を注ぐと本来の運が開花します。

あきらめやすい状態になることもありますが、目標が定まったときの集中力は素晴らしく、最後まで必ずやり遂げます。繊細な雰囲気に似合わず、実生活では行動的で、神経も太く、根性もあります。

また人を見る眼や観察力に優れているため、世間を上手に渡っていく処世術にも長けています。そのためどんな仕事に就いても、ある程度の成果は得ることができるでしょう。

男性に対しても、いわゆる「負けて勝つ」方法で、支配されているようで実はしっかり操縦しているというタイプです。恋をすると情熱的に気持ちをぶつけるため恋愛成就率は高いでしょう。結婚後は夫に尽くし、陰から盛り立てる賢い妻になれる人です。

子守熊

思考パターン
右脳型

心理ベクトル
過去回想型

行動パターン
目標指向型

人間関係3分類
EARTH

- 損得勘定に長けた倹約家で無駄を嫌う
- ボーっとしている時間でエネルギーチャージ
- 負けん気が強く、最後に出し抜いて勝つのが好き
- 毒舌家
- ロマンチストで空想家だが現実的
- サービス精神旺盛で、人の喜ぶ顔が好き
- 夜に強い
- 見つかったときの言い訳がうまい
- サプリメントや健康食品は必需品
- 南の島や温泉が好き

Koala

子守熊

恋愛

遊びと本気をきっちり区別

「楽しくなければ恋じゃない」がモットー。ロマンチストでサービス精神旺盛。男性は無類の女好きで、ステディな彼女がいても罪悪感なくホイホイ浮気する。

天職

ボディ&ソウルに効くお仕事

アロマテラピスト、薬剤師、保険業、音楽家、旅行代理店、造園業

健康

一病息災で長生き

過眠か不眠傾向にある

マネー

損得勘定に長けた倹約、節約家

経済観念抜群で財テクも得意。ただし遊興費は大盤振る舞い。

弱点

ギャップにダウン

理想と現実、裏と表、本音と建前のギャップにやられてへこみがち。

開運ポイント

いつも心に太陽と芸術を

音楽や映画、美術などに接していると才能も運も開花。

その気になるひと言

「夢は叶うよ」

価値観

最後に勝つのは自分

ラッキーカラー

緑、グレー

ラッキーアイテム

アロマオイル（ユーカリ）、温泉、パワーストーン

【子守熊の取り扱い方】

子守熊《コアラ》は主にオーストラリアに生息する動物です。樹上生活をしていて、一日24時間のうち15時間は寝ています。あとの起きている時間は、ユーカリの葉を食べているかボーッとしているときだけです。ユーカリの葉も200種類くらいありますが、子守熊はそのうち10種類くらいしか食べません。好きなものしか口にしない「子守熊」らしさが出ています。

また、子守熊は現地語で「水を飲まないやつ」という意味があるのですが、とても省エネで無駄な動きを嫌います。できるだけ動きたくないので手の届く範囲でペットボトル、ティッシュペーパー、テレビのリモコン、おやつなどを置いて至福の時間を過ごします。立ち上がるときも、若者であっても「よいしょ」と言いながら立ちますし、座るときは「どっこいしょ」と言ってしまいます。買い物や塾から帰ってきたときも、ちょっと横になるというのが「子守熊」の基本パターンです。昼寝が好きで夜は強いのも彼らの特徴です。またフルカラーのリアルな夢を見ることが多いようです。

想像力もたくましく、ロマンチックに夢や理想を描いているときが、いちばん幸せを感じるときですから、常に未来に思いを馳せています。そのため現実にはこだわりません。**未来の夢のためなら、今はカップ麺でもへっちゃらなのです。**

動物園のコアラ館へ行くとわかりますが、必ず他の動物と切り離されて独立しています。そして中は薄暗くなっていて「大きな声を立てないでください」「ガラスを叩かないでください」という看板があります。子守熊は臆病なところがあるので、大きな声を出したり怒鳴ったりするというのは禁物です。

また計算高く、猜疑心も強いので、「うまい話には裏がある」と、慎重に対応します。そのくせ、データには弱いので、グラフや数字といった資料で説明されると安心します。

いっぽう、さすがに動物園の人気者らしく、人前でのサービス精神の旺盛さには脱帽します。**笑いを取るためには下ネタも大いに結構! で（いや、むしろ好き）、これは年齢も性別も関係なく、女性も老いも若きもまったく平気です。**

また常に最悪の事態を考えて行動するので、「もしも」のときに対する備えは万全です。将来に備えていますから、健康には人一倍気を遣っています。もちろん保険は必需品ですし、サプリや健康食品は欠かせません。

最後に、ひとつ。12動物の中では、子守熊にだけ尻尾がありません。つまり「尻尾を出さない」人なのです。競争意識は強いくせに、負ける勝負はしませんし、出し抜いて勝つのが好きなのです。童顔の下の本当の顔はなかなか見せません。

CHARACTER 4 NUMBER

ワークの軽い子守熊

男性

表面は明るく快活な社交家です。世間的な評価には無頓着で、常に長期的展望に立って、自分が描いた夢や理想に向かうがんばり屋。ロマンチストですが、極めて意思が強く、現実的な方法で夢を実現させていきます。今は困難でも、最終ゴールではヒーローになりたいと思っています。即決即断でフットワークが軽いのが特徴ですが、早とちりで失敗することもあるでしょう。気が短く、率直なために失言も多いのですが、何となく憎めない人物です。

女性

軽快で明るく、さっぱりとした性格の女性です。直観力に優れ、相手の心を見抜いて、先手を打って出る素早い反応ができます。相手の望みを明確に、しかも早く理解できるので、よい人間関係を築いていくことができるでしょう。

いっぽうで内面は、気が短くせっかちで、落ち着きを欠くことがあります。そのくせ、ゆったりとくつろぐ時間がとれないとストレスになります。このような二面性を持っているため、楽しんでできる仕事や打ち込める趣味を持

フット

内面には負けず嫌いで、度胸のある押し出しの強さを秘めています。自分の能力には相当自信を持っているでしょう。また本質を見極めたり、先行きを予測する直感力には人並みはずれた鋭いものを持っています。しかし生来の楽天性から見通しが甘くなりがちな点には注意が必要です。

目に見えない世界に敏感なので、精神世界や宗教に強く惹かれる人もいます。注意しないと周囲からは変人と受け取られることもあるので、場の状況を読むことが大切です。

同じことを繰り返す単調な仕事が苦手なため、音楽関係や芸能人など独自のリズムを生かせる自由業が向いています。自分より格上の人物とつきあうことで運勢が上昇していくでしょう。

子守熊

って、このギャップを埋めていくことが重要です。

学問や芸術など、自分の内面を見つめることが必要な分野が向いています。いつまでも心が若々しく斬新な考えを持ち続けられる人ですので、創造的な仕事に就くのがよいでしょう。

多くの人と交流を持つ社交家ですが、開放的に見えても、本来は警戒心が強いため、心を許した少数の友人にしか本心を明かしません。しかし、人を見る目は確かですので、友人選びに間違いはないでしょう。

恋愛では、一気にのめりこんでいくタイプで、スキャンダラスな恋でも一向に気にしません。しかし、その反動から失恋をするとなかなか立ち直れないかもしれません。恋多き女性です。

CHARACTER 10 NUMBER

母性豊かな子守熊

男性

ものわかりがよく、人の面倒をよくみる世話好きな人物です。生来の勘と駆け引きを巧みに使いこなし、社交性を発揮していきますが、内面には猛烈なファイティングスピリットをたぎらせています。特に障害にぶつかると温厚な外見からは想像できないような激しさを見せます。粘り強さと地道な努力を厭《いと》わず続ける根性で、猛烈な力を発揮し、困難を乗り越えていきます。動と静が内面と外面に収められ、効果的に作用しているケースです。

女性

どことなくぎこちない堅い感じもありますが、活発で時々意表をつくような大胆な行動に出ることがあります。裏と表に正反対の性格を持ち、その隠された面が出てくると、周囲の人を驚かせることも多いでしょう。本来は素直で飾り気のない人柄で、安心してつき合える人です。白黒をはっきりさせる性質なので、言うべきときはしっかり発言します。そのため耳の痛い事でも忠告してくれる正直な人として、周囲から信頼されるでしょう。母性的な優しさと厳

仕事面では非常に頭がよく、鋭い感性との相乗効果で先を見通す分析力にも優れています。しかし、考えは意外に保守的で、既存の権力の中で何ができるかを常に模索しています。能率主義で結果を出すことを自分に課し、どんな分野に進んでも一定の成果を上げることができる万能型といえます。行動力がありテキパキとスピーディーに処理していきますが、あまり先走ると無駄な衝突や損害を引き起こすこともあるので注意が必要です。

天性の勘を頼りに生きているため、よいときと悪いときの落差が激しいのが特徴です。的確なアドバイスを与えてくれる人脈を開拓することができれば、自分の能力を安定させ、活躍できる運勢を持っています。

しさを持った女性といえます。

ただ警戒心が強いので、他人にはめったに自分の心を覗かせません。自尊心が強く、プライドを傷つけられると激しすぎるほど怒ることがあるので、自粛しましょう。また面倒見のいいリーダー的な面もあり、友人や家族のプライドが傷つけられても自分のことのように怒ります。体調にはムラがありますが、基本的にはエネルギッシュに動き回る、生活力のある人です。

好む男性のタイプは聡明で落ち着きのある人ですが、実際の恋愛では年下の男性から好かれることが多いでしょう。心を開くまで時間がかかりますが、いったん決心するとすべてを捨てて恋愛中心の生活になってしまうタイプです。家庭を持つと落ち着きます。

CHARACTER 16 NUMBER

ラのなかの子守熊

男性

明るく素直で若々しい人です。やや積極性に欠ける面がありますが、人当たりが柔らかく周囲から好印象を持たれます。しかし内面は勝ち気で、好き嫌いの激しさは人一倍。気に入った相手には損をしてでも面倒をみるような人情家ですが、気に入らない相手ならどんなに困っていても見て見ぬ振りをする冷淡さも持っています。そのため味方も多いのですが、敵も多いのが特徴です。多少気に入らない相手でも受け入れるような器の大きさが身につくと、運勢が安定

女性

少女のような清純さと可憐な雰囲気があり、年齢に関係なく気の若い人が多いでしょう。さっぱりとした態度で、表現も率直、どちらかというと言葉足らずなほうです。しかし頭の回転が速く、相手の心理を読む鋭い勘があり、活動的な面を持っています。理屈っぽく負けず嫌いなため、筋が通らないことや自分が納得できない事はなかなか認めようとしません。正義感が強いため、ときには躊躇なく悪や権力に立ち向かっていくほどの強さもあり、周囲を驚かせます。

コア

するでしょう。

あなたは自分の夢に向かって長期的な展望をする人です。意思が強くロマンチックな理想を持ちながら、現実的な方法で実現していきます。今は無理でも人生の最終ゴールではヒーローになりたいと強く願っています。奇妙な勘があり、相手の心理を読みながら、鋭い理論を展開し、結局は自分の主義主張を巧みに通していきます。

仕事面ではコツコツと実績を積み上げていく律儀な部分と天才的なひらめきで、たびたび方針を変えてしまうような気まぐれな面が同居し、臆病さと楽天性が混在している人です。芸能や学問の分野で非凡な才能を発揮します。人気だけではなく、確実な実績を残すことができれば、後に大成するでしょう。

子守熊

そのいっぽうで、世渡り上手なところがあり、金銭面では、転んでもタダでは起きないくらいのしっかり者です。不言実行タイプで、職業人として成功する素質を持っています。野心的な面が多分にありますが、母性も豊かで、無償の優しさを秘めています。またロマンチストですが激しいスポーツやストイックな修行にも興味があり、肉体を鍛えることに熱心です。

好むタイプの男性は知的で優しい父性を持った人ですが、頼られることに弱いので、年下の男性と恋愛することが少なくありません。簡単に異性の誘いに乗ってしまうことがあるので要注意です。結婚後は仕事で成功する可能性が高いので、専業主婦ではなく仕事を持つほうがいいでしょう。

CHARACTER 33 NUMBER

活動的な子守熊

男性

見かけは素朴で服装や言動にも飾り気のない印象を与えます。しかし、無頓着を装っていますが、内心は神経質で繊細な感受性を持っています。明るく要領よく振る舞ってはいるものの、常にトップを狙う姿勢を崩さない勝負師です。

対人的には、政治力もあり、人を率先して引っ張るリーダーになれる人です。しかし、損得計算を優先させてしまうと、弱者を無視し、人を利用しようという狡猾《こうかつ》な考えを起こすことがあるので、注意と自制が必要です。

女性

明るく快活で女らしい甘さを漂わせている人です。しかし、芯は強く負けず嫌いで、男勝りな勝ち気な面のある女性です。また涙もろく、頼まれると嫌と言えない、人のよさも併せ持っています。熱しやすくて冷めやすい気質ですが、これは世の中の流れを敏感に察知する感覚とも関係しています。

ものを見る目は鋭く、簡単に人の話を信じない用心深さもあります。理屈より感覚を大切にし、思い立った瞬間に行動を起こしています。その独特の

またコストパフォーマンスを重視するあまり、人を能力だけで判断してしまう傾向があります。ときには損を覚悟で相手に尽くす度量を養うと、人情でつながった強固な人脈を築くことができるでしょう。物怖じしない度胸と自己アピールの強さ、自信に裏づけられた堂々とした態度など、成功のための条件はそろっているので根気と慎重さと人情を身につけることが重要です。

子守熊はもともと、自分の人生にロマンを求めながら、その夢を実現するために突っ走っていく人です。行動力は誰もが認めるところですが、隠れた芸術センスはあまり知られていません。何の職業に就いても、芸術的な副業や趣味を持つことで豊かな人生を送れるでしょう。

子守熊

感性と強い個性を生かすクリエイティブな仕事や趣味を見つけることが、人生を幸運に導きます。

行動力や理性はありながら、とりとめのない人と思われがちなのは、あなたの趣味や興味があることが広範囲にわたる上、刻々と変わっていくためです。年長の理解者を探すことで、よき道に導かれ才能が開花するでしょう。

歳をとっても精神的には若いままで、バランスを崩しやすいところがあるので、精神面でも肉体面でも常に鍛錬するよう心がけてください。恋愛では一切の打算を捨てて、相手に惚れ込んでいきます。甘えられると弱く、年下から好かれますが、最終的には自分が甘えたいタイプなので、長続きはしないでしょう。

CHARACTER 39 NUMBER

夢とロマンの子守熊

男性

飾り気のない態度と朴訥《ぼくとつ》とした話しぶりが穏やかな印象を与えます。基本的にはくせのないあっさりとした性格で、相手の話に合わせることができる交際上手です。また義理人情に厚く、自分が受けた親切には必ず恩返しをするような律儀さがあります。こうした人のよさが人望を集めるもととなっているのでしょう。

しかし、短気で衝動的になりやすい気性を自覚しているため、いつもは思慮深く自分を抑えていますが、心を許した友人や家族の間では、感情の起伏

女性

爽やかな中にほんのりと女性らしい色気もあり、一種独特なオーラをまとった人です。対人面では陽気で明るい性格が誰からも好かれ、いつも輪の中心にいます。孤独が嫌いなため友人を大切にします。決断が早く、正直で度胸もあるので同性からの人気が高いでしょう。つきあうにつれて、勝ち気で負けず嫌いな性格が出てきますが、本人もそれを隠そうとはしません。

直観力にも優れているので、物事や人の本質を見抜き、周囲の人を上手に

が激しく、わがままが出やすくなるのがこのタイプの特徴です。

感受性が豊かで、ものの見方に独特の個性があります。哲学的な思索力もあり、ときとして現実離れした考え方をするロマンチストです。ただ社会や人の心理を読む直観力に弱く、判断が荒削りで独りよがりになる甘さが難点でしょう。そのため、スピードや勘を要求される仕事ではなく、手堅く実績を重ねていく仕事が向いています。

教育や指導的な立場に幸運があります。組織の中では潤滑油的なポジションに就くと高い評価を得られるでしょう。中年期に波乱に遭遇する暗示もありますが、事業発展運もあるので、それを乗り越えると、運勢が安定し発展していきます。

子守熊

自分の思い通りに動かしていきます。意思が強く、人生の目標を長期的な展望に立ち、考えていきます。ロマンチックな理想を持ちつつ、現実的な方法でそれを実現していく力があります。

仕事面では人に頼らず、苦労にも耐える信念と創意工夫の精神が旺盛で、考えと行動がひとつになってパワーを無駄なく発揮する理想的な万能選手です。変化に富んだ世界を好み、自らも周囲を変えていこうと努力します。

好きになる男性は知性的で落ち着きのある優しいタイプです。男性を操る術を本能的に心得ていますが、調子を合わせ過ぎて本心でないことを口にすることがあるので要注意です。衝動的な恋に走ることもありますが、結果を急がないようにしましょう。

CHARACTER 45 NUMBER

精神旺盛な子守熊

男性

外見からは素朴で飾り気がなく、飄々《ひょうひょう》とした態度の中に温かさを感じさせる人格者です。非常に親近感があるフランクな印象があるいっぽうで、気品と教養もあり尊敬の念を抱かせる雰囲気があります。内面には鋭い感性を持ち、他人の言動を信じきることのできない疑い深さがありますが、ひとりが好きなわけではありません。サービス精神旺盛でやや八方美人的なところが特徴ですが、権威に迎合するのが嫌いで反骨精神があり、見かけによらぬ強い闘争心を持っ

女性

控えめで温厚な女性らしさを持った人です。争いを好まない円満な性格ですから、人に嫌われることはありません。その反面、自分の本音を言わずに個性を隠し、誰とでも同じ距離感でつきあう八方美人タイプに見られがちです。本来は過敏なほど感受性の鋭い人なので、親しくつきあうと神経質な部分が目立ってきます。普段はどちらかといえば現実主義者で、情緒的なものより論理を優先させる傾向にあります。一度決心すると強い意思と実行力で脇目も振らず

サービス

ています。これは自分への厳しさにもなっていて、地道な努力を続けて仕事をこなしていく姿勢にも表れています。

また直感、実行力に優れ、機敏で要領もいいので何でもすぐに習得してしまいます。どんな職業に就いてもある程度の成功は収めることができる能力があります。与えられたポジションに文句を言わず、誠実な仕事ぶりで対応しているうちに、いつの間にか引き立てられるタイプです。

本人は世俗的な欲があまりないので、周囲の信頼も非常に厚いでしょう。たとえ失敗しても、最終ゴールでヒーローになるために、障害や困難を乗り越える底力も持っています。他人への優しさや情の深さが自分に還り、幸運を引き寄せる人です。

子守熊

にゴールを目指します。

いっぽうで、直観力や美的感覚に優れたロマンチストで、霊感的な素質も持っています。ときとして現実離れした独りよがりの言動が目立つと、それが原因となって周囲から孤立する可能性もあるので注意してください。自分の中にある対称的なふたつの面をうまくコントロールして、才能を発揮できれば成功への道が開きます。視野を広げ、客観的思考力が持てるように日ごろから心がけておくことが大切です。

好む男性のタイプは気取りのない信頼感の持てる人です。最初の警戒心が消えると、恋愛は一気に進展します。家庭に入ると、生来のサービス精神と豊かな愛情で夫の世話を焼く妻になり、子どもには過保護になるでしょう。

ゾウ

◆ 努力という言葉が嫌いな努力家
◆ 細かい計算は嫌いというかできない
◆ その道のプロ、職人を目指す
◆ 興味のない話は聞かない（聞こえない）
◆ 身内びいきが激しく、敵は徹底的に叩きのめす
◆ 報（告）、連（絡）、相（談）ができない
◆ 堂々とした風貌とオーラで他を威圧
◆ すごく短気で、キレたら最強
◆ 陰のリーダー的存在
◆ 根回しと地ならしが得意

Elephant

恋愛

好きになったら命がけ

押しの一手で、一途に相手を追い詰める。尽くされるよりも尽くしたいタイプ。

天職

努力と根性で出世

国家公務員、医師、保育園、幼稚園園長、設計建築士、自営業

健康

メンタル弱し

基本タフだが、一度調子を崩すと回復力は弱い。

マネー

一攫千金のギャンブラー

ふだんは節約に熱心で、高額出費にプレッシャーを感じる堅実派だが、一攫千金のギャンブル運あり。

弱点

口上手

お世辞、お愛想、社交辞令どれも上手すぎ。

ゾウ

開運ポイント

あの世のことを考えてみる

努力や根性とは無縁な精神世界をのぞいてみると大きな収穫がある。

その気になるひと言

「よくがんばったね」

がんばることは当たり前だと思っているゾウだが、ちゃんと見てくれている人がいると思うと、しみじみ嬉しい。

価値観

「根性だったら負けません」

ラッキーカラー

ライトブルー、白

ラッキーアイテム

花束、クッション

【ゾウの取り扱い方】

ゾウは最も種類の少ない動物のひとつで、インドゾウとアフリカゾウの2種類しかいません。インドゾウはふだんは温厚かつ従順で家畜にもなります。しかし、アフリカゾウは気性が激しく飼育するのは大変です。動物園でもインドゾウとアフリカゾウは異なるエリアに配置されています。ふだんはとても穏やかな「ゾウ」ですが、その怒り方は凄まじいものがあります。いったん心のシャッターが下りてキレたら、メスのアフリカゾウに変身してしまいます。こうなったらもはや手に負えません。ゾウがキレたときは百獣の王ライオンも虎もみんな逃げるしかないのです。

「ゾウ」が車を運転するときは注意しなければなりません。人を乗せているときは極めて紳士的な運転をしますから心配無用なのですが、ひとりのときが怖いのです。後ろからパッシングされたり必要以上にクラクションを鳴らされたりすると瞬時にキレてしまいます。そうなると、どこまでも敵を追いかけ追い詰めるゾウの本領を発揮します。よく「ハンドルを握ると人が変わる」といいますが「ゾウが変わる」ということでしょうか⁉

ゾウだけが一生成長し続ける動物だといわれています。ですから、群れの中でいちばん大きいゾウを見つけたら間違いなくリーダーです。つまり「ゾウ」

は常に成長し続けたいと思っているので、人一倍努力もするし中途半端では終わりたくないと思っています。しかも「俺たちには明日はない」という気持ちでいつも臨んでいますから、人から待たされることには耐えられません。絶対に待てません。「ゾウ」から何か頼まれたとき、待たせたらおしまいです。「わかった、すぐに行く」「至急、対処します」と迅速に対応することが大事です。「ゾウ」は12種類の動物キャラクターの中では最も面倒見がいいので、打ち解けたらしめたものです。ただし、直観力は鋭く、駆け引きで近寄ってくる人はすぐに見抜かれますから注意してください。**味方につければこれ以上頼りになる人はいませんが、敵に回したらこれ以上怖い人もいないかもしれません。**

ゾウといえばウォルト・ディズニーのダンボが有名ですが、私たちは日常会話の中で噂話に耳が大きくなっている人のことを「耳ダンボ」といいます。「ゾウ」には遠くで話している人の会話や電話の話の内容がちゃんと聞こえています。しかし、目の前でされている話は聞いていないのです。それは大きな耳を持っているので聞こえ過ぎるためふだんは耳を閉じてしまっているからです。**「ゾウ」にちゃんと話を聞いてもらいたいときには、小声で話をするか、「ゾウ」以外の人に話をすると効果的です。**

CHARACTER 12 NUMBER

人気者のゾウ

男性

外見的には引き締まった男性的な風貌をしていますが、どこか繊細さを感じさせるインテリ風の人物です。人間関係は頑固な性分なので、人づきあいはあまり得意ではありません。しかし嘘のない誠実な態度と安定し成熟した精神性は、時間を経るごとに周囲から信頼され、愛される「縁の下の力持ち」タイプです。

仕事面では本能的な先見性と何でも学ぼうとする知識欲が旺盛なため、いったん始めたことはその道のプロになるまで努力し続けるという強い精神力

女性

女性的な情緒性やウェットさがあまりなく、さっぱりとした性格で頼りになるアネゴ肌気質です。男性に対する依存心や甘えもないので、感情に流されず、冷静に割りきって処理していきます。それは決して冷たいわけではなく、自由でいることを好み、干渉されることが嫌いな性格のためです。人間関係においてもべったりと重いつきあいはしませんが、物怖じしない度胸のよさがあるので、異性との交際には積極的です。

常に目標を持って努力することが好

を持っています。やるべきことはその日のうちに済ませる根性があり、徹夜も厭わず平常心で働きます。仕事に対するプロ意識は高く、妥協を許さない完璧主義者です。しかし、細かい計算などは苦手で、話が大きいのが特徴です。学術の分野で、高い能力を持っているので、研究スタッフのような仕事が向いているでしょう。また感性も豊かで、文芸面でも成功しやすい人です。

個人プレイが認められる分野では、どんなことでも一定の成果を上げることができます。しかし、自信過剰になると人の意見を聞かず、周囲が見えなくなる傾向があります。そうなると本来持っている成功運が台無しになってしまうので、寛容な心と客観的な視点を忘れないようにしてください。

ゾウ

きで、やるべきことはその日に済ませるというけじめを大切にしており、徹夜も平気です。仕事にはプロ意識を持って臨み、よく学びよく働くタイプです。遊びも嫌いではありませんが、最優先されることはありません。有言実行で言うことも言いますが、行動も伴っている有能な女性です。

基本的には平和主義者なので、カッとなって腹を立てることはめったにありませんが、もし怒らせてしまった場合はその怒りはすさまじく、長期戦になることを覚悟しておきましょう。

恋愛のチャンスは多いのですが、自分からなかなかストレートに愛情を表現したり、甘えたりできません。結婚後は夫を束縛することなく、大らかな家庭を築くでしょう。

CHARACTER 18 NUMBER

デリケートなゾウ

男性

常に何か目標を持ち努力することが好きな人です。外見は冷静沈着で、どっしりとした風格があり、その中に張り詰めた緊張感と品性を備えています。人間関係においては、努力と根性をモットーに体を張って生きていくような押しの強さがあり、どこにいてもリーダーシップのとれる中心人物です。

正義感が強く面倒見のいい親分肌で、腹を割ったつきあいを身上としているため、周囲からの信頼度も高いでしょう。いっぽうで、利害関係には鋭く、

女性

外見は清純で飾らないさっぱりとした人です。それだけに情緒的な甘い雰囲気はなく、毅然とした緊張感を感じさせます。周囲に甘えることなく、人の目につかないところで淡々と実績を積み重ねていきます。根が真面目なので、地味なことでも嫌がらずに引き受け、必ず結果を出します。遊びも嫌いではありませんが、最優先する事はありません。

実利と能率を尊重するので、趣味も実益を兼ねたものを選ぶことが多いようです。また合理主義なので経済的に

しっかりと全体を把握し、判断した上で交際態度を決めるクールな一面もあります。また落ち着きはありますが、口より先に体が動く行動派です。

仕事では世の中の動きに敏感に反応し、最善の道を素早く選択して成果を上げていきます。この積み重ねがある日、大きな飛躍につながることになります。創業者タイプに多く、決断力のあるパートナーに恵まれると大きく成功する可能性が高いでしょう。ただ周囲に気を使い過ぎて、せっかくのチャンスを逃がさないようにしてください。人にも自分にも甘えず、誠実に努力して成功するという運を持っていますが、独断専行を貫くと人は離れていきます。信頼できる安定した人間関係を築くことで、生来の運が発展します。

は倹約家で、衝動買いなどの計画性のないお金の使い方はしません。

情緒的な柔らかさには欠けますが、本当は傷つきやすい繊細なところがあり、またプライドが高く潔癖で短気な面があります。性格の中に妙に大人びていたり、逆に幼かったりするアンバランスさがあり、それが魅力になっている不思議な人でもあります。

恋愛に対しても、きちんと筋を通す合理性が強く反映され、ときめきよりも精神的に合う居心地のいい人を探します。自立心が強く、男性に対しても依存心がないので、恋愛中も相手に主導権を渡すことはありません。男性をうまく操縦できるため、結婚後もその才能が生かされるでしょう。家事もテキパキとこなす良妻賢母になります。

CHARACTER 31 NUMBER

リーダーとなるゾウ

男性

押し出しのきく頑健な体と風貌で、性格も少々荒削りですが、素直でひたむきな好人物です。一生懸命にがんばることが人生の意義だと考える努力家で、怠惰な人を生理的に嫌います。妥協はいっさい許しません。自分に厳しく弱音を吐かないだけに、他人にも同じだけの厳しさを求めます。そのため窮屈に思われることが多いでしょう。

人間関係においては、自分が尊敬する人には非常に素直であるいっぽうで、責任感のない人には厳しくあたります。

女性

くせのないさらりとした性格で、男勝りなところのあるしっかりとした女性です。大変行動力があり、仕事熱心でよく働きます。しかもその行動は極めて奉仕的で、人に喜ばれることが自分の喜びになる人です。誰に対しても公平で分け隔てしません。

ただ、あなたの長所は短時間で理解してもらえる種類のものではないので、つきあいの途中には誤解や障害があるかもしれません。しかし、周囲の人をいつの間にか自分のペースに引き込む

「人は人。自分は自分」と認められるような度量を持てるようになると、そのひたむきな姿勢が周囲の尊敬や人気を集め、上からの思わぬ引き立てなどもあるでしょう。

実力でその分野の専門家になることを望み、大きな足跡を残す人です。ひとつの事を深く掘り下げていくタイプなので、医師や技術職などの専門分野に向いています。決して弱音を吐けない気質なので挫折したときのショックは大きいでしょう。親分的なリーダーシップを発揮しますが、組織の管理者というより、自主独立の気概が強いようです。情緒性には欠けますが、人生哲学がはっきりしていて、愛嬌もあり爽やかです。周囲との強調が成功の鍵となります。

ゾウ

ムードメーカーのような存在です。初対面の人に対する警戒心も薄いので、ついフランク過ぎる対応をしてしまい、後で後悔することもありますが、その裏表のない開放的な人柄で、最終的には多くの人の信頼を得ます。

仕事面では合理性優先で、決断も早く迷いもありません。スペシャリストを目指す意志の強さと努力を惜しまない意気込みには、他の人が真似できないものがあります。また多趣味なので、オフの日も精力的に動き回っています。好む男性のタイプは個性的でタフな人でしょう。好きになるとストレートに気持ちを伝えます。趣味を通じて出会う可能性が高く、なんでもテキパキと決めたいので、結婚後は夫をリードして女性上位の家庭になるでしょう。

CHARACTER 37 NUMBER

ぐらに突き進むゾウ

男性

男性的な風貌で、その奥に几帳面な部分が見え隠れする自尊心の強いタイプです。性格は温和で争いごとや波風を立てることを嫌います。少々のことでは動じない、奥深さと器の大きさが魅力ですが、内向的でデリケートな面もあります。細やかな気配りで、特に女性に対して親切で優しい人です。

どんな状況でも権威や権力に屈することなく、自分の正義に従ってまっすぐに突き進むひたむきさがあります。持続性や忍耐力に欠ける傾向がありま

女性

見るからに行動的で表現も活発、純情でさっぱりとした人柄の女性です。外見的には容姿端麗の美人が多いのも特徴です。何事にも迷うことがなく、一度決めたら思いきりよく行動に移り、たとえ失敗してもグズグズ悔やんだりしません。切り替えの早い潔さがあります。他人に甘えたり依存することがなく、肝が据わったサバサバした態度は賞賛されることが多いでしょう。色気もあるのに男性に媚びたりすることもなく、同性に大変好かれる気質です。

まっし

すが、そんな短所も欲のないクリーンなイメージという長所に感じさせるのがこの人の持つ人徳でしょう。また誰かが内緒話をしているときはしっかり聞いているのに、面と向かってしゃべっていることは聞いていないというような抜けたところがあり、大きな耳を持つゾウグループの共通した特徴です。

仕事面では常にプロ意識を持って臨み、妥協を許さない完璧主義者ですが、細かい計算などは苦手で話が大きく、大雑把なところが玉にキズ。しかし一度目標設定すると競争心もあって、とことん努力し、ゴールを目指します。先を見通す感性があるので、ビジネスに生かされれば大成功するでしょう。他人とペースを合わせるのが苦手なので、ひとりで動くほうが結果を出せます。

人の心理を深く探る感性は乏しいのですが、気力や忍耐力に恵まれていて、どのような環境にあってもパワフルにまっしぐらに生きる人です。やるべきことは持ち越すことなく、その日に済ませるというけじめを大切にし、徹夜も平気です。遊びも嫌いではありませんが、最優先することはありません。

親元など保護された環境にいると、突然不満が爆発するようなことがあります。生家を離れ独立して生きるほうが、心も満たされ人に優しくできるでしょう。このタイプは仕事に打ち込む男性をサポートすることに抜群の力を発揮します。恋愛では平凡で安定したサラリーマンとの縁は薄いようです。結婚後は夫の仕事をサポートし、内助の功で家庭を盛り立てます。

ひつじ

Sheep

思考パターン R 右脳型

心理ベクトル 過去回想型

行動パターン 目標指向型

人間関係3分類 MOON

- 和を尊ぶ寂しがり屋
- 仲間はずれにされると傷ついてグレる
- 穏やかそうに見えるが実は感情的
- 自虐的なセンスで和をはかる
- 荷物が多いのでバッグがいつもパンパン
- 好き嫌いが激しく、嫌いな人間は無視
- 世話したぶんだけ甘えたいと思っている
- 常に客観的に物事を判断する
- 互助の精神で幸せを感じる
- 道によく迷う

ひつじ

恋愛

最高の話し相手が恋人になる

とりあえず話を聞いてくれないと、Hさせません。理想の相手を見つけたら暴走必至。

天職

世のため人のためになる仕事

教職員、勤務医、宗教家、カウンセラー、漫画家、サラリーマン全般

健康

気を遣い過ぎるため、胃薬は必携

マネー

小銭より紙幣

ケチではないが蓄財の達人。

弱点

怒涛のネガティブ思考

ひとりで3分ほど考え込んだだけで、不幸になれる。

開運ポイント

お墓参り

先祖との縁が深く、その加護が強い人。九死に一生を得るなど、目に見えない力に助けられることが多いので、ちゃんと感謝を。

その気になるひと言

「みんなも行くよ」

「みんなも買ったよ」「みんなもやるよ」…などなど、みんながつくと腰が上がる。

価値観

仲よきことは美しきかな

ラッキーカラー

白、クリーム色

ラッキーアイテム

フィギュア、枕、通帳、印鑑

【ひつじの取り扱い方】

ひつじは家畜として、世界でいちばん古い歴史を持っています。財産価値も高く、動産として大切にされてきました。「美しい」という字がありますが、語源は「太った羊は美しい」ということで丸々と肥えた羊のことなのです。羊は無駄になるところがひとつもありません。羊毛は衣類には欠かせず、肉はマトン、乳はチーズになります。まさに、「ひつじ」の口癖でもある「世のため人のため」に役立っていますね。

昔から人間に最も身近だった羊はいつも群れを成して生活をしていますが「群れ」という字も「ひつじ君」と書きます。これは寂しがり屋で仲間はずれにされるのを最も嫌う「ひつじ」の特徴であり、いつも人といたくて、誘われるとどこまでもついていきたくなります。ですから、人から相談事を持ちかけられたり悩みを打ち明けられると、とても親身になって相談に乗ってくれます。

人の悩みには客観的に分析し的確な対処や気配りができるのですが、自分のこととなるといつもやや悲観的になってしまいがちです。もう済んでしまったことなのに「あのときこうすればよかった」「あんなこと言うんじゃなかった」と後悔ばかり。**愚痴やボヤキが多いのが特徴ですが「ひつじ」はただ聞いて欲しいだけですので、気長につきあってあげてください。**

また、「ひつじ」は情報収集家でもあります。異業種交流会や人脈作りセミナーなどに行くとわかりますが「ひつじ」が本当に多いのです。みんなが持っている情報を共有したいのです。情報に限らず小さい頃からものを収集する趣味もあります。しかも他人から見たら何の意味もないような割り箸の袋や入場券の半券、ビンのフタなど、わけのわからないものを集めるのが大好きなのです。しかし、これらは「ひつじ」にとって大切な財産なのかもしれません。「ひつじ」という字から一本横棒を取ると¥マークであることにお気づきでしょうか? **そうです、「ひつじ」はお金を貯めるのも大好きなのです。「猿」の小銭と違ってひつじは紙を食べる動物でもあるのでお金が大好きなのです。**

また「ひつじ」の特徴のひとつである、「本当の自分を出さない」という性質は、全身がびっしりと毛に覆われているので、出したくても「本当の自分」を出せないのかもしれません。ひつじが毛を剃ってしまいますとヤギになってしまいますから……。毛糸がもつれてしまうように「ひつじ」の思考回路もあれこれ考え過ぎて、こんがらがってしまいます。「悩める子羊」という言葉がありますが「ひつじ」は悩むことが多いのです。男女共にとても優しいのでみんなから慕われますが、人間関係に気を配り過ぎるため悩んでしまうのでしょう。

CHARACTER 14 NUMBER

協調性のないひつじ

男性

優しく落ち着いた雰囲気の人です。常識の枠からはみ出したくないと考えているので、言動は常に控え目で、マイルドです。決して相手の意見には逆らわず、人を傷つけないように気配りをしています。

円満な性格を思わせますが、内心は人の好き嫌いが激しく、親しい仲間には気を許しますが、気に入らない相手にはとても依怙地《いこじ》になります。協調性に欠けるため、現実とのギャップを感じて自分の殻に閉じこもりがちになり、人知れずストレスをためています。そ

女性

人当たりが穏やかで、知的な聡明さを感じさせる人です。庶民的でそこはかとない色気がありますが、同性からは媚態と思われたり、異性からは思わせぶりな人と誤解されやすい面もあります。人づきあいは巧みで、相手によって自在に自分を合わせていきます。しかし内面は人の好き嫌いが激しく、周囲の人たちとはいつも距離を置いて、なかなか本心を見せません。寂しがり屋ですが大勢の人の中にいると気を遣い過ぎて疲れてしまうため、ひとりでいる時間が必

のためどうしても愚痴やボヤキが多くなります。

生活には不自由しない運を持っているため、穏やかでのんびりとした性格で、何事にも慎重な受け身タイプです。石橋を叩き過ぎているうちに人に遅れをとることも少なくありません。

しかし観察眼は優れていて自分の置かれた状況の中で、最も有利な立場を的確に見極め、駆け引きする高度な交渉術を心得ています。自分の考えや主観を表に出すことなく、抜群の客観的見解を示します。幅広い知識を駆しして出した結論には誰もが一目置いているでしょう。仕事面では一芸を身につけて自信を持つことが成功の秘訣です。中年以降に運気が開けてくるというよい運勢を持っている人です。

要です。気心の知れた少数の友人たちとの深いつきあいを好みます。

情報収集能力に優れているため、雑学的な知識が豊富で話題に事欠きません。それらの知識が趣味へと広がり、人間的な魅力にもなっています。仕事や趣味を通じて世の中のためになりたいと願う奉仕精神もあります。また何かを始めるときは、情熱を持ってまっすぐ進みますが、人から無理やり与えられたことは拒絶するでしょう。

恋愛ではこの人と決めたら一途になってしまうため、他人の恋人を奪ってトラブルになる可能性もあります。得意の客観的な視点を失わないように心がけましょう。恋人や夫には甘いだけではなく、厳しさのある愛情を注ぎます。結婚後は良妻賢母になるタイプです。

CHARACTER 20 NUMBER

物静かなひつじ

男性

ゆったりとして気品があり、落ち着いた印象の人です。人の意見には決して逆らわずに穏やかな人間関係を保とうとするタイプです。内面には強い自我があり、石橋を叩いて渡る安全第一主義で、常に慎重な姿勢で客観性を重視し、自分の思惑だけでは行動に移しません。冒険をしないで手堅い結果を出すので、仕事上では信頼は高いでしょう。しかし内心では大き過ぎるくらいの理想や夢を持っていて、いつも努力を重ねて前進していきます。

女性

人当たりが柔らかく、世話好きで親切、上品な色気も感じさせます。どんな場合も人の意見には逆らわず、受け身の姿勢を崩しません。自分の本心をストレートに表現することは少なく、自分から積極的に周囲をリードすることもありません。そのため安全な道を選んで進むところがあり、失敗がないので、目上の人や仕事関係者からは信頼されます。

内面に秘めた理想は高く、周囲に対しても過剰な期待と夢を持っています。もともとお天気屋で気分によって言う

多くの情報を集めてから分析する能力に長けており、世の中や社会のためになるようなことをしたいと考えています。体を動かすことは得意ではありませんが、そのぶん、熱心に勉強し、想像力や企画力にも優れています。

体制の中では潤滑油的な存在ですが、権力に媚びるようなところはなく、冷静な批判の目も持っています。しかし人見知りが激しく、お天気屋の部分があり、集団でいると気疲れしてしまいます。気分によって意見や考えがコロコロ変わり、自分の考えに固執する依怙地な部分が出てくると、周囲とのバランスを崩すでしょう。元来は義理人情に厚く人懐こい人柄なので、必ず人望を得て安定した地位に就くことができます。参謀役に活躍の道があります。

ことが違うという面もあり、一度我を張るとなかなか譲らない意地っ張りなところもこのタイプの特徴です。

人との交流を望みながら、ひとりでいたいという願望もあり、このふたつの感情が心の中で常に葛藤しています。精神的には矛盾した不満を抱いていることが多いでしょう。

仕事に関しては静観型なので、相手の心理や感情を巧みに読み取り、的をはずしません。消極的ではありますが、一度火がついて行動を起こすと見違えるような活発な動きを見せます。

恋愛では相手に頼られると弱いので、同情から恋に発展することも少なくありません。気が合う部分を見つけると一気に仲が深まり、皆がうらやむベストカップルになります。

CHARACTER 23 NUMBER

無邪気なひつじ

男性

柔らかな雰囲気で、子どもっぽい純粋さを持った人です。争いを好まず、穏やかで温かな人間関係を保とうとします。しかし、心の中では独自の世界を持ち、現実とのギャップを感じているために、ときどき気むずかしい部分が現われます。そのためストレスをためやすく、愚痴やボヤキが多くなる傾向があります。

もともと生活には困らない運を持っているので、ガツガツした野心や焦りがなく、心優しいのんびりした性格です。強い野望もなく、競争心もあまり

女性

まだ大人になりきれない少女のような雰囲気が魅力の女性です。細かい心配りを忘れず、周囲の人に優しく尽くします。そのため友人も多く、人づきあいもいいのですが、依存心が強く、自立心に欠けるところがあります。自分が目立つことで孤立することを恐れ、めったに本心を明かそうとはしないでしょう。しかし純粋で無邪気な人柄のためか、周囲に対する甘えや依頼心が、人懐こさとして長所になる得な人です。

環境の変化に左右されやすいので、

なく、組織の中ではチームワークを大事にします。しかし、いっぽうでは観察眼に優れているため、瞬時に最も有利な立場を見極め、相手に合わせて駆け引きをする社交術を心得ています。必要だと感じた相手には、巧みに褒め上げて自分の味方につけるしたたかな話術はお見事です。

　気弱で恥ずかしがり屋ですが、親しくなると本来のおしゃべり好きと世話好きな面が出て、一気に距離を縮めます。仕事面では情報収集能力と客観的な判断力、またなんでも器用にこなす技術力で各方面から必要とされます。何かひとつ得意な分野を極めて自信を持つことが成功への近道となるでしょう。中年以降から運気が開けてくるので、焦らず努力を重ねましょう。


幸福なときがあったかと思えば、たちまち困難にぶつかるという波乱万丈な人生を送る暗示があります。しかし内面には頑固でしたたかな部分があるので、いざとなったら強靭な精神力を発揮し、必ず乗り越えていきます。

　仕事面では意外な押しの強さと粘りで上々の結果を残します。また損得の計算は早く、金銭的にはしっかりと抜け目ない決断ができる人です。机上での学習よりも、社会に出て実践から学ぶほうが本来の力を発揮できるタイプでしょう。

　恋愛では相手によって臨機応変に対応を変え、確実に心を掴んでいきます。結婚後は家庭か仕事のどちらかに偏る傾向にあるので、両立させたほうが精神的なバランスがとれるでしょう。

CHARACTER 26 NUMBER

粘り強いひつじ

男性

気品のある紳士的なタイプで、行き届いた配慮と人懐こさが周囲に好感を与えています。世間や常識の枠からはみ出したくないと気を遣っているので、落ち着いて見えます。地味で堅実、当たり障りのないバランスのとれた人づきあいをしますが、心の中では「自分ももっと気遣ってもらいたい」と思っています。孤立を恐れるため平均的な生き方を好みます。

仕事面では社会情勢に遅れぬように様々な情報収集に努める隙のない努力

女性

情緒的で柔らかな雰囲気の中に女性らしい色気を感じさせる人です。男性が惹かれる女性としての魅力をふんだんに持っています。実際、男性に対しても人見知りしない社交家ですが、内面は外見ほどロマンチストではなく、家庭や仕事での成功を強く望む現実派です。

多くの情報を集めて、冷静に判断する能力に優れており、意志が強く粘り強さもある気丈な女性です。

心の中に善悪両面を持っていて、そのときどきに応じてそれらが顔を出し

家です。そのためあらゆる分野の雑学的な知識が豊富で、話題に事欠きません。持ち前のユーモアのセンスと知識は人を惹きつける知性となり、人間的な魅力と優れた長所になっています。

　内面的にはプライドと自信を秘めており、気に入ったことや好奇心を刺激されたことには全力で粘り強く取り組みます。几帳面な仕事には向きますが、決断に時間がかかるのでスピードを要求される職種は向いていません。

　自分の思い通りにならないと拗ねやすいという子どもっぽい面がありますが、人から嫌われることはありません。豊かな才能と確実に実行する行動力に優れているので、最後までやり抜く強さをさらに強化すれば、創業者として成功することも可能な人です。


ます。人情もあり話せばわかる人ですが、一切ひかないかたくなさもあり、周囲から浮いてしまうこともあります。母性が強く、助け合いの精神を大切にしているので、和を乱す人を嫌い、利己的な人を嫌います。ときにお節介で、口うるさい人になるので、注意が必要です。

　自分の趣味や仕事を通じて、世のため人のためになりたいと願う生真面目さが、このタイプの真骨頂でしょう。

　恋愛では最初は冷静に判断できますが、相手への気持ちが高まってくると、暴走することがあります。しかし、男性の操縦法も心得ていて、社会的に成功させるためによく尽くし、上手にその気にさせるテクニックを持っている人です。結婚するとやりくり上手で、まめに働くよい妻になります。

ひつじ

CHARACTER 29 NUMBER

神の旺盛なひつじ

男性

孤立を嫌い集団の中に生きることで安心する人です。個性的な生き方をするよりも平均的な生き方を好み、お互いに助け合い、協力し合うことに喜びを感じます。

対人面では平和で安定した関係を望みます。腰の低い態度で相手を立てながらも鋭い直観力と洞察力で相手の心理を見抜き、自分のペースに持っていく術を心得ています。

またとても博識で何かたずねると、次々に情報を提供してくれます。特に世の中の動きに敏感で、異業種交流に

女性

くせのない穏やかな印象の女性で、誰からも好感を持たれる爽やかな人です。積極的に自己主張するタイプではありませんが、社交的で謙虚な態度の中に、芯の強さを秘めています。また他人には絶対に弱点を見せない負けん気の強さもあり、失敗を恐れない気丈な人です。

無駄のない合理的な計画や立案に手腕を発揮し、どんな仕事でも納得のいく成果を上げるでしょう。ただ上司や後輩にいい顔をし過ぎて仕事を安請け合いし、後で後悔することがあります。

チャレンジ精

強い興味を持っています。

仕事面では見かけによらないタフな根性を持ち、利害関係もきっぱりと明確にするタイプです。人任せにせず、なんでも自分で実行する意思と行動力があり、確実に目標を達成します。ただせっかく明晰な頭脳と分析力を持っていても、最後は「なるようにしかならない」と流れに任せる傾向があり、大きなチャンスを逃すこともあります。自分の責任でしっかりと決断を下せるようになると、周囲の信頼や尊敬を集めることができるでしょう。

もともと勝負運に強く、並々ならぬ権力欲があるので、世のため人のために立とうという信念を忘れなければ大成します。また財運もあるので事業家になる人も多いでしょう。

互助の精神を大切にしているので、集団の和を乱す人を嫌い、常に自分も世のため人のためになりたいと心がけています。しかし、周囲に気を使い過ぎて神経系統の病気になりやすいので、なるべく自然体で過ごせるリラックスした時間や空間を持つようにしましょう。人生すべてにおいて経済性を優先させる傾向があり、蓄財にも熱心なので金銭問題に悩むことはなく、家計も安定しています。

好む男性のタイプは成功願望が強く、献身的な愛情を捧げてくれる人。心の奥に秘めた頑固さが恋の発展を阻むことがありますが、息が合えば急速に進展します。母性本能をくすぐられると弱い一面があります。結婚後は内助の功で夫を盛り立てるでしょう。

ひつじ

CHARACTER 35 NUMBER

れると嬉しいひつじ

男性

外見はゆったりと穏やかで、何事にも動じない落ち着きを感じさせます。しかし内面では人の顔色に敏感で、細かい気遣いを怠らない繊細な社交性の人です。人には決して見せませんがプライドが高く、自分を最高の人間だと思っているところがあり、他人からの批判は受け入れません。いっぽうで、注目を浴びる個性的な生き方より、目立たない平均的な生き方を好み、お互い助け合うことに喜びを感じるチームプレイの人です。

仕事面では用意周到に計画を立てて

女性

世話好きで面倒見がよく、頼まれると嫌と言えないどころかうれしくなるようなお人好しです。女性的な細かい気配りができ、かわいらしさも感じさせますが、内面は少々のことではあきらめない強い意思と粘り強さを持っています。誰を前にしても人見知りすることなく、度胸もあります。情にもろく、楽天的な面が出ると判断や見通しに甘さがでますが、基本的には情報を客観的に分析する能力に優れています。

自分なりの価値観を持った人で、相

頼ら

から物事を進めるので、途中で挫折することがありません。収集した情報を多面的に分析する力があり、企画力や構想力にも優れています。誰も思いつかないことを実現させる人です。上下関係には厳しいところがありますが、親しくなると一気にフレンドリーになり、人の相談にも親身に乗る世話好きな面が出てきます。

　損得勘定にはシビアで、お金のことにはきっちりしていますが、他人に対しては「損して得取れ」と、鷹揚なところがあります。逆境には辛抱強く耐えますが、好調の波に乗るのが苦手でチャンスを逃してしまう傾向があります。生来の慎重さに機を見る目を養い、決断力を発揮できれば人生後半のよい運気はさらに上昇するでしょう。

手の学歴や社会的地位などで判断することはありません。自分がよいと思った人をとことん認め、どんな人も先入観なく受け入れ、信じることからつきあい始めます。その反面、いったん嫌いになった相手は二度と受け入れることはできません。自分を慕ってくる友人や後輩たちには優しく思いやりを持って接しますが、権力を振りかざす目上の人間には強く反発します。助け合いの精神にあふれているので、集団の和を乱す人を嫌い、自分も強い個性を抑えて、平均的な生き方をしようとします。

　恋愛では、妥協はしないので一度相手の欠点が目につくと、なかなか気持ちが元に戻りません。結婚後も仕事を続けるなど、外に出る機会が多い生活のほうが、精神的に安定します。

ペガサス

Pegasus

- 思考パターン：右脳型
- 心理ベクトル：未来展望型
- 行動パターン：状況対応型
- 人間関係3分類：SUN

◆ 気分屋だがそれを隠そうとはしない
◆ 長所は天才的だが、あとは平凡
◆ 感情表現がオーバー。話は必ず盛る
◆ 細かく指示されるとやる気をなくす
◆ 自分で自分のことがよくわからない
◆ うなずきながら他のことを考えてる
◆ 根っからの自由人で感性とノリがすべて
◆ 面倒くさがり屋で超わがまま
◆ 社交辞令の天才
◆ 機嫌がいいと明るくお人好し

恋愛 ルックスとセンスが最重要項目

男女共にモテる人々。感性が合うか合わないがすべてなので、晩婚傾向にある。離婚、再婚、電撃婚、国際結婚も得意。

天職 自由のきく職場

旅行関係、クリエーター、タレント、飲食業、外資系企業

健康 肩甲骨の凝り

背中の凝りと張り。ペガサスの羽の根元であろう肩甲骨が特にダメージ強。

マネー 財布にも羽が生えている

お金に執着がなく、金銭感覚もアバウト。労働量と収入が比例しなくてもへっちゃら。

弱点 束縛されるとタダの馬

落ち込んだときに羽が取れてしまう。

開運ポイント 多忙に過ごす

忙しく飛び回ることで個性も才能も開花する。

その気になるひと言 「あなたの感性はスゴイ」

なにがどうスゴイかは具体的に言わなくてもよし。

価値観 自由奔放

ラッキーカラー ピンク、シルバー

ラッキーアイテム 羽のモチーフ、クリスタル製品

【ペガサスの取り扱い方】

12動物の中で、唯一架空の動物がペガサスです。羽の生えた馬ですから、一か所にじっとしていることはできません。もともと「魂」に最も近い存在ですから、ペガサスだけは鎖につないでも馬小屋に閉じ込めておくこともできません。自由に飛び回るのがペガサスの本能なので、束縛される環境には耐えられないのです。**背中に大きな羽をつけていますから、レストランでも教室でも背後から近づかれたり、後ろを横切られたりするとイライラしてしまいます。**それは羽が当たるからなのです。『ゴルゴ13』という人気劇画がありますが、主役のデューク東郷も決して背後に人を立たせません。もしかしたら彼は「ペガサス」なのかもしれませんね。

「ペガサス」は気分や感情の高低差が激しく、落ち込んでいるときは自慢の羽が取れてしまい、ただの馬（いや、ロバ）になってしまうことがあります。このときだけはそっとしておいてあげてください。下手にかまうとポカッと後ろ足で蹴られてしまいます。

「ペガサス」の個性は、12動物の中で最も異彩を放っています。**会話をしていても、大体いつも違うことを考えていますし、ピンとくる感性だけで生きているところがあります。**また自分を外国人だとも思っています。心はフランス人なのです。ですから海外旅行に行くと、まさに伸び伸びと羽を伸ばし、故郷に帰ったような気がするので、しょっちゅう海外旅行をしています。実際に外国人と結婚したり、海外へ移住する人が多いのも「ペガサス」です。結婚制度にも馴染みませんし、実際、離婚も多いのです。日本は何かと制約が多いので、彼らにとっては住みにくいところなのかもしれません。

しかし意外なことに、寂しがり屋な面もあるので、気の合う仲間と集まって盛り上がるのは大好きです。でも瞬間で気分が変わってしまいますので、会の途中ではもうひとりになりたいと考えてしまいます。

いずれにしても「ペガサス」は天才肌の人ですから、周りの凡人が「ペガサス」にあれやこれやと指図してはいけません。みなさんの周りに「ペガサス」がいたら、どうぞ自由に振るまわせてあげてください。きっと、いきいきと甦《よみがえ》るはずです。まして自分の子どもが「ペガサス」の場合は、自由奔放に育てなければ個性の芽は摘まれてしまいます。押さえつければ押さえつけるほど「ペガサス」は反発しますから、「神様から預かっているやんちゃな天使」のつもりで接してください。「ペガサス」の家族、恋人、親友も同じです。天使たちはあなたを大きく成長させてくれます。

CHARACTER 21 NUMBER

きのあるペガサス

男性

誰にでも好感を与える穏やかな風貌で、温厚な印象です。渋くダンディなスタイリストで人当たりも柔らかいのですが、神経質な面も感じさせます。感受性が豊かで、精神の自由を愛するために束縛されるような環境に置かれると逃げ出したくなります。しかし、とても努力家で絶えずなにかをしていないと落ち着かないので、次々にやるべきことを見つけ、働くのが趣味のような人です。

　大きな目標だけを決めてスタートし、そこに向かうプロセスは気分次第で決

女性

外見は茶目っ気があり、愛嬌のある人懐こい印象を与えます。他愛もないことに感激して泣いたり、小さな出来事に感動したり、感情表現は大変オーバーな人です。表面は社交家に見え、人づきあいも悪くありませんが、内面では神経質で警戒心も強く、自分の本心をさとられないように意識的に愛想よく振る舞っています。その反面、一度心を許した人に対しては手放しで信用し、嘘やおだてに乗りやすいというお人好しな一面もあります。簡単に騙される危険があ

落ち着

めます。直感や気分、感性を頼りに生きており、感情表現もオーバーですが、根が善人で調子よく人と合わせるので、敵をつくりません。

　何かひとつ飛び抜けた才能を持っているような天才肌が多く、好奇心も強く、社会の変化に敏感に反応するクリエーターとしての才能があります。若い感覚を持ち、時代をとらえた企画力が評価されますが、決断力や実行力に乏しいのが難点です。一歩ひいたところでアクションを起こすブレーン向きで、学究肌の事業人という雰囲気です。チームプレイよりも個人プレイで実力を発揮します。人生に突然ひらめきを感じることがあり、そんなときには運勢の動きが変わり、信じられないパワーで運勢を好転させていきます。


るので注意しましょう。

　多芸多才で活動的なので、多忙な毎日を送ることになります。感情と行動が一体になっていて、しかも他の人には真似できないスピードで動いているため単独行動が多くなるでしょう。

　仕事面では投機的な才能があるので大金を稼ぐ可能性があります。もともとお金に関しては締まり屋ですが、さらりと意外な浪費をする面もあります。何からも束縛されず自由に生きることを理想とし、変化に富んだ生活に生きがいを感じながらも、社会的には安定と向上を目指します。

　若い頃から大恋愛をする恋多き人です。ただ気まぐれな面が出過ぎると、突然愛想をつかされるので要注意。結婚は一度だけとは限らないでしょう。

CHARACTER 22 NUMBER

翼を持つペガサス

男性

直感や気分で生きる自由人で、現実的なことにはあまり興味を示しません。突出した才能を持つ天才肌が多いのもこのタイプの特徴です。外見はワイルドで男性的な風貌で、大らかでどっしりとした落ち着きがあります。細かい心配りをするリーダー的な気質を持っており、相手の本心を見抜く感覚は鋭く、先方の出方次第で自分の対応を決める駆け引きは巧みです。人間関係で波風を立てることが嫌いなため、あくまでも人との調和を大切にします。

女性

一見、気位が高く、とっつきにくい印象を与えます。しかし異性に対してはオープンでフランクな接し方をするので、外国人のような雰囲気で人を惹きつけます。気を許した相手にはざっくばらんで、実は非常に親しみやすい性格の人です。内面では理想を追いかける情熱家で、人の好き嫌いは激しいですが、鋭い感性で一瞬のチャンスを逃さず、抜群の話術で相手をその気にさせます。

物事をつくり上げていくときのプロセスを楽しむので、完成するまでは脇

強靭な

感受性の鋭さから人の好き嫌いは激しいのですが、その反面、世話好きでお人好しな部分もあり、人からの頼まれごとを安請け合いして、後でひとりで抱え込むことが多いでしょう。しかし、そうした矛盾や二面性は個性として認められ、人を惹きつける魅力にもなっています。その結果、驚くほどの豊富な人脈が形成されていきます。

　仕事面ではチームワークを必要とする業務より、単独で行う事を好みます。周囲から束縛されずに自由に生きることを理想とし、ひとつの場所には留まれません。変化に富んだ生活に生きがいを感じながらも、社会的には安定と向上を目指します。自分の好きな業種で束縛されずに自由に飛び回ると生き生きと実力を発揮するタイプです。

目も振らずに努力しますが、でき上がったものにあまり興味を持ちません。理屈っぽい面もありますが、基本的には物事を複雑に考えるのは苦手です。あっさりしていて耐久力はあまりなく、気が短いほうですから実践家タイプといえるでしょう。

　自分の好きな業種で自由に飛び回ると実力を発揮します。何からも束縛されずに自由に生きることを理想としていますが、社会的な安定と向上も目指していきます。非凡なことを好むため、家庭の主婦という枠には収まりません。

　恋愛では姉さん女房のように振る舞える理解ある人を探すでしょう。多くの男性から好かれますが、理想がかなり高いので妥協しません。魅力的な女性ですが晩婚が多いようです。

CHARACTER 27 NUMBER

に満ちたペガサス

男性

近寄りがたい雰囲気と気さくな人柄が同居している人です。その二面性が女性の人気を集めます。現実的な能力も高いのですが、もともとは空想の世界に遊ぶのが好きで、一切の束縛を嫌う自由人です。内面的には大らかで細かいことにはこだわらない人間味のある性格ですが、人間関係では繊細な気遣いを見せます。そばにいるだけで、リラックスできる最高の友人と評価されるでしょう。

　幅広い知識と天性のひらめきでどの分野にも対応でき、手がけたことは高

女性

明るく活発で開放的な女性です。周囲に対する気配りも細かく、豊かな情緒性の中に男勝りな勝ち気な部分を持っています。ただ気分にムラが多く、元気いっぱいのときと誰にも会いたくないほど気分が滅入るときの落差が激しいので、周囲の人は困惑してしまいます。

　あなたはこの世の遥か彼方の世界に生きているような人です。直感や感性だけを頼りに生きているため、現実的なことに興味がありません。日常生活では華やかな豊かさを求めていますが、

波乱

い完成度を見せます。何かひとつ飛び抜けた才能を持っている天才肌が多いのもこのタイプの特徴です。更に物事を深く掘り下げて分析し、人の心理を見抜いたり、先を読む力にも優れているので、現実的な処理能力にも目を見張るものがあります。

　仕事上では相手のスキルよりも礼儀や礼節を重んじます。義理人情に厚く、自分にも他人にも厳しい人です。ただ気分次第で別人のようになり、人生は運気の影響を受けて波乱に満ちる傾向があります。もともと事業運を持っていますが、損得勘定が苦手で薄利に終わってしまうことが多いでしょう。自己の中にある感情や運気のムラをしっかり自覚したうえで、粘り強さを身につけると運勢が好転していきます。

それが心の不満や不足を一時的にしか埋められないこともわかっていて、その矛盾に悩まされています。そのためか個性は強烈で、あなたを好む人と好まない人にははっきり分かれるでしょう。すべてにおいて、相反する面を持っているので、成功する人と失敗する人の差が大きく出るのも特徴です。

　対人関係では独自の警戒心と勘で失敗は少ないのですが、情熱的で興奮しやすい性格のため波乱に満ちた人生を送る可能性があります。しかし変化に富んだ生活に生きがいを感じるので、果敢に乗り越えていくでしょう。

　寂しがり屋なので男性には尽くすタイプです。束縛を嫌う自由人ぶりは家庭に入っても変わらないので、放任主義の夫がいいでしょう。

CHARACTER 28 NUMBER

優雅なペガサス

男性

正直で卑怯な事を許さない、一本気で爽やかな気質の人です。世話好きの苦労人で、他人の苦労まで背負い込むようなお人好しぶりが周囲の人に愛されています。本心を隠すことができないため、人間関係では駆け引きが下手で、スマートに立ち回ることができません。しかし、苦労は顔に出さず、優雅さを忘れない品のよさがあります。またいっぽうで我が強く意地っ張りなところもあり、自分の意見をなかなか引っ込めない頑固さもあります。

女性

感情がすぐ顔に出る素直な人です。涙もろい人情家ですが、鋭い批評を得意とするシニカルな一面も持っています。意地っ張りですが、その思いは一時的なものなので、周囲からは飽きっぽい人と思われています。態度に一貫性がなくムラも多いのですが、それはあなたが直感や気分を頼りに生きているため、日々、意見や考えが変わってくるのです。この性質は天才肌の多いペガサスの特徴です。

しかし、持って生まれた優雅さとスピーディな行動力で、いつの間にか中心

仕事面では強い責任感と忍耐力から、頼りがいのある人として高い評価を得ます。表舞台に立つ派手さはありませんが、地道な努力を積み重ねて、いつの間にか大きな力をつけます。単調な繰り返しに我慢できない飽きっぽい性質である反面、順応性、適応力、行動力に恵まれており、これらの能力を活用することで大きく成功する可能性があります。日々、変化に富んだ仕事ができるような環境に身を置くようにしてください。ただ非現実的な理想に走りやすく、信念が弱いときは苦労のわりには報われない結果に終わることが少なくありません。ハイレベルな人たちとの交流で運気が上昇するので、人間関係を含めた環境を整えることが成功への鍵です。

人物となり、人々を魅了します。根っからのオーナー体質ともいうべき才能に恵まれています。ただ厚い壁にぶつかって身動きがとれなくなると、自暴自棄になり、思いも寄らぬ行動に走ることがあるので自制が必要です。

また天邪鬼《あまのじゃく》なところがあり、その人の意見や考えが正しいとわかっていても、つい反抗してしまう意固地な面があります。無駄に周囲に逆らわないことがよい結果につながります。

恋愛は真心だけで押していきます。テクニックはなくても惜しみなく愛情を与えることで恋を実らせることができます。結婚すると献身的な愛情で家族を大切にし、仕事も家事も上手に両立させます。専業主婦には向いていないので、仕事を持つほうがいいでしょう。

12分類キャラクターの相関関係

各キャラクターの円グラフ上の位置によって、それぞれ役割関係があります。たとえば、**狼を中心に見た場合**、次のようになります。

❶両隣のキャラクター（30度）……こじか、ペガサス＝同期のように気楽なつきあいのできる友人関係
❷２つ目のキャラクター（60度）……猿、ひつじ＝飲み仲間のように気を置かずにつきあえる親友のような関係
❸３つ目のキャラクター（90度）……チータ、ゾウ＝ライバルのように緊張と刺激を与えあう関係
❹４つ目のキャラクター（120度）……黒ひょう、子守熊＝なにかと後ろ盾になり、バックアップしてくれる関係
❺５つ目のキャラクター（150度）……ライオン、たぬき＝運命的に出会うくされ縁の関係
❻対角線上のキャラクター（0度、180度）……虎＝自分を見ているような苦い学びの関係

偉人・有名人動物キャラクター　一覧表

動物キャラクター	名　前	生年月日	職　業
⑬ ネアカの狼	香川真司	1989.03.17	サッカー選手
	二宮和也	1983.06.17	タレント(嵐)
	アルフレッド・ノーベル	1833.10.21	化学者
⑲ 放浪の狼	沢尻エリカ	1986.04.08	女優
	アルベルト・ザッケローニ	1953.04.01	サッカー監督
	愛新覚羅溥儀	1906.02.07	清朝第12代・満州国皇帝
㉔ クリエイティブな狼	所ジョージ	1955.01.26	タレント・歌手
	長谷川町子	1920.01.30	漫画家（サザエさん）
	ヘレン・ケラー	1880.06.27	社会福祉事業家
㉕ 穏やかな狼	香取慎吾	1977.01.31	タレント（SMAP）
	蒼井　優	1985.08.17	女優
	二宮尊徳	1787.09.04	農村総合復興支援活動家
㉚ 順応性のある狼	浅田真央	1990.09.25	フィギュアスケート選手
	イ・ビョンホン	1970.07.12	俳優
	カーネル・サンダース	1890.09.09	経営者(ケンタッキーフライドチキン創業者)
㊱ 好感のもたれる狼	相田みつを	1924.05.20	詩人・書家
	山口百恵	1959.01.17	元歌手・女優
	マリー・アントワネット	1755.11.02	フランス国王ルイ16世王妃
⑪ 正直なこじか	松岡修造	1967.11.06	タレント・テニスコーチ
	ブルース・リー	1940.11.27	俳優
	板野友美	1991.07.03	タレント（AKB48）
⑰ 強い意志をもったこじか	小澤征爾	1935.09.01	指揮者
	武井　咲	1993.12.25	女優
	井伊直弼	1815.11.29	江戸幕府大老
㉜ しっかり者のこじか	安達祐実	1981.09.14	女優
	ブラッド・ピット	1963.12.18	俳優
	ダイアナ元王妃	1961.07.01	チャールズ皇太子元妃
㊳ 華やかなこじか	GACKT	1973.07.04	歌手
	鈴木京香	1968.05.31	女優
	岩崎弥太郎	1835.01.09	実業家（三菱財閥創業者）
③ 落ち着きのない猿	エディー・マーフィー	1961.04.03	俳優
	ガッツ石松	1949.06.05	元プロボクサー・タレント

※2013年4月現在公表のデータに基づきます

動物キャラクター	名　前	生年月日	職　業
❸ 落ち着きのない猿	パリス・ヒルトン	1981.02.17	モデル
❾ 大きな志をもった猿	長嶋茂雄	1936.02.20	野球人
	有吉弘行	1974.05.31	お笑い芸人
	アントン・チェーホフ	1860.01.29	劇作家・小説家
⓯ どっしりした猿	吉高由里子	1988.07.22	女優
	マイケル・ジャクソン	1958.08.29	歌手
	西郷隆盛	1828.01.23	政治家
㉞ 気分屋の猿	ウサイン・ボルト	1986.08.21	陸上選手
	市川海老蔵（11代目）	1977.12.06	俳優
	浜崎あゆみ	1978.10.02	歌手
㊵ 尽くす猿	松山ケンイチ	1985.03.05	俳優
	大野　智	1980.11.26	タレント（嵐）
	三村マサカズ	1967.06.08	お笑い芸人（さまぁ～ず）
㊻ 守りの猿	ジミー大西	1964.01.01	タレント・画家
	吉田拓郎	1946.04.05	歌手
	オードリー・ヘップバーン	1929.05.04	女優
❶ 長距離ランナーのチータ	カルロス・ゴーン	1954.03.09	経営者
	東山魁夷	1908.07.08	日本画家
	板垣退助	1837.05.21	政治家
❼ 全力疾走するチータ	石田純一	1954.01.14	俳優
	仲間由紀恵	1979.10.30	女優
	千原ジュニア	1974.03.30	お笑い芸人（千原兄弟）
㊷ 足腰の強いチータ	大島優子	1988.10.17	タレント（AKB48）
	サルバドール・ダリ	1904.05.11	画家
	松坂桃李	1988.10.17	俳優
㊽ 品格のあるチータ	織田裕二	1967.12.13	俳優
	草彅　剛	1974.07.09	タレント（SMAP）
	菅野美穂	1977.08.22	女優
❺ 面倒見のいい黒ひょう	加山雄三	1937.04.11	俳優・歌手
	堂本光一	1979.01.01	タレント（KinKi Kids）
	レフ・トルストイ	1828.09.09	作家
㊹ 情熱的な黒ひょう	松田聖子	1962.03.10	歌手
	矢沢永吉	1949.09.14	歌手
	尾田栄一郎	1975.01.01	漫画家（ONE PIECE）
㊿ 落ち込みの激しい黒ひょう	石原良純	1962.01.15	俳優・気象予報士
	デミ・ムーア	1962.11.11	女優
	水原希子	1990.10.15	モデル・女優

動物キャラクター	名　前	生年月日	職　業
53 感情豊かな黒ひょう	上戸　彩	1985.09.14	女優
	ジャン・レノ	1948.07.30	俳優
	美空ひばり	1937.05.29	歌手
56 気どらない黒ひょう	高橋大輔	1986.03.16	フィギュアスケート選手
	長友佑都	1986.09.12	サッカー選手
	チャールズ・ダーウィン	1809.02.12	生物学者
59 束縛を嫌う黒ひょう	綾瀬はるか	1985.03.24	女優
	ビル・ゲイツ	1955.10.28	経営者（マイクロソフト創業者）
	坂本龍一	1952.01.17	ピアニスト・作曲家
51 我が道を行くライオン	浜田雅功	1963.05.11	お笑い芸人（ダウンタウン）
	松本人志	1963.09.08	お笑い芸人（ダウンタウン）
	ブリトニー・スピアーズ	1981.12.02	歌手
52 統率力のあるライオン	孫　正義	1957.08.11	経営者（ソフトバンクグループ創業者）
	谷　亮子	1975.09.06	政治家・柔道家
	徳川家康	1543.01.31	江戸幕府初代将軍
57 感情的なライオン	吉田美和	1965.05.06	歌手（DREAMS COME TRUE）
	田中将大	1988.11.01	野球選手
	夏目漱石	1867.02.09	作家
58 傷つきやすいライオン	向井　理	1982.02.07	俳優
	小泉純一郎	1942.01.08	第87〜89代内閣総理大臣
	マリリン・モンロー	1926.06.01	女優
6 愛情あふれる虎	バラク・オバマ	1961.08.04	第44代アメリカ大統領
	秋元　康	1958.05.02	作詞家・プロデューサー
	ヨハン・セバスチャン・バッハ	1685.03.31	作曲家
43 動きまわる虎	ハローキティ	1974.11.01	キャラクター
	国分太一	1974.09.02	タレント（TOKIO）
	たかの友梨	1948.01.22	美容研究家
49 ゆったりとした悠然の虎	福山雅治	1969.02.06	歌手・俳優
	宮沢賢治	1896.08.27	作家・詩人
	郷ひろみ	1955.10.18	歌手
54 楽天的な虎	堤　真一	1964.07.07	俳優
	梨花	1973.05.21	モデル
	ウォルト・ディズニー	1901.12.05	映画プロデューサー
55 パワフルな虎	具志堅用高	1955.06.26	元プロボクサー・タレント
	IKKO	1962.01.20	ヘアメイクアップアーティスト・タレント
	アントニオ・ガウディ	1852.06.25	建築家
60 慈悲深い虎	明石家さんま	1955.07.01	タレント

※2013年4月現在公表のデータに基づきます

動物キャラクター	名　前	生年月日	職　業
60 慈悲深い虎	桑田佳祐	1956.02.26	歌手
	マザー・テレサ	1910.08.26	シスター（ノーベル平和賞）
2 社交家のたぬき	マドンナ	1958.08.16	歌手
	北川悠仁	1977.01.14	歌手（ゆず）
	亀田興毅	1986.11.17	プロボクサー
8 磨き上げられたたぬき	澤　穂希	1978.09.06	サッカー選手
	ジョン・F・ケネディ	1917.05.29	第35代アメリカ大統領
	レディー・ガガ	1986.03.28	歌手
41 大器晩成のたぬき	土屋アンナ	1984.03.11	モデル・歌手
	佐々木蔵之介	1968.02.04	俳優
	小雪	1976.12.18	女優
47 人間味あふれるたぬき	きゃりーぱみゅぱみゅ	1993.01.29	歌手・タレント
	タイガー・ウッズ	1975.12.30	プロゴルファー
	アイザック・ニュートン	1643.01.04	数学・物理学・天文学者
4 フットワークの軽い子守熊	太田　光	1965.05.13	お笑い芸人（爆笑問題）
	役所広司	1956.01.01	俳優
	ハリソン・フォード	1942.07.13	俳優
10 母性豊かな子守熊	ATSUSHI	1980.04.30	歌手（EXILE）
	宮崎あおい	1985.11.30	女優
	石原裕次郎	1934.12.28	俳優・歌手
16 コアラのなかの子守熊	米倉涼子	1975.08.01	女優
	エリザベス1世	1533.09.07	イングランド、アイルランド女王・テューダー朝第5代国王
	デヴィ・スカルノ	1940.02.06	タレント
33 活動的な子守熊	ユースケ・サンタマリア	1971.03.12	タレント
	ヴィンセント・ヴァン・ゴッホ	1853.03.30	画家
	アルベルト・アインシュタイン	1879.03.14	理論物理学者
39 夢とロマンの子守熊	高倉　健	1931.02.16	俳優
	村上春樹	1949.01.12	作家
	福沢諭吉	1835.01.10	啓蒙思想家、教育者
45 サービス精神旺盛な子守熊	木村拓哉	1972.11.13	タレント（SMAP）
	櫻井　翔	1982.01.25	タレント（嵐）
	デイビッド・ベッカム	1975.05.02	サッカー選手
12 人気者のゾウ	水木しげる	1922.03.08	漫画家
	松任谷由実	1954.01.19	歌手
	橋下　徹	1969.06.29	政治家
18 デリケートなゾウ	前田敦子	1991.07.10	タレント
	中居正広	1972.08.18	タレント（SMAP）

動物キャラクター	名　前	生年月日	職　業
⑱ デリケートなゾウ	吉永小百合	1945.03.13	女優
㉛ リーダーとなるゾウ	石原慎太郎	1932.09.30	政治家・作家
	堀北真希	1988.10.06	女優
	ナポレオン・ボナパルト	1769.08.15	軍人・政治家
㊲ まっしぐらに突き進むゾウ	高田純次	1947.01.21	タレント
	原　辰徳	1958.07.22	野球人
	坂本龍馬	1836.01.03	幕末の偉人
⑭ 協調性のないひつじ	小沢一郎	1942.05.24	政治家
	長渕　剛	1956.09.07	歌手
	トーマス・エジソン	1847.02.11	物理学者
⑳ 物静かなひつじ	長澤まさみ	1987.06.03	女優
	小栗　旬	1982.12.16	俳優
	ジョニー・デップ	1963.06.09	俳優
㉓ 無邪気なひつじ	玉木　宏	1980.01.14	俳優
	鈴木おさむ	1972.04.25	放送作家・脚本家
	フローレンス・ナイチンゲール	1820.05.12	看護教育者
㉖ 粘り強いひつじ	宮里　藍	1985.06.19	プロゴルファー
	松坂大輔	1980.09.13	野球選手
	ジークムント・フロイト	1856.05.06	精神分析学者
㉙ チャレンジ精神旺盛なひつじ	広末涼子	1980.07.18	女優
	ダルビッシュ有	1986.08.16	野球選手
	パブロ・ピカソ	1881.10.25	芸術家
㉟ 頼られると嬉しいひつじ	オダギリジョー	1976.02.16	俳優
	北川景子	1986.08.22	女優
	マリア・シャラポワ	1987.04.19	テニスプレーヤー
㉑ 落ち着きのあるペガサス	藤原紀香	1971.06.28	女優
	ケイト・ウィンスレット	1975.10.05	女優
	フランシスコ・ザビエル	1506.04.07	宣教師
㉒ 強靭な羽をもつペガサス	益若つばさ	1985.10.13	モデル、タレント、歌手
	ビヨンセ	1981.09.04	歌手
	ジョン・レノン	1940.10.09	歌手（ビートルズ）
㉗ 波乱に満ちたペガサス	マツコ・デラックス	1972.10.26	コラムニスト、タレント
	松本　潤	1983.08.30	タレント（嵐）
	石川　遼	1991.09.17	プロゴルファー
㉘ 優雅なペガサス	滝川クリステル	1977.10.01	アナウンサー
	イチロー	1973.10.22	野球選手
	美輪明宏	1935.05.15	歌手・俳優

※2013年4月現在公表のデータに基づきます

column 04

【心のシャッター】

個性心理學の基本中の基本である3分類を検証してみると、様々なものが見えてきます。

同じ言葉を聞いても、受ける意味合いが違っていることも多いのです。

たとえば、「他人」という言葉は誰でも知っているはずですが、MOONとEARTHとSUNでは、まったく違う捉え方をしていることがわかりました。

MOONにとって「他人」とは、「アカの他人」のことを指します。親・兄弟や幼馴染みなどが他人であろうはずはないのです。見たことも会ったこともない人を、初めて「他人」と言うのです。ですから、「他人行儀」な扱いをされると傷ついてしまうのです。

それに対して、EARTHにとって「他人」とは、「自分以外のすべて」を指します。たとえ血を分けた親子や兄弟であっても、結局は他人であると割り切っているのです。ですから、自分の持ち物には全部名前を書いているし、自分と他人を明確に区別しています。

SUNは特別の感性を持っていますから、「他人」観も見事に違ってきます。こんな表現は、SUN独特のものだと思います。

「昨日まで親友、今日から他人」……。

これこそが、「心のシャッター」と言える人間関係のメカニズムなのです。

SUNの心のシャッターは、ある日突然前触れもなくガラガラと音を立てて、一瞬で閉まってしまいます。しかも、1度閉まったシャッターは、2度と再び開くことはないのです。そのシャッターの外側が「他人」と言われる領域で、内側は「身内」と言われるひいき筋なのです。SUNとつきあうときは、この心のシャッターに気をつけなくてはなりません。

EARTHの心のシャッターは、極めて自分に都合よくできているので、便利です。リモコンつきの電動シャッターになっているのです。「あの人は、どうも気に入らないな～」と思ったら、スルスルとシャッターを閉じてしまいます。でも、「これだけは、やっぱりあの人に頼むしかないな～」と判断すると、閉じていたシャッターを少しだけ開けるのです。そして、用事が終わったら、再びシャッターを閉じて内側からカギを掛けてしまいます。外からは、侵入できないようにするわけです。

MOONの心のシャッターは、どうも心もとないようです。それは、シャッターそのものが壊れてしまっているからです。それも、開いたまま閉じないのです。ですから、他人から何か頼まれると断れません。借金の保証人になってしまうのも、MOONだけの特徴でしょう。最終手段でシャッターを閉じるときには、もはや家ごと壊してしまうしかないのです。

第三章　運気と宿命を味方にする

４つの個性

私たちは誰でも、「自分のことは自分がいちばんわかっている」と思っています。しかし、はたして本当にそうなのでしょうか。個性心理學では、あらゆる角度から個性を捉えるために、診断カルテで、人間の個性を1、０３６、８００分の１で検証しています。個性とは実に多面的なものです。

キャラクターの説明を読んでみたけれど、「どうもしっくりこない」とか、「私はＭＯＯＮのはずなのに、ＥＡＲＴＨのような気がする」など、自分のことなのによくわからなくなってしまうことがあります。また自分の中に、「好きな自分と嫌いな自分」がいて、戸惑うこともあります。なぜ、そんな疑問や矛盾が起こるのでしょう？　それは、人間だけに与えられた、生きるために必要な「４つの個性」というものが存在しているからなのです。

４つの個性とは、①本質　②表面　③意志　④希望　です。

個性を立体的に把握するためには、それぞれの理解が欠かせません。

※４つの個性は（Ｐ２５７から）の「換算表」で、簡単に割り出せます。出生時間がわからない人は「希望」の判定ができません。ご自分の出生時間を確かめてください。

【本質と表面】

「本質」とは、本当の自分です。個性診断をするときにいちばん重要なのが、やはり「本質」です。自分の本質を知り、本質の通りに生きることが、人生の理想なのです。事実、成功者と言われる人を検証してみると、その多くが間違いなく、本質の通りに生きています。ところが、世の中には「人生は思い通りにいかない」と嘆く人がいかに多いことか。それは、本当の自分を知ることなく毎日を過ごしているからです。

映画監督の伊丹十三さんは、生前こうおっしゃっていました。

「自分に出会えない人生は、他者とも出会えない」

出会いでしか人生が変わらないとしたら、本当の自分を知らないで生きている人は、開運するはずがないとも言えるのです。

とはいえ、なかなか「本質」の通りに生きられないのが人間でもあります。それは、そのほかの個性が本質の邪魔をしているからです。

特に「表面」は、他人の前で見せる顔であるため、どうしてもそのキャラを演じてしまうのです。人間は、他人の目を意識しながら生活していますから、「いい人」や「明るい人」と思われたくて、演じてしまうわけです。職場で見せる顔や学校で見せる顔、初めて会う人に見せる顔や面接のときに見せる顔などは、すべて「表面」のキャラクターです。「本質」と「表面」のギャップがストレスを生んでいるとも言えましょう。

このふたつの関係は「シーソーの関係」であり、「本質」が出ているときは、「表面」は影をひそめます。「表面」で演じているときには、「本質」が表に出ることはありません。心を許した人に会うときには演じる必要がありませんから、１００％「本質」で接します。よって、ストレスを感じないのです。

第一印象とは、まさにこの「表面」です。ひと目惚れとは、相手の「表面」が自分の「本質」と同じキャラクターの場合に、ビビっとくる心の現象のことなのです。

【意志と希望】

本質の次に重要なのが「意志」です。これは「考える自分」と解説しています。私たちは、いつも頭で物事を判断しています。これから起こるかもしれないことや、相手の反応などをシュミレーションしているのです。しかし、いくら頭でわかっていても、「本質」では納得できないことが多いのも事実だと思います。「わかっちゃいるけど、止められない」という言葉の通り、理解するということと納得することは、別物なのです。この「本質」と「意志」の葛藤が、またストレスを生んでしまいます。

さらに、自分の将来の理想像ともいえる「希望」があります。いろんなことで悩んだり現実逃避したいときには、人は、この「希望」に逃げ込むのです。しかし、「理想とする自分」と「現実の自分」は必ずしもイコールではありません。ですから、ここでもまたストレスが生まれるのです。

個性心理學では、もう少しわかりやすく4つの個性をこのように説明しています。
①本質＝心＝マインド　②表面＝身体＝ボディ
③意志＝頭＝ブレイン　④希望＝憧れ＝ドリーム
みなさんも、自分の4つの個性を知ることで、初めて立体的に自分自身を捉えることができます。複雑に4つの個性が絡み合い、心の葛藤や心身のバランスを崩してしまっているケースは実に多いのです。

先ほど、「本質」の通りに生きるのが理想だとアドバイスしましたが、30年も「表面」で生きてきた方は、もはやなかなか「本質」で生きることはむずかしいでしょう。まずは、少しでも早く自分の「本質」に気づいていただきたいと思います。

この4つの個性は、いわばあなた自身の人生の設計図でもあります。設計図を見ないで家が建つわけがありません。ところが残念ながら、自分の設計図を知らずに人生を終える人が70％、設計図通りの人生で終える人が29％、設計図以上の人生で終える人が1％というのが、この世の現実です。個性心理學の4つの個性には、人生で成功するためのメッセージが込められています。

どうぞ、自分自身の設計図を知り、設計図通り、またそれ以上の豊かな人生を歩んでください。

トキのリズムとは

この地球上で、変化しないものなど何ひとつ存在しません。すべて一定のリズム（周期）に支配されています。桜が春に咲くように、私たち人間もトキのリズムの影響を強く受けて生きているのです。

自然界の中で、人間だけが「宇宙の法則」に関係なく生きていると考えるほうがおかしいのです。季節に春夏秋冬があるように、天気に晴れの日もあれば曇りの日もあるように、人生にも10年ごとの、10か月ごとの、10日ごとの、2時間単位ごとの「人生の周期」があります。

そのリズムには「開墾期」「発芽期」「成長期」「開花期」「収穫期」の5期があり、それぞれがふたつずつに分かれ、合計10のステップから成り立っています。そのひとつひとつのステップを「トキ」と呼んでいます。

トキのリズムは、よく天気予報にたとえられます。「明日は台風が来る」＝「焦燥のトキ」ということがわかっていたら、旅行を控えればいいのです。そして必ず訪れる「雲ひとつない晴天」＝「完結のトキ」に備え、旅行の準備や心身のメンテナンスなど、無理せずに過ごせばいいのです。

ゴルフでも、コースを回るときに1本のクラブだけで回る人はいないはずです。距離を測り、風を予測し、芝目を読みながら、そのつど使用するクラブを選んでいるはずです。状況に応じて戦略や戦術を変えているわけです。ところがどうでしょう。大切な自分の人生というコースを、わずか1本のクラブで回っている人がいかに多いことか。そして、「こんなはずではない」「世の中が悪いのだ」と、自分以外のせいにしてしまっているのです。

世の中には、成功の法則を説く本が山のように出版されています。しかし、それを読んだからといって成功する人はめったにいません。逆に「失敗する法則」ならば、私は知っています。それは、運気のいいトキには調子に乗って遊び呆け、運気が悪くなったら焦ってガムシャラにがんばって働く＝「トキのリズム」に逆らって生きることです。これでは成功する道理がありません。

毎日変わるのは、天気と運気しかありません！　天気予報は見るくせに、自分の運気＝リズムを知ることなく毎日過ごしていませんか？　恐ろしいことです。

自分の運気を知らずして、成功することも倖せな結婚もあり得ません。現在の自分のトキを知ることで、今やるべきこと、やってはいけないことがわかります。

以下のページで「10のトキ」が持つそれぞれの時期の特徴やエネルギーの性質、過ごし方などを解説していきますので、ぜひ参考にしてください。まずは次ページの《グループの10種類表》もしくは巻頭の《60分類キャラクター表&グループ対応表》で、自分のキャラクター番号がどのグループに属しているか調べてください。そして、みなさんの運気＝トキのリズムを見ていきましょう。

グループの10種類

グループ	キャラクター
大樹	1 長距離ランナーのチータ 11 正直なこじか 21 落ち着きのあるペガサス 31 リーダーとなるゾウ 41 大器晩成のたぬき 51 我が道を行くライオン
草花	2 社交家のたぬき 12 人気者のゾウ 22 強靭な翼をもつペガサス 32 しっかり者のこじか 42 足腰の強いチータ 52 統率力のあるライオン
太陽	3 落ち着きのない猿 13 ネアカの狼 23 無邪気なひつじ 33 活動的な子守熊 43 動きまわる虎 53 感情豊かな黒ひょう
灯火	4 フットワークの軽い子守熊 14 協調性のないひつじ 24 クリエイティブな狼 34 気分屋の猿 44 情熱的な黒ひょう 54 楽天的な虎
山岳	5 面倒見のいい黒ひょう 15 どっしりとした猿 25 穏やかな狼 35 頼られると嬉しいひつじ 45 サービス精神旺盛な子守熊 55 パワフルな虎

今後10年の運気（トキ）のリズム

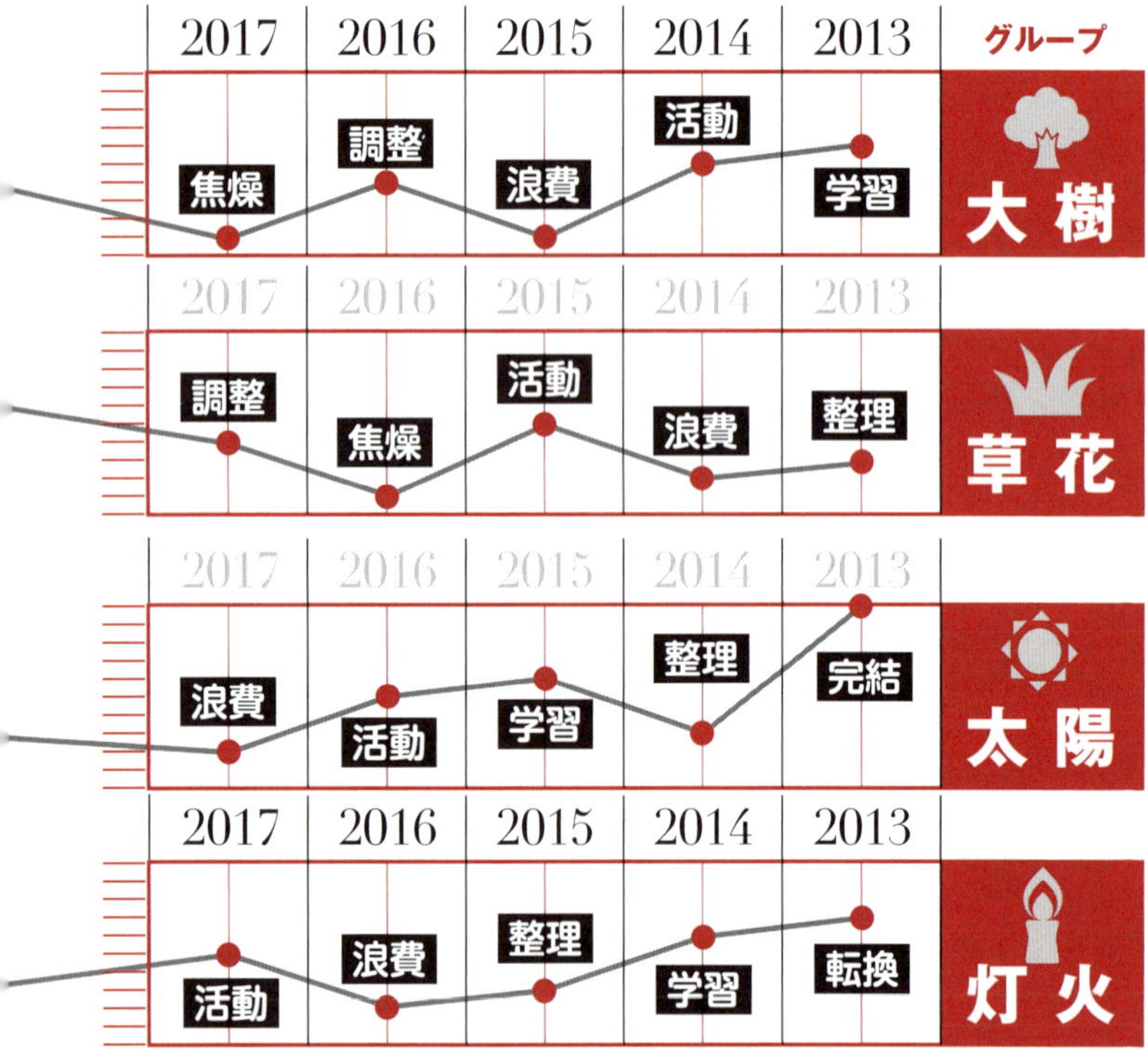

グループ	キャラクター
大地	6 愛情あふれる虎 16 コアラのなかの子守熊 26 粘り強いひつじ 36 好感のもたれる狼 46 守りの猿 56 気どらない黒ひょう
鉱脈	7 全力疾走するチータ 17 強い意志をもったこじか 27 波乱に満ちたペガサス 37 まっしぐらに突き進むゾウ 47 人間味あふれるたぬき 57 感情的なライオン
宝石	8 磨き上げられたたぬき 18 デリケートなゾウ 28 優雅なペガサス 38 華やかなこじか 48 品格のあるチータ 58 傷つきやすいライオン
海洋	9 大きな志をもった猿 19 放浪の狼 29 チャレンジ精神の旺盛なひつじ 39 夢とロマンの子守熊 49 ゆったりとした悠然の虎 59 束縛を嫌う黒ひょう
雨露	10 母性豊かな子守熊 20 物静かなひつじ 30 順応性のある狼 40 尽くす猿 50 落ち込みの激しい黒ひょう 60 慈悲深い虎

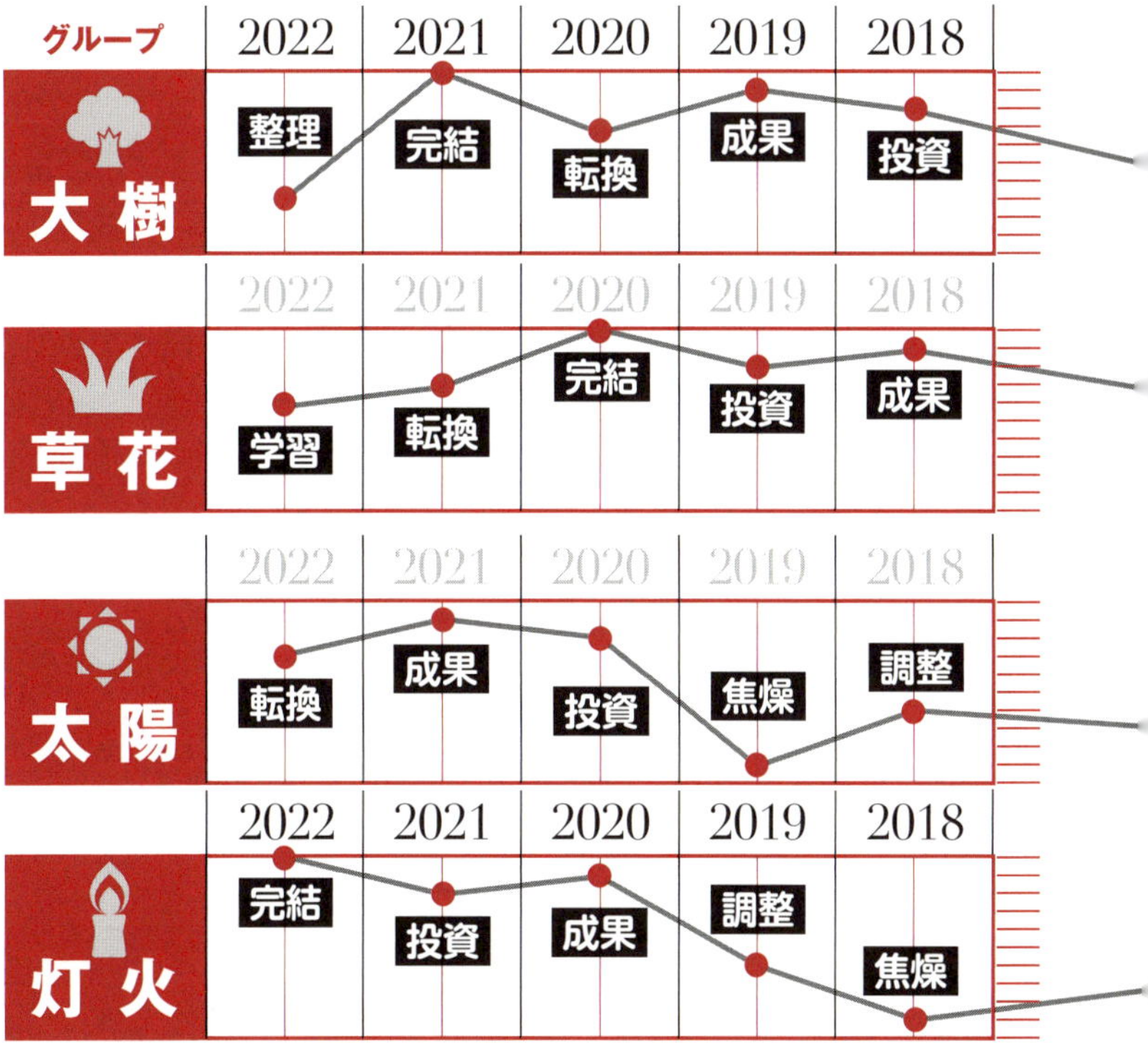

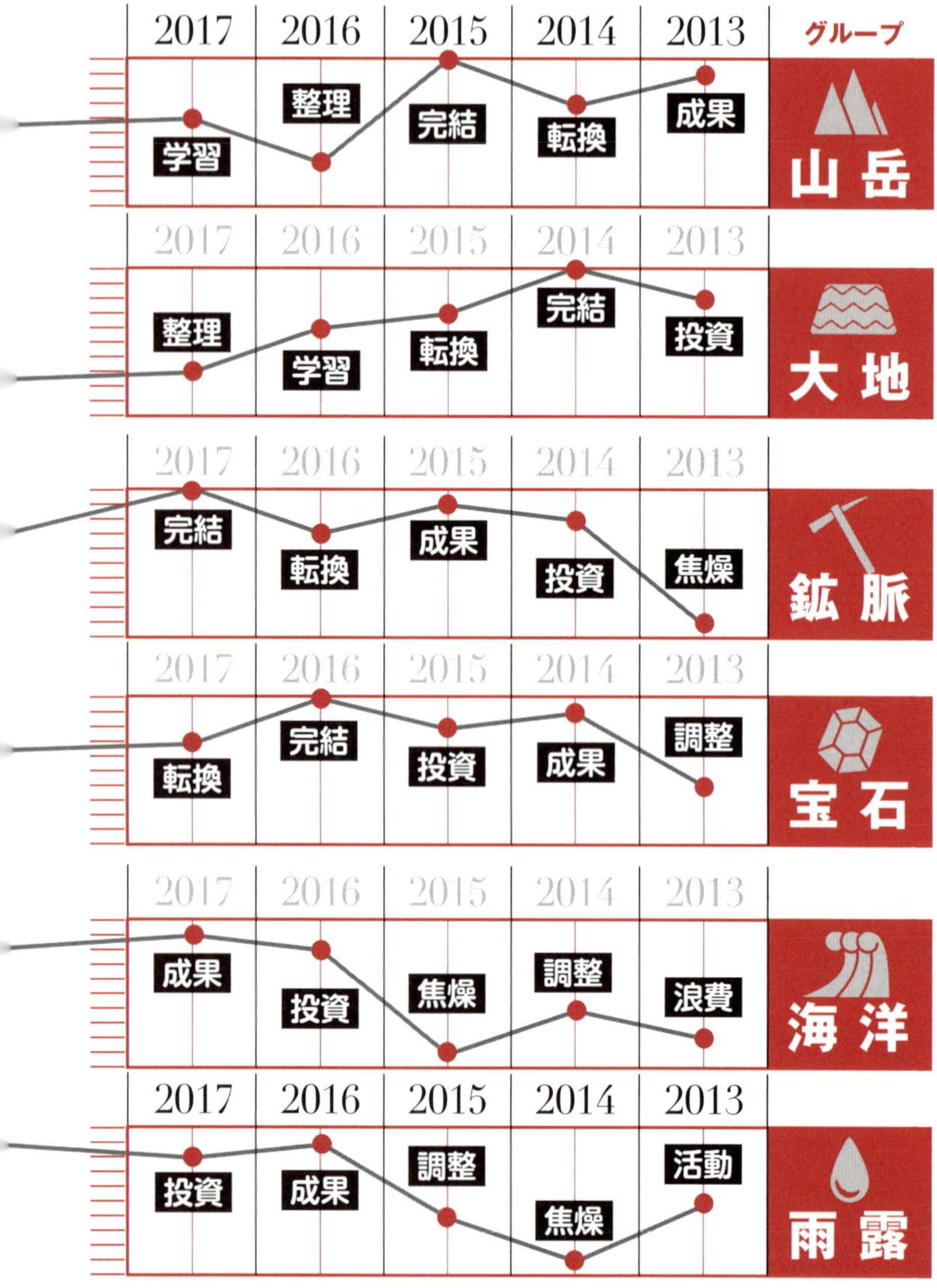
2017
2016
2015
2014
2013
グループ
学習
整理
完結
転換
成果
山岳
整理
学習
転換
完結
投資
大地
完結
転換
成果
投資
焦燥
鉱脈
転換
完結
投資
成果
調整
宝石
成果
投資
焦燥
調整
浪費
海洋
投資
成果
調整
焦燥
活動
雨露

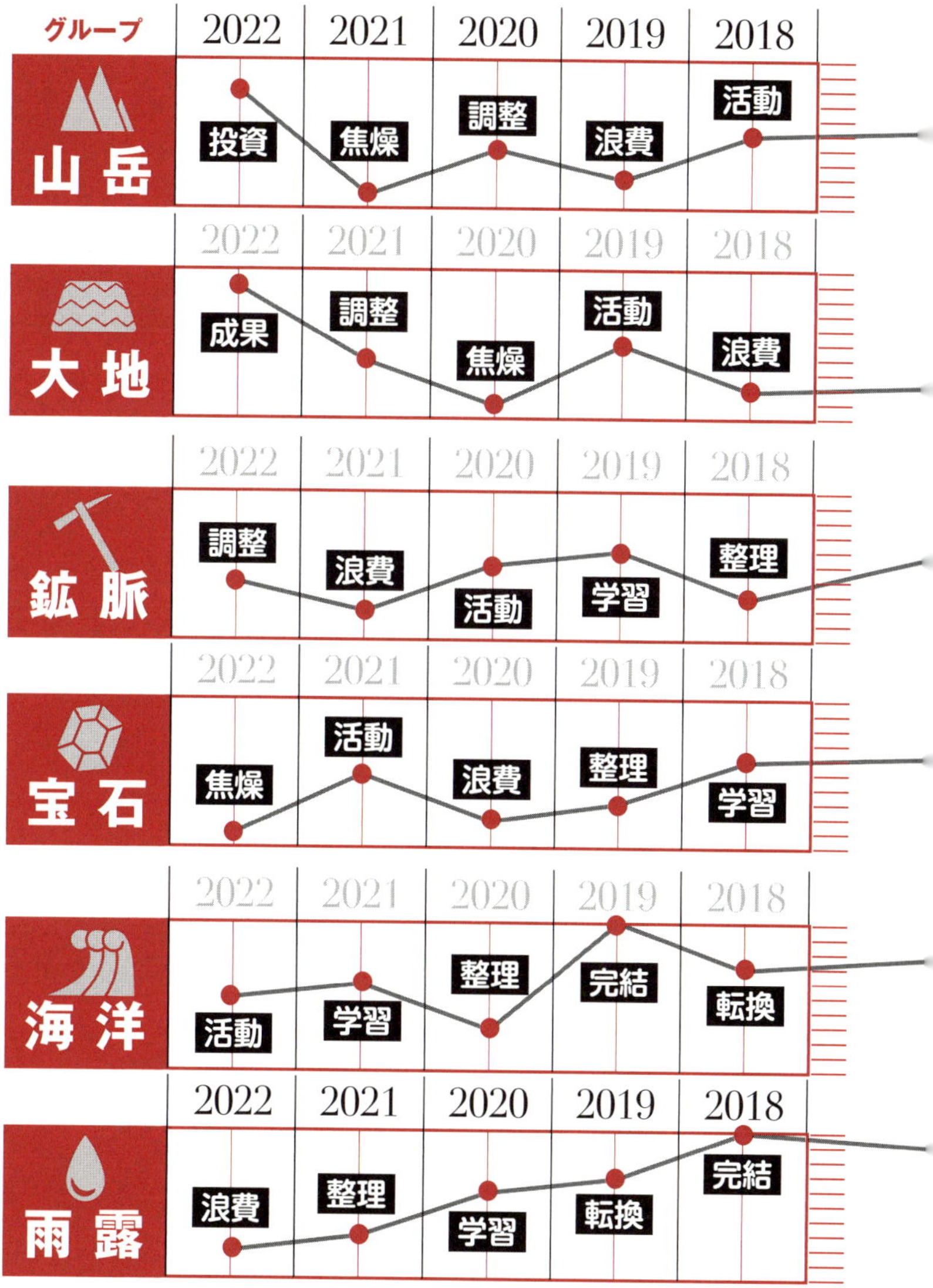
グループ
2022
2021
2020
2019
2018
山岳
投資
焦燥
調整
浪費
活動
大地
成果
調整
焦燥
活動
浪費
鉱脈
調整
浪費
活動
学習
整理
宝石
焦燥
活動
浪費
整理
学習
海洋
活動
学習
整理
完結
転換
雨露
浪費
整理
学習
転換
完結

開墾期

大地を掘り起こし、耕して種をまくトキです。忍耐を必要とするなにかと苦労の多いときですが、この時期にどれだけ田畑を耕し、どんな種をまき、どんな肥料をやったかで、収穫期の実りが決まります。人間も同じです。この時期の過ごし方が今後のあなたを決めるのです。まだまだ目には見えませんが、まいた種は土の中で確実に成長しています。

整理

ENERGY POINT 30

不要なモノを捨て、人生を整理する

物事の判断基準があいまいになり、気分的にもスッキリしません。広大な大地を目の前にして、何から手をつけていいのか迷っている……そんな

学習

ENERGY POINT 60

よく学び、よく反省して運気上昇

今までのもやもやとした不明瞭な状態から、一転、霧が晴れたかのようにスッキリし、心身共に明瞭なトキです。将来の実りに期待を込めて、広

イメージです。

この時期は決して慌てたり、焦ったりしてはいけません。がむしゃらに動き回るときではないのです。じっくりと腰を据えて、地道に努力を重ね、自らの大地を耕しましょう。そして、労働の後は休息をとり、エネルギーを蓄えてください。ただ発想は豊かになるので、アイディアや企画、構想などいろいろと考えをめぐらせたりするのはよいでしょう。それも目先のことではなく、長期的な展望がよく、プラス思考で独自の世界に思いを馳せてください。

また良好な環境づくりのために、必要なモノと不必要なモノをしっかり選別してください。不必要なモノは思い切って手放しましょう。人間関係も同じです。不要な人との関わりが、あなたの成長を阻害する最大原因となるからです。

モノも悪縁もどんどん手放し、整理することで、運気は確実にアップします。


大な大地を懸命に耕しているイメージです。

何事も貪欲に吸収し、学ぶという姿勢を大切にしましょう。その姿勢が周囲から信頼を集め、やがて社会的にも認められ、報われることとなります。大いに学び、努力すべき好機です。

そのいっぽうで、今までの自分のあり方や仕事の進め方、人との接し方などについて振り返って反省してください。改めるべきところは素直に改めることが大きな成長につながります。

そのためには新規事業や新規開拓など「新たなことに目を向けるのではなく、今までの生き方や反省を生かしての準備期間である、と言い聞かせてください。内面の充実をはかりましょう。

またこのトキは文字通り、勉強や受験、学習や研究には最適な運気です。興味のある分野に時間と力をつぎ込んでください。

女性にとっては結婚運や金運に恵まれる最良の年となるでしょう。

発芽期

開墾期にまいた種がいよいよ発芽するトキです。
新たなスタートをきる重要な年ですが、土から出た小さな芽はまだまだ弱く、もっともエネルギーを使う時期でもあるのです。
喜びと失望、進歩と停滞を繰り返す一進一退の1年ですが、投げやりになってはいけません。ここを乗り切れば、今後の展望が大きく開いていきます。

活動

ENERGY POINT 50

新しいことはココから始める!

体調もよくなり、気力も充実しています。大地にまいた種がいっせいに芽を出し、新芽の緑がまぶしい、そんないきいきとしたイメージです。

浪費

ENERGY POINT 20

エネルギーの充電が最優先課題

なんとなく体調もすぐれず、気力も衰えている時期です。広大な大地を切り開き、懸命に耕した開墾期の後だけに、ホッと気が抜けてしまったよ

この時期は何事にも積極的に行動し、自分の気持ちや考えを前面に出していきましょう。新たな計画を行動に移すトキです。

発芽期は大きく成長したいという意欲にあふれていますので、環境の変化にも十分対応できます。今まで温めていたアイディアや計画を実行に移しましょう。結婚、就職、転職、開業、引っ越し、新しい趣味や習い事に挑戦するのにもよいトキです。

ただ意欲的な行動も周囲の人の気持ちを無視すると対人関係でトラブルを招きます。注意してください。「うれしい出会いや変化」など、楽しい出来事も多い半面、「思いがけないアクシデント」にも見舞われやすい時期です。大地から顔を出した芽は、エネルギッシュですが、まだ誕生したばかり。注意深く前進していきましょう。

ちなみに私たちの生まれた生年月日は、みな「活動」の日です！　ここからすべてが始まる、無限の可能性を秘めたトキなのです。

うなイメージです。

植物にとって発芽期は大量の養分を必要とします。人間も同様です。今は無理をせずゆっくり休んで、体力の温存に努めましょう。

ひと仕事終えた安堵感から、外に目がいき、つい変化を求めて動きたくなりますが、ここは我慢のトキです。特にお金に関することには注意してください。何をやってもうまくいかず、失う可能性があります。大きな買い物やリスクを伴うような決断はくれぐれも慎重に。

また愛情や信用は一度失ってしまうと取り戻すのは容易ではありません。人間関係は感情に流されず、現状維持を心がけましょう。

トンネルにたとえると、「入り口」に差し掛かったところです。先行きが見えず不安な状態になりますが、焦りは禁物です。睡眠、食事など日々の細々したことをおろそかにせず、淡々と丁寧に生きてください。出口は必ずあります。

成長期

土から出た芽がぐんぐんと成長するトキです。この時期は自分のことばかりが気になって、周囲とのバランスを取りにくくなります。小さな衝突やトラブルのある変化の時期ですが、あなたが人間的にもっとも成長できる素晴らしい試練のときでもあります。大らかな気持ちでいることが、大きく成長できる秘訣です。

調整

ENERGY POINT 40

「転ばぬ先の杖」で、安定を維持

精神的にも安定しており、心に余裕があります。順調に成長を続けている植物ですが、「水の量」「日のあたり具合」「養分は適しているのか」など、

焦燥

ENERGY POINT 10

どん底で笑う力が次の強運を呼ぶ

今まで、自分を縛りつけていた環境から力ずくで脱皮し、大胆に行動することで成功への可能性があるトキです。まさに植物が養分を吸ってぐん

ここであらためて手入れを再確認する……そんなイメージです。

好調ないまだからこそ、いろいろと自分の内外を見つめなおすことが肝心です。何事もスムーズに進展しますが、気を引き締めていないと、怠惰な生活を送りやすく、思わぬミスを起こしがちです。

思ってもいなかったところがトラブルの原因になっている可能性があります。しっかり、点検してみてください。しかし、この時期なら簡単に修復できるでしょう。

体調もよく、人間関係も好調なので、ウキウキと楽しい日が増えますが、「拡張」「変化」「成果」を求めるより、「安定」や「調和」を重視してください。家族や身近な人との「調和」に平穏と倖せがあります。家族や親しい人と過ごす時間を積極的に増やしましょう。

「メンテナンス」と「調和」に、最大の学びとギフトがあるトキです。


ぐんと成長していくイメージです。

急成長する植物は、ほかのことに気を配る余裕はなく、茎も窮屈になって息苦しくなります。人間も同じように、この時期は感性が研ぎ澄まされ、過敏になっていますので、些細なことが気になり、イライラと焦りやすくなっています。

そのため人間関係がギクシャクしたり、衝突も多く起こるでしょう。小さなトラブルは避けられません。あなたの成長のスピードに周りがついてこられず、不協和音を起こすのです。

また事故や怪我などにも十分、注意が必要です。安全運転を心がけてください。この時期は常に大らかな気持ちで人や物事に接するように心がけてください。ゆっくりと、ひと呼吸置くことを意識的に行なってください。

トンネルにたとえると、もう「出口」にいます。ここで人間的にも大きく成長して、この後にくる運気上昇の大波にしっかり乗りましょう。

開花期

これまでの努力が実り、大輪の花を咲かせるトキです。この時期は花見に人が集まるように、たくさんの人との出会いがあり、親交が深まります。運気も急上昇し、願望達成、実現のうれしい年になるでしょう。失敗を恐れず、積極的に行動してください。ただし、感謝の気持ちを常に忘れずにいることが大切です。

投資

ENERGY POINT 80

「金」と「縁」は天下のまわりもの

自分から積極的に働きかけることで物事が成就するトキです。花見に集まったたくさんの人に、お酒をふるまい、みなが語り、笑い、歌う！　そ

成果

ENERGY POINT 90

好機到来！金運、仕事運が絶好調

すべての物事が順調に発展し、目に見える成果を受け取るトキです。今までの苦労が実って大輪の花を咲かせ、人々の賞賛を浴びているイメージ

んなイメージです。

この時期、人間関係は極めて良好で、今まで想像もできなかったような人たちと運命の出会いがあります。この出会いが、今後のあなたの人生に大きく関わってくるでしょう。

他人に対する奉仕活動も多くなりますが、必ず自分に還ってきますので、投資のつもりで心から支援してあげてください。

昇進やビジネスチャンスのときでもあります。人間関係が広がることによって、新しいビジネスのフィールドも広がります。いつでも自由に動けるようにフットワークを軽くしておきましょう。

お金は入ってくる可能性もありますが、この時期はむしろ出て行くときです。貯めることはあまり考えずに有効に使いましょう。特に人づきあいで出て行くお金を惜しんではいけません。

また異性との運命の出会い、という暗示もあるので、新たな出会いの場を大切にしてください。


です。

この時期は金銭面も物質面も良好で、積極的に行動することで、すべての計画が実現する素晴らしい年です。このチャンスを逃さないように、スケジュールもどんどん入れ、多少無理をしてでも、とにかく動きましょう。気力も体力も充実しているので、疲れることを知りません。

仕事面では強気で攻めていってもよいタイミングです。大きく収入が増えたり、思わぬ臨時収入の可能性も大いにあります。

ギャンブル運もいいので、ロトや宝くじに高額当選する確率も高いでしょう。

さらに物質面だけではなく、高い評価や賞賛など、内面的な充実も期待できます。

ただし、男性は女性との縁を生じますが中途半端な気持ちで接していると失敗します。この年は仕事に集中するか、結婚を考えた女性と真剣につきあうか…のどちらかです。

収穫期

いよいよ収穫のトキがやってきました。

今までの苦労が報われ、実を結びます。有形、無形の様々なギフトを受け取ることになるでしょう。良い時期だけに長期計画を立てたり、次の収穫期までの準備をスタートさせてください。

また人気が高まるので、男女共にいわゆる「モテ期」となります。

転換

ENERGY POINT 70

「変化」と「誘惑」に心がときめく

自分を取り巻く環境を変えたいという気持ちが高まり、転職、転居、別居など新天地を求めたくなるトキです。収穫期を迎えたものの、気持ちは

完結

ENERGY POINT 100

運気MAXのパーフェクトな1年

何事に対しても、良心に従った正しい判断ができるトキです。豊作でたくさんの収穫物に囲まれ、人々も自然と集まってくる、そんなイメージです。

すでに次のサイクルの作物や生き方の問題にとらわれている、そんなイメージです。

変動の激しい年ですが、ビジネスにおいては、今までうまく進まなかった取引先などは、積極的に攻めることで大きな進展が期待できます。

仕事に限らず、どんなこともチャレンジするには最適のときでしょう。変身願望が強くなるので、イメチェンをはかるなら今です。

すべてにおいて、動きが激しくなるので出費もかさみますが、ちゃんとそれなりに入ってくるので、収支はトントンです。気力や体力は充実しているので、ウキウキとした楽しい1年になるでしょう。

ただ男女共に「誘惑」も多くなるので、遊びの恋や浮気や不倫といった恋愛問題にエネルギーを取られてしまわないように注意が必要です。

特に女性は男性と出会う機会が多くなりますが、結婚を考えているのであれば、はっきりとその決着をつけるトキでもあります。


出世や栄転、新しいビッグビジネスとの出会いがあり、選挙や受験にも強さを発揮する年です。

社会的に発展すると同時に金銭面、物質面でも恵まれ、申し分ありません。最も安定した頂点ともいうべきトキです。あなたがコツコツと努力し、育ててきたものを感謝して受けとり、分かち合いましょう。

この収穫期はたくさんの人が集まり、人気が高まるときですが、次の開墾期に備え、浮かれてばかりもいられません。ぜひ、10年先を見越したポジティブな長期計画をこの時期に立ててください。

また男女共に「モテ期」で、異性に縁がありま す。特に女性は素晴らしい男性との出会い、結婚、出産など、お祝い事が集中しやすいでしょう。人が集まるところには積極的に顔を出してください。

男女共にこの10年でいちばん美しく輝くトキでもあります。この「完結」はフィニッシュではなく、パーフェクトです。

レール（ライフスタイル）

個性心理學では、60分類の動物キャラクターとは別に、「レール」という理論を使ってカウンセリングをしています。レール＝「宿命」と訳すとわかりやすいかもしれません。出会いによって変わる運命と違って、宿命は既に定められており、変えることのできないものと定義されています。このレールを知って生きるのと知らないまま生きるのでは、人生が大きく変わってしまうことになります。新幹線など列車もすべてレールの上を走っています。レールから外れてしまうと脱線して大事故になってしまいます。その意味でも、自分のレールを知ることはとても大事なことなのです。

新大阪行きの新幹線に乗っているのに、「何で仙台に着かないの？」と文句を言っても仕方ありません。あなたは、新大阪行きの切符しか持っていないのですから。

また、駅のみどりの窓口に行って「さて、私はどこに行ったらいいのでしょうか？」と言っても、係の人はキョトンとしてしまうだけです。むしろ、あなたは、ちょっとおかしい人と思われてしまうでしょう。

最近カウンセリングなどをしていても、ビックリする質問を受けることがよくあります。

「私は、いったいどうしたらいいのでしょうか？」というたぐいのものです。しかし、これでは私も答えようがありません。これも、自分のレール＝宿命を知らないために、行き先を見失ってしまっているとしか言えません。

また、60分類による「本質」だけでカウンセリングをしていると、失敗することがたまにあります。それは、クライアント（相談者）がずっと「表面」で生きてきてしまったので、「本質」が出ていないケースに多い事例です。そんなときは、レールを中心にカウンセリングの手法を切り替えます。すると、ほとんどの方がピタリと当てはまるのです。

「本質」は運気の影響を受けますが、レールには運気がないので外れようがないからです。

レールには、10本の種類があります。

マイペース・マイウェイ・ピース・ロマン・ヒューマニティ・リアリティ・ワイルド・エリート・ユニーク・ロジックです。

果たして、あなたはどんなレールに乗って、この人生を生きているのでしょうか？

本当の自分を知ったら、次に必要なのは「方向性」だと思います。

自分は、どこに向かって進んで行こうとしているのか？

人生という旅において、自分はどの方角を目指すべきなのか？

みなさんのレールの旅を楽しんでください。きっと、これまで気づかなかった自分に出会えるはずです。

※レールはＰ２６３からの「レール早見表」で、簡単に割り出せます。

マイペースのレール

頑固一徹！ 努力をおしまないマイペース人間

あなたは自尊心も強く、自分の意見は決して曲げることなく、わが道をコツコツと歩むマイペース人間です。人から命令や指図、干渉されることを嫌い、自分の信じること、自分が好きなことだけをやって生きていきたいと考えています。周囲の人に合わせるのが苦手なため、協調性がないと言われることも多いでしょう。あなたはひとつのことにじっくりと時間をかけて取り組む努力家で、決して要領はいいほうではありません。しかし、自分の目標に向かっていく粘り強さは抜群で、いったん始めたことを途中で投げ出すようなことはしません。人生をゆっくり確実に進んでいく長距離ランナーなのです。そんなあなたは宿命的な職業に出会うことで人間的に大きく飛躍するでしょう。このタイプは若いうちよりもキャリアを積み、ある程度の年齢になってから、仕事で成功します。組織の一員として働くよりも、自ら仕事をつくり出す事業家が向いています。大変な負けず嫌いで、どんな分野でもトップを目指して努力を重ねますが、うまくいかないと理想と現実のギャップに悩み、落ち込むことも多いでしょう。

夢のためなら貧乏も平気で耐えますが、基本的には恵まれた金運を持っています。地道にコツコツと努力をしていけば、一生お金に困ることはありません。

マイウェイのレール

協調性に富んだ人間関係の錬金術師

あなたは誰とでもすぐ仲良くできる協調性に富んだ社交家です。周りの空気を敏感に察知できるセンスがあり、バランス感覚にも優れているので人間関係をつくり、広げていくことが得意です。世話好きで面倒見がいいので、必ずリーダーや幹事役を任されてしまいます。仲間意識が強く、友人感覚が強いので横のつながりは良好ですが、その対等感覚が目上には無礼とうつることがあり、縦の関係ではギクシャクすることがあります。しかし、人脈の広さは公私にわたって、あなたの人生最大の武器になるでしょう。

そのいっぽうで外での人づきあいが良過ぎるため、家族とのコミュニケーションがおろそかになりがちです。独身時代も結婚してからも家庭的な生活には向かないかもしれません。視野が広く、現実的感覚に優れているあなたは仕事でも野心家です。楽天的な性格で地道に努力することは嫌いなので、基本的なノウハウを習得した後は早めに独立できる仕事を選ぶとよいでしょう。ただし、おいしい話や友人との共同事業は失敗に終わる可能性が高いので、利害関係だけで近づいてくる人には注意が必要です。

金運には恵まれていて、ピンチのときもなぜか思いがけない臨時収入があります。ただし金銭感覚にルーズなところがあるので、蓄財にはあまり縁がありません。

ピースのレール

明るく大らかに人生を楽しむ自由人

あなたは細かいことは気にせず、自然体で生きる大らかな人です。柔軟な思考力とおだやかな気質を備えるあなたは、周囲の人たちから大変好かれます。いつもリラックスしているあなたと共にいることで、周囲もなごやかになれるのです。飲んだり、食べたり、自然の中で過ごしたりと、広い意味で遊ぶことが大好きなゆとり人間で、名誉欲や出世欲はなく、自分の趣味や生き方に合った生活をいちばん大切にしています。

おいしいモノには目がなく、鋭い味覚と味に対するこだわりのあるグルメです。「食」に縁が深いので、「食」に関わる仕事に就くと、成功する可能性が高く才能が開花するでしょう。しかし、中年以降は肥満傾向にあるので、注意してください。

「自由」と「のんびり」は、あなたのモットーですので、仕事優先の毎日や自分のプライベートな時間が仕事にとられてしまうことには耐えられません。残業が少なく、同世代が多い職場を選びましょう。基本的には自由業が向いています。特に情報伝達力に優れているので、マスコミなど最適です。金運は安定しており、働いても働かなくても生涯食べることには困らないという宿命の持ち主です。ただギャンブルや投資には才能も金運もありませんので手を出さないでください。すべてを失うことがあります。

ロマンのレール

デリケートで芸術家肌のロマンチスト

あなたはとても繊細な心を持った孤独なロマンチストです。独自のセンスを持ち、奇想天外なアイディアやユニークな発想で周囲から注目される存在です。一躍脚光を浴びる可能性もあるでしょう。しかし周囲からはお天気屋で気難しいタイプと思われてしまいます。音楽や文学、芸術の世界にのめりこんでいる人が多いので、近寄りがたい雰囲気があるかもしれません。本当は涙もろい寂しがり屋ですが、面倒なことが苦手で人の好き嫌いも激しいため、人間関係では苦労するようです。無理をすると精神のバランスを崩してしまうこともあるので注意してください。友人の数は少ないほうですが、一度心を開いた相手には、とても義理堅く親切なので友情は長続きします。あなたの個性的な言動に惹かれている隠れファンも多いようです。

自分らしさを大切にするあなたは、個性を生かせるクリエイティブな職場を選ぶことです。大きな会社よりもトップといつでも話ができるような規模の会社のほうがやりがいを見出せるでしょう。お金より名誉や名声が大事なあなたは、金運はあまり強くありません。チャンスはあるのですが、今ひとつお金を呼び込む力が弱いのです。努力しただけ収入は増えますが、出費も多くなるので思うように貯金ができません。

ヒューマニティのレール

愛情豊かで人間味あふれる人情家

あなたは義理人情に厚く、面倒見のいい親切な人です。人から相談を持ちかけられたり頼られると、自分のことはさておき、一生懸命その人のためにがんばってしまいます。どんな人にも平等に愛情を注ぐことができる博愛主義者です。その献身的な愛情は気持ちや行動だけではなく、時間や金銭も気前よく差し出してしまうお人好しぶりです。そんな愛情深いあなたは、誰からも好かれており、交際範囲も広いので周りにはいつも友人が集まっているでしょう。孤独やひとりには縁がありません。

仕事においても、単なる生活の糧ではなく、「世のため、人のため」の精神が基本にあります。「みんなの喜ぶ顔」が仕事への情熱とモチベーションになるので、人に接する業務がいいでしょう。サービス業や営業、販売業などが向いています。安定志向が強いので、見果てぬ夢やロマンを追いかけたり、ハイリスクな冒険はしません。きっちりと地に足のついた現実的な生き方が性に合っているのです。

金運はまずまずで、ギャンブル運があります。周囲の人間が困っているとすぐにお金を貸してしまうためなかなか貯まりませんが、神様が見ているのか、その分はちゃんと臨時収入が入ります。生涯を通して、お金に困ることはないでしょう。

リアリティのレール

コツコツと豊かさを集める堅実なコレクター

あなたは物事を一歩一歩、着実に進めていく堅実で誠実な人です。決して活動的ではないけれど、どんなことも臆することなくしっかり受け入れ、じっくり取り組みます。大きな野望や夢やロマンを持つことなく、その日その日を自分のペースで大切に生きていく、まさに「足るを知る」人です。そんなあなたの最大の武器は「貯蓄力」。金銭的にも無駄遣いせずコツコツと蓄えていきますが、ケチというわけではなく、その方法は無理なく自然です。金銭に限らず人間関係やキャリア、スキル、信頼なども地道に無理することなく、しかし確実に蓄えていきます。その温厚な人柄と誠実さで多くの人から好かれ、友人も多く楽しい人生を送っていけるでしょう。

ただし、自分の限界を自分で決めているところがあるので、ときには大胆な挑戦や冒険も必要です。また損得勘定で物事を判断する傾向があるので、友人とのコミュニケーションやストレス発散のために、パーッとお金や時間を使うことも大事です。

仕事ではどんな困難な仕事も堅実にやり抜くため、周囲からの信頼は厚く、着実にキャリアアップしていきます。安定した結婚生活を考えるなら、このレールの人がいちばんです。会社員なら経理、財務など、お金に携わる仕事が特に向いています。

ワイルドのレール

正直でひたむきに人生を突き進む熱血反逆児

あなたは大変行動力のある勇敢な人です。気性が激しく喜怒哀楽の感情が顔や態度にすぐ出てしまいます。相手によって器用に態度を変えたり、上手に裏表を使い分けることなど絶対にできない正直者です。人を疑うことを知らない純粋さを持ち、単純で思い立ったらすぐに行動に移すせっかちなところがあります。

義理人情に厚く、特に信頼している人に対する愛情は人一倍強く、その人を守ろうと奮闘します。ただし知らず知らずのうちに自分の感情を押しつけている場合があり、「無神経な人」と思われてしまうことがあるでしょう。ゆっくりと落ち着いて考えることが苦手なあなたは、短気や短慮が災いして「しまった……」と後悔することも多いはず。しかし、逆境を恐れない勇気があり、たくましく人生を切り拓いていく強運の持ち主でもあります。平凡で安全な環境には物足りなくて満足しないタイプですので、トライ&エラーを繰り返し、その経験が実力となって成功するでしょう。

仕事に関しては「楽しくなければ仕事じゃない」というポリシーを持っています。実際、遊びや趣味の延長で、そのまま仕事になることも多いようです。金銭面では執着もなくアバウトなので、経済的に物事を考えることや貯金は苦手です。

エリートのレール

清く正しく生きる誇り高き優等生

あなたは几帳面で責任感の強い優等生です。一般常識や世間体を第一に考え、ルールを破るようなことは決してしません。プライドの高さと意志の強さを併せ持ち、一度決意したことは最後までやり抜こうとする責任感の強い人です。

今、自分はどの位置にいるのか、人からどう見られているのかなど全体的な視野で客観的に認知、判断できる冷静さは、素晴らしい武器となります。感情をコントロールする自制心と柔軟性を持つあなたは、知性や品格もあり、周囲から「あの人のすることなら間違いない」と一目置かれる存在となっています。

自己愛が強く、いつも大きな誇りと共に生きているので、決して泣き言や弱音は吐きません。自分のプライドを守ることが人生において最優先されることなのです。世間体を気にしながら、常に完璧を求めているあなたは、身につける物や贈り物にもプライドがあり、ついついブランド志向になってしまうところがあります。

仕事に関してもとても真面目に取り組み、完璧を求めます。組織や社会の流れにうまく自分を合わせていけるタイプなので、職場でも信用があり、自然にキャリアアップしていくでしょう。金銭感覚のバランスも優れているので、自然に貯蓄もできます。

ユニークのレール

自由と変化と冒険を愛する放浪の旅人

あなたは絶えず新しいものを求めて行動し、変化なしには生きられない自由人です。夢とロマンを持って生き、ひとつの世界を構築すると、それを壊してまた新しい世界をつくりたくなります。破壊と創造のエネルギーに突き動かされたあなたの行動力はとてもユニークです。束縛を嫌い、一か所に留まることが苦手なためか旅行好きが多く、海外に縁の深い人です。どんなことにも臨機応変に対応できるので、たとえ困難に直面しても「なんとかなる」という大らかな態度で臨みます。いい意味で諦めも早く、すぐに次の可能性へと切り替えられる柔軟性があなたを人生の危機から守ります。

人間関係では礼儀正しく笑顔で接し、相手に反発することもあまりないので、誰からも好かれます。しかしベタベタとしたつきあいを好まず、「突き放すのも愛情」だと考えているので、冷たい人だと思われることも多いかもしれません。一見、社交的に見えますが、本心で接することがなく、内面的にはかなりの頑固者です。

仕事に関してはかなりの理想主義者で、自分が会社にどれだけ必要とされているかに、こだわりがあります。そこに自分の価値と生きがいを見出します。ですから、社会貢献度の高い職業や海外に関係した仕事を選ぶとよいでしょう。金運は良好です。

ロジックのレール

知的好奇心と慈愛に満ちた理論派

あなたは物事を論理的に考える古風で上品な理論派です。物静かで気品があり、常識の枠からはみ出すことは決してしてしません。優雅で高い美意識を持ち、伝統的な文化、芸能、古典や歴史への興味を強く持っています。どんな職業に就いても「学問」とは無縁ではいられない人です。何か関心や興味を持つと自分なりに探求し、さらに深く知ろうとします。多くの知識を吸収することで、自分自身を成長させ、その視野を広げていきます。向上心も強く、知性を刺激してくれる人たちとの交流を望みます。

身内への愛情が大変強く、家族や仲間には細やかな愛情を注ぎます。そのいっぽうで、他人に対しては厳しい批判力を持っているので、「理屈屋」と思われてしまいます。

仕事は、身内意識が強いので、人間的なつながりの深いアットホームな職場がいいでしょう。教育者や研究者は天職で、人前で話す仕事やカウンセラーも適職です。

金運は恵まれているので、驚くほどの大金が入ってくることもありますが、運気が悪いとその日の食事さえ困ることもある波乱含みの運勢です。しっかりマネープランを立てましょう。しかし、どんな状況にあっても必ず大きく自分に返ってきますので、自分を磨くための出費を惜しんではいけません。

column 05

【『胎内記憶』と個性心理學】

私が10年以上前からとてもお世話になっている池川明先生から、本書に素敵なメッセージを頂きました。

池川先生は、胎内記憶研究の第一人者で、目下、日本だけでなく広く海外でも講演活動に飛び回っていらっしゃるいちばん忙しい産婦人科ドクターのおひとりです。『生まれる』という映画では、自らご出演になりました。

私も、よく講演会でコラボレーションをさせて頂きますが、「お母さん、ボクはお母さんのお腹を選んで生まれてきたんだよ」というフレーズは、あまりにも有名です。

以下のメッセージを、子育て中のお母様方にお贈りします。

池川クリニック院長／医学博士　池川明先生からのメッセージ

10年以上前にはほとんど知られていませんでしたが、現在妊婦さんの7割の方が、子どもに胎内や出産時の記憶があることを知っています。

実際にどれくらいのお子さんが記憶を持っているかを調べたところ（2002年夏1773人のアンケート調査）、胎内記憶は約3割、出生時の記憶は約2割のお子さんにあることがわかりました。こんなに多くのお子さんが覚えているというのは驚きです。

しかし、自発的にしゃべってくれたお子さんはたったの1％でした。多くのお子さんは聞いたら答えてくれる、しかし聞かなければしゃべらないので、どうやら私たちは子どもたちに聞くことはなかったので、これらの記憶に気がつかなかっただけのようなのです。

お子さんの記憶の話から、生まれる前に何をしていたか、どうやって生まれてくるのか、おなかの中で赤ちゃんは何を考えているのか、などがわかるようになってきました。嬉しい、悲しい、怒りなどの感情も持って生まれてくるようです。

記憶のある約2割のお子さんは、生まれる前「空」にいたことを覚えています。そこは、かなり居心地のいい世界のようです。そしてあるとき、自分の人生の目的にかなった両親を選び、生まれてくるそうです。

お子さんはこんなことを言います。「ママを助けるためにきた」「冒険をしにやってきた」「女優さんになるためにお母さんを選んだ」「優しいからママを選んだ」「ママに笑ってもらうためにきたの」。それぞれ両親を選ぶ目的は違うようです。

こんな気持ちを持ってお子さんが自分を選んできてくれたとしたら、きっと育児が変わると思います。今まで以上にひとりひとりの子どもを尊重するようになるでしょう。お子さんの個性の違いは、それぞれのお子さんの人生の目的の違いでもあるのです。それを受け止めて、それぞれのお子さんにあった、世界でたったひとつの育児をしてみませんか？

池川明先生の主な著書●『おぼえているよ。ママのおなかの中にいたときのこと』（二見書房）『おなかの中から始める子育て』（サンマーク出版）ほか多数。

「表面」「意志」「希望」換算表

「表面」「意志」「希望」を算出するには、それぞれ表面＝生まれた年と月日、意志＝生まれた年、希望＝生まれた時刻、から割り出します。
❶表面＝表2で、生まれた年と月日を確かめて表の上欄にある「KEY」を求める。
❷意志＝表3で、生まれた年の時期を確かめて表の右欄にある「KEY」を求める。
❸希望＝表4で、生まれた時刻に該当する「KEY」を求める。
それぞれ「KEY」がわかったら表1で、自分の「グループ」と「KEY」が交差する箇所からキャラクターを求めます。

「表面」「意志」「希望」算出法

例）1976年10月3日AM3:15生まれの場合

1 巻頭にある60分類キャラクター換算表、対応表で「グループ」を求めます。
●本質＝「穏やかな狼」「グループ」＝「山岳」
2 それぞれの換算表で「KEY」を求めます。
●表面（表2＊p258～261）　→KEY10
●意志（表3＊p262）　→KEY5
●希望（表4＊p262）　→KEY3
3 KEYがわかったら、表1の対応表で「グループ」と「KEY」が交差する箇所からキャラクターを求めます。
●表面「山岳」と10→KEY「ゾウ」
●意志「山岳」と5→KEY「黒ひょう」
●希望「山岳」と3→KEY「猿」

表1　「表面」「意志」「希望」対応表

リズム＼KEY	1	2	3	4	5	6	7	8	9	10	11	12
大 樹	チータ	黒ひょう	ライオン	虎	たぬき	子守熊	ゾウ	ひつじ	ペガサス	狼	こじか	猿
草 花	子守熊	たぬき	虎	ライオン	黒ひょう	チータ	猿	こじか	狼	ペガサス	ひつじ	ゾウ
太 陽	狼	こじか	猿	チータ	黒ひょう	ライオン	虎	たぬき	子守熊	ゾウ	ひつじ	ペガサス
灯 火	ペガサス	ひつじ	ゾウ	子守熊	たぬき	虎	ライオン	黒ひょう	チータ	猿	こじか	狼
山 岳	狼	こじか	猿	チータ	黒ひょう	ライオン	虎	たぬき	子守熊	ゾウ	ひつじ	ペガサス
大 地	ペガサス	ひつじ	ゾウ	子守熊	たぬき	虎	ライオン	黒ひょう	チータ	猿	こじか	狼
鉱 脈	ゾウ	ひつじ	ペガサス	狼	こじか	猿	チータ	黒ひょう	ライオン	虎	たぬき	子守熊
宝 石	猿	こじか	狼	ペガサス	ひつじ	ゾウ	子守熊	たぬき	虎	ライオン	黒ひょう	チータ
海 洋	虎	たぬき	子守熊	ゾウ	ひつじ	ペガサス	狼	こじか	猿	チータ	黒ひょう	ライオン
雨 露	ライオン	黒ひょう	チータ	猿	こじか	狼	ペガサス	ひつじ	ゾウ	子守熊	たぬき	虎

※節日に生まれた方は、生まれた時刻により診断結果が異なる場合があります。

KEY / 生まれた年	8	9	10	11	12	1
1934(昭和９)年	7/8〜8/7	8/8〜9/7	9/8〜10/8	10/9〜11/7	11/8〜12/7	12/8〜1935(昭和10)年1/5
1935(昭和10)年	7/8〜8/7	8/8〜9/7	9/8〜10/8	10/9〜11/7	11/8〜12/8	12/9〜1936(昭和11)年1/5
1936(昭和11)年	7/7〜8/7	8/8〜9/7	9/8〜10/7	10/8〜11/6	11/7〜12/6	12/7〜1937(昭和12)年1/5
1937(昭和12)年	7/7〜8/7	8/8〜9/7	9/8〜10/8	10/9〜11/7	11/8〜12/6	12/7〜1938(昭和13)年1/5
1938(昭和13)年	7/8〜8/7	8/8〜9/7	9/8〜10/8	10/9〜11/7	11/8〜12/7	12/8〜1939(昭和14)年1/5
1939(昭和14)年	7/8〜8/7	8/8〜9/7	9/8〜10/8	10/9〜11/7	11/8〜12/7	12/8〜1940(昭和15)年1/5
1940(昭和15)年	7/7〜8/7	8/8〜9/7	9/8〜10/7	10/8〜11/6	11/7〜12/6	12/7〜1941(昭和16)年1/5
1941(昭和16)年	7/7〜8/7	8/8〜9/7	9/8〜10/8	10/9〜11/7	11/8〜12/6	12/7〜1942(昭和17)年1/5
1942(昭和17)年	7/8〜8/7	8/8〜9/7	9/8〜10/8	10/9〜11/7	11/8〜12/7	12/8〜1943(昭和18)年1/5
1943(昭和18)年	7/8〜8/7	8/8〜9/7	9/8〜10/8	10/9〜11/7	11/8〜12/7	12/8〜1944(昭和19)年1/5
1944(昭和19)年	7/7〜8/7	8/8〜9/7	9/8〜10/7	10/8〜11/6	11/7〜12/6	12/7〜1945(昭和20)年1/5
1945(昭和20)年	7/7〜8/7	8/8〜9/7	9/8〜10/8	10/9〜11/7	11/8〜12/6	12/7〜1946(昭和21)年1/5
1946(昭和21)年	7/8〜8/7	8/8〜9/7	9/8〜10/8	10/9〜11/7	11/8〜12/7	12/8〜1947(昭和22)年1/5
1947(昭和22)年	7/8〜8/7	8/8〜9/7	9/8〜10/8	10/9〜11/7	11/8〜12/7	12/8〜1948(昭和23)年1/5
1948(昭和23)年	7/7〜8/7	8/8〜9/7	9/8〜10/7	10/8〜11/6	11/7〜12/6	12/7〜1949(昭和24)年1/5
1949(昭和24)年	7/7〜8/7	8/8〜9/7	9/8〜10/8	10/9〜11/7	11/8〜12/6	12/7〜1950(昭和25)年1/5
1950(昭和25)年	7/8〜8/7	8/8〜9/7	9/8〜10/8	10/9〜11/7	11/8〜12/7	12/8〜1951(昭和26)年1/5
1951(昭和26)年	7/8〜8/7	8/8〜9/7	9/8〜10/8	10/9〜11/7	11/8〜12/7	12/8〜1952(昭和27)年1/5
1952(昭和27)年	7/7〜8/6	8/7〜9/7	9/8〜10/7	10/8〜11/6	11/7〜12/6	12/7〜1953(昭和28)年1/5
1953(昭和28)年	7/7〜8/7	8/8〜9/7	9/8〜10/7	10/8〜11/7	11/8〜12/6	12/7〜1954(昭和29)年1/5
1954(昭和29)年	7/8〜8/7	8/8〜9/7	9/8〜10/8	10/9〜11/7	11/8〜12/7	12/8〜1955(昭和30)年1/5
1955(昭和30)年	7/8〜8/7	8/8〜9/7	9/8〜10/8	10/9〜11/7	11/8〜12/7	12/8〜1956(昭和31)年1/5
1956(昭和31)年	7/7〜8/6	8/7〜9/7	9/8〜10/7	10/8〜11/6	11/7〜12/6	12/7〜1957(昭和32)年1/4
1957(昭和32)年	7/7〜8/7	8/8〜9/7	9/8〜10/7	10/8〜11/7	11/8〜12/6	12/7〜1958(昭和33)年1/5
1958(昭和33)年	7/8〜8/7	8/8〜9/7	9/8〜10/8	10/9〜11/7	11/8〜12/6	12/7〜1959(昭和34)年1/5
1959(昭和34)年	7/8〜8/7	8/8〜9/7	9/8〜10/8	10/9〜11/7	11/8〜12/7	12/8〜1960(昭和35)年1/5
1960(昭和35)年	7/7〜8/6	8/7〜9/7	9/8〜10/7	10/8〜11/6	11/7〜12/6	12/7〜1961(昭和36)年1/4
1961(昭和36)年	7/7〜8/7	8/8〜9/7	9/8〜10/7	10/8〜11/7	11/8〜12/6	12/7〜1962(昭和37)年1/5
1962(昭和37)年	7/7〜8/7	8/8〜9/7	9/8〜10/8	10/9〜11/7	11/8〜12/6	12/7〜1963(昭和38)年1/5
1963(昭和38)年	7/8〜8/7	8/8〜9/7	9/8〜10/8	10/9〜11/7	11/8〜12/7	12/8〜1964(昭和39)年1/5
1964(昭和39)年	7/7〜8/6	8/7〜9/6	9/7〜10/7	10/8〜11/6	11/7〜12/6	12/7〜1965(昭和40)年1/4
1965(昭和40)年	7/7〜8/7	8/8〜9/7	9/8〜10/7	10/8〜11/7	11/8〜12/6	12/7〜1966(昭和41)年1/5
1966(昭和41)年	7/7〜8/7	8/8〜9/7	9/8〜10/8	10/9〜11/7	11/8〜12/6	12/7〜1967(昭和42)年1/5
1967(昭和42)年	7/8〜8/7	8/8〜9/7	9/8〜10/8	10/9〜11/7	11/8〜12/7	12/8〜1968(昭和43)年1/5
1968(昭和43)年	7/7〜8/6	8/7〜9/6	9/7〜10/7	10/8〜11/6	11/7〜12/6	12/7〜1969(昭和44)年1/5
1969(昭和44)年	7/7〜8/7	8/8〜9/7	9/8〜10/7	10/8〜11/6	11/7〜12/6	12/7〜1970(昭和45)年1/5
1970(昭和45)年	7/7〜8/7	8/8〜9/7	9/8〜10/8	10/9〜11/7	11/8〜12/6	12/7〜1971(昭和46)年1/5
1971(昭和46)年	7/8〜8/7	8/8〜9/7	9/8〜10/8	10/9〜11/7	11/8〜12/7	12/8〜1972(昭和47)年1/5
1972(昭和47)年	7/7〜8/6	8/7〜9/6	9/7〜10/7	10/8〜11/6	11/7〜12/6	12/7〜1973(昭和48)年1/4
1973(昭和48)年	7/7〜8/7	8/8〜9/7	9/8〜10/7	10/8〜11/6	11/7〜12/6	12/7〜1974(昭和49)年1/5
1974(昭和49)年	7/7〜8/7	8/8〜9/7	9/8〜10/8	10/9〜11/7	11/8〜12/6	12/7〜1975(昭和50)年1/5
1975(昭和50)年	7/8〜8/7	8/8〜9/7	9/8〜10/8	10/9〜11/7	11/8〜12/7	12/8〜1976(昭和51)年1/5
1976(昭和51)年	7/7〜8/6	8/7〜9/6	9/7〜10/7	10/8〜11/6	11/7〜12/6	12/7〜1977(昭和52)年1/4
1977(昭和52)年	7/7〜8/7	8/8〜9/7	9/8〜10/7	10/8〜11/6	11/7〜12/6	12/7〜1978(昭和53)年1/5
1978(昭和53)年	7/7〜8/7	8/8〜9/7	9/8〜10/8	10/9〜11/7	11/8〜12/6	12/7〜1979(昭和54)年1/5
1979(昭和54)年	7/8〜8/7	8/8〜9/7	9/8〜10/8	10/9〜11/7	11/8〜12/7	12/8〜1980(昭和55)年1/5

※節日に生まれた方は、生まれた時刻により診断結果が異なる場合があります。

表2 「表面」換算表

生まれた年＼KEY	2	3	4	5	6	7
1934(昭和９)年	1/6〜2/3	2/4〜3/5	3/6〜4/4	4/5〜5/5	5/6〜6/5	6/6〜7/7
1935(昭和10)年	1/6〜2/4	2/5〜3/5	3/6〜4/5	4/6〜5/5	5/6〜6/6	6/7〜7/7
1936(昭和11)年	1/6〜2/4	2/5〜3/5	3/6〜4/4	4/5〜5/5	5/6〜6/5	6/6〜7/6
1937(昭和12)年	1/6〜2/3	2/4〜3/5	3/6〜4/4	4/5〜5/5	5/6〜6/5	6/6〜7/6
1938(昭和13)年	1/6〜2/3	2/4〜3/5	3/6〜4/4	4/5〜5/5	5/6〜6/5	6/6〜7/7
1939(昭和14)年	1/6〜2/4	2/5〜3/5	3/6〜4/5	4/6〜5/5	5/6〜6/5	6/6〜7/7
1940(昭和15)年	1/6〜2/4	2/5〜3/5	3/6〜4/4	4/5〜5/5	5/6〜6/5	6/6〜7/6
1941(昭和16)年	1/6〜2/3	2/4〜3/5	3/6〜4/4	4/5〜5/5	5/6〜6/5	6/6〜7/6
1942(昭和17)年	1/6〜2/3	2/4〜3/5	3/6〜4/4	4/5〜5/5	5/6〜6/5	6/6〜7/7
1943(昭和18)年	1/6〜2/4	2/5〜3/5	3/6〜4/5	4/6〜5/5	5/6〜6/5	6/6〜7/7
1944(昭和19)年	1/6〜2/4	2/5〜3/5	3/6〜4/4	4/5〜5/5	5/6〜6/5	6/6〜7/6
1945(昭和20)年	1/6〜2/3	2/4〜3/5	3/6〜4/4	4/5〜5/5	5/6〜6/5	6/6〜7/6
1946(昭和21)年	1/6〜2/3	2/4〜3/5	3/6〜4/4	4/5〜5/5	5/6〜6/5	6/6〜7/7
1947(昭和22)年	1/6〜2/4	2/5〜3/5	3/6〜4/5	4/6〜5/5	5/6〜6/5	6/6〜7/7
1948(昭和23)年	1/6〜2/4	2/5〜3/5	3/6〜4/4	4/5〜5/4	5/5〜6/5	6/6〜7/6
1949(昭和24)年	1/6〜2/3	2/4〜3/5	3/6〜4/4	4/5〜5/5	5/6〜6/5	6/6〜7/6
1950(昭和25)年	1/6〜2/3	2/4〜3/5	3/6〜4/4	4/5〜5/5	5/6〜6/5	6/6〜7/7
1951(昭和26)年	1/6〜2/4	2/5〜3/5	3/6〜4/4	4/5〜5/5	5/6〜6/5	6/6〜7/7
1952(昭和27)年	1/6〜2/4	2/5〜3/5	3/6〜4/4	4/5〜5/5	5/6〜6/5	6/6〜7/6
1953(昭和28)年	1/6〜2/3	2/4〜3/5	3/6〜4/4	4/5〜5/5	5/6〜6/5	6/6〜7/6
1954(昭和29)年	1/6〜2/3	2/4〜3/5	3/6〜4/4	4/5〜5/5	5/6〜6/5	6/6〜7/7
1955(昭和30)年	1/6〜2/3	2/4〜3/5	3/6〜4/4	4/5〜5/5	5/6〜6/5	6/6〜7/7
1956(昭和31)年	1/6〜2/4	2/5〜3/4	3/5〜4/4	4/5〜5/4	5/5〜6/5	6/6〜7/6
1957(昭和32)年	1/5〜2/3	2/4〜3/5	3/6〜4/4	4/5〜5/5	5/6〜6/5	6/6〜7/6
1958(昭和33)年	1/6〜2/3	2/4〜3/5	3/6〜4/4	4/5〜5/5	5/6〜6/5	6/6〜7/7
1959(昭和34)年	1/6〜2/3	2/4〜3/5	3/6〜4/4	4/5〜5/5	5/6〜6/5	6/6〜7/7
1960(昭和35)年	1/6〜2/4	2/5〜3/4	3/5〜4/4	4/5〜5/4	5/5〜6/5	6/6〜7/6
1961(昭和36)年	1/6〜2/3	2/4〜3/5	3/6〜4/4	4/5〜5/5	5/6〜6/5	6/6〜7/6
1962(昭和37)年	1/5〜2/3	2/4〜3/5	3/6〜4/4	4/5〜5/5	5/6〜6/5	6/6〜7/6
1963(昭和38)年	1/6〜2/3	2/4〜3/5	3/6〜4/4	4/5〜5/5	5/6〜6/5	6/6〜7/7
1964(昭和39)年	1/6〜2/4	2/5〜3/4	3/5〜4/4	4/5〜5/4	5/5〜6/5	6/6〜7/6
1965(昭和40)年	1/5〜2/3	2/4〜3/5	3/6〜4/4	4/5〜5/5	5/6〜6/5	6/6〜7/6
1966(昭和41)年	1/6〜2/3	2/4〜3/5	3/6〜4/4	4/5〜5/5	5/6〜6/5	6/6〜7/6
1967(昭和42)年	1/6〜2/3	2/4〜3/5	3/6〜4/4	4/5〜5/5	5/6〜6/5	6/6〜7/7
1968(昭和43)年	1/6〜2/4	2/5〜3/4	3/5〜4/4	4/5〜5/4	5/5〜6/5	6/6〜7/6
1969(昭和44)年	1/5〜2/3	2/4〜3/5	3/6〜4/4	4/5〜5/5	5/6〜6/5	6/6〜7/6
1970(昭和45)年	1/6〜2/3	2/4〜3/5	3/6〜4/4	4/5〜5/5	5/6〜6/5	6/6〜7/6
1971(昭和46)年	1/6〜2/3	2/4〜3/5	3/6〜4/4	4/5〜5/5	5/6〜6/5	6/6〜7/7
1972(昭和47)年	1/6〜2/4	2/5〜3/4	3/5〜4/4	4/5〜5/4	5/5〜6/4	6/5〜7/6
1973(昭和48)年	1/5〜2/3	2/4〜3/5	3/6〜4/4	4/5〜5/5	5/6〜6/5	6/6〜7/6
1974(昭和49)年	1/6〜2/3	2/4〜3/5	3/6〜4/4	4/5〜5/5	5/6〜6/5	6/6〜7/6
1975(昭和50)年	1/6〜2/3	2/4〜3/5	3/6〜4/4	4/5〜5/5	5/6〜6/5	6/6〜7/7
1976(昭和51)年	1/6〜2/4	2/5〜3/4	3/5〜4/4	4/5〜5/4	5/5〜6/4	6/5〜7/6
1977(昭和52)年	1/5〜2/3	2/4〜3/5	3/6〜4/4	4/5〜5/5	5/6〜6/5	6/6〜7/6
1978(昭和53)年	1/6〜2/3	2/4〜3/5	3/6〜4/4	4/5〜5/5	5/6〜6/5	6/6〜7/6
1979(昭和54)年	1/6〜2/3	2/4〜3/5	3/6〜4/4	4/5〜5/5	5/6〜6/5	6/6〜7/7

※1月4日、もしくは5日までに生まれた方は、前年のKEYをご覧ください。

生まれた年 KEY	8	9	10	11	12	1
1980(昭和55)年	7/7〜8/6	8/7〜9/6	9/7〜10/7	10/8〜11/6	11/7〜12/6	12/7〜1981(昭和56)年1/4
1981(昭和56)年	7/7〜8/6	8/7〜9/7	9/8〜10/7	10/8〜11/6	11/7〜12/6	12/7〜1982(昭和57)年1/5
1982(昭和57)年	7/7〜8/7	8/8〜9/7	9/8〜10/8	10/9〜11/7	11/8〜12/6	12/7〜1983(昭和58)年1/5
1983(昭和58)年	7/8〜8/7	8/8〜9/7	9/8〜10/8	10/9〜11/7	11/8〜12/7	12/8〜1984(昭和59)年1/5
1984(昭和59)年	7/7〜8/6	8/7〜9/6	9/7〜10/7	10/8〜11/6	11/7〜12/6	12/7〜1985(昭和60)年1/4
1985(昭和60)年	7/7〜8/6	8/7〜9/7	9/8〜10/7	10/8〜11/6	11/7〜12/6	12/7〜1986(昭和61)年1/5
1986(昭和61)年	7/7〜8/7	8/8〜9/7	9/8〜10/7	10/8〜11/7	11/8〜12/6	12/7〜1987(昭和62)年1/5
1987(昭和62)年	7/8〜8/7	8/8〜9/7	9/8〜10/8	10/9〜11/7	11/8〜12/7	12/8〜1988(昭和63)年1/5
1988(昭和63)年	7/7〜8/6	8/7〜9/6	9/7〜10/7	10/8〜11/6	11/7〜12/6	12/7〜1989(平成1)年1/4
1989(平成１)年	7/7〜8/6	8/7〜9/7	9/8〜10/7	10/8〜11/6	11/7〜12/6	12/7〜1990(平成2)年1/4
1990(平成２)年	7/7〜8/7	8/8〜9/7	9/8〜10/7	10/8〜11/7	11/8〜12/6	12/7〜1991(平成3)年1/5
1991(平成３)年	7/7〜8/7	8/8〜9/7	9/8〜10/8	10/9〜11/7	11/8〜12/6	12/7〜1992(平成4)年1/5
1992(平成４)年	7/7〜8/6	8/7〜9/6	9/7〜10/7	10/8〜11/6	11/7〜12/6	12/7〜1993(平成5)年1/4
1993(平成５)年	7/7〜8/6	8/7〜9/7	9/8〜10/7	10/8〜11/6	11/7〜12/6	12/7〜1994(平成6)年1/4
1994(平成６)年	7/7〜8/7	8/8〜9/7	9/8〜10/7	10/8〜11/7	11/8〜12/6	12/7〜1995(平成7)年1/5
1995(平成７)年	7/7〜8/7	8/8〜9/7	9/8〜10/8	10/9〜11/7	11/8〜12/6	12/7〜1996(平成8)年1/5
1996(平成８)年	7/7〜8/6	8/7〜9/6	9/7〜10/7	10/8〜11/6	11/7〜12/6	12/7〜1997(平成9)年1/4
1997(平成９)年	7/7〜8/6	8/7〜9/6	9/7〜10/7	10/8〜11/6	11/7〜12/6	12/7〜1998(平成10)年1/4
1998(平成10)年	7/7〜8/7	8/8〜9/7	9/8〜10/7	10/8〜11/7	11/8〜12/6	12/7〜1999(平成11)年1/5
1999(平成11)年	7/7〜8/7	8/8〜9/7	9/8〜10/8	10/9〜11/7	11/8〜12/6	12/7〜2000(平成12)年1/5
2000(平成12)年	7/7〜8/6	8/7〜9/6	9/7〜10/7	10/8〜11/6	11/7〜12/6	12/7〜2001(平成13)年1/4
2001(平成13)年	7/7〜8/6	8/7〜9/6	9/7〜10/7	10/8〜11/6	11/7〜12/6	12/7〜2002(平成14)年1/4
2002(平成14)年	7/7〜8/7	8/8〜9/7	9/8〜10/7	10/8〜11/6	11/7〜12/6	12/7〜2003(平成15)年1/5
2003(平成15)年	7/7〜8/7	8/8〜9/7	9/8〜10/8	10/9〜11/7	11/8〜12/6	12/7〜2004(平成16)年1/5
2004(平成16)年	7/7〜8/6	8/7〜9/6	9/7〜10/7	10/8〜11/6	11/7〜12/6	12/7〜2005(平成17)年1/4
2005(平成17)年	7/7〜8/6	8/7〜9/6	9/7〜10/7	10/8〜11/6	11/7〜12/6	12/7〜2006(平成18)年1/4
2006(平成18)年	7/7〜8/7	8/8〜9/7	9/8〜10/7	10/8〜11/6	11/7〜12/6	12/7〜2007(平成19)年1/5
2007(平成19)年	7/7〜8/7	8/8〜9/7	9/8〜10/8	10/9〜11/7	11/8〜12/6	12/7〜2008(平成20)年1/5
2008(平成20)年	7/7〜8/6	8/7〜9/6	9/7〜10/7	10/8〜11/6	11/7〜12/6	12/7〜2009(平成21)年1/4
2009(平成21)年	7/7〜8/6	8/7〜9/6	9/7〜10/7	10/8〜11/6	11/7〜12/6	12/7〜2010(平成22)年1/4
2010(平成22)年	7/7〜8/6	8/7〜9/7	9/8〜10/7	10/8〜11/6	11/7〜12/6	12/7〜2011(平成23)年1/5
2011(平成23)年	7/7〜8/7	8/8〜9/7	9/8〜10/8	10/9〜11/7	11/8〜12/6	12/7〜2012(平成24)年1/5
2012(平成24)年	7/7〜8/6	8/7〜9/6	9/7〜10/7	10/8〜11/6	11/7〜12/6	12/7〜2013(平成25)年1/4
2013(平成25)年	7/7〜8/6	8/7〜9/6	9/7〜10/7	10/8〜11/6	11/7〜12/6	12/7〜2014(平成26)年1/4
2014(平成26)年	7/7〜8/6	8/7〜9/7	9/8〜10/7	10/8〜11/6	11/7〜12/6	12/7〜2015(平成27)年1/5
2015(平成27)年	7/7〜8/7	8/8〜9/7	9/8〜10/7	10/8〜11/7	11/8〜12/6	12/7〜2016(平成28)年1/5
2016(平成28)年	7/7〜8/6	8/7〜9/6	9/7〜10/7	10/8〜11/6	11/7〜12/6	12/7〜2017(平成29)年1/4
2017(平成29)年	7/7〜8/6	8/7〜9/6	9/7〜10/7	10/8〜11/6	11/7〜12/6	12/7〜2018(平成30)年1/4
2018(平成30)年	7/7〜8/6	8/7〜9/6	9/7〜10/7	10/8〜11/6	11/7〜12/6	12/7〜2019(平成31)年1/5
2019(平成31)年	7/7〜8/7	8/8〜9/7	9/8〜10/7	10/8〜11/7	11/8〜12/6	12/7〜2020(平成32)年1/5
2020(平成32)年	7/7〜8/6	8/7〜9/6	9/7〜10/7	10/8〜11/6	11/7〜12/6	12/7〜2021(平成33)年1/4
2021(平成33)年	7/7〜8/6	8/7〜9/6	9/7〜10/7	10/8〜11/6	11/7〜12/6	12/7〜2022(平成34)年1/4
2022(平成34)年	7/7〜8/6	8/7〜9/7	9/8〜10/7	10/8〜11/6	11/7〜12/6	12/7〜2023(平成35)年1/5
2023(平成35)年	7/7〜8/7	8/8〜9/7	9/8〜10/7	10/8〜11/7	11/8〜12/6	12/7〜2024(平成36)年1/5
2024(平成36)年	7/6〜8/6	8/7〜9/6	9/7〜10/7	10/8〜11/6	11/7〜12/6	12/7〜2025(平成37)年1/4

※節日に生まれた方は、生まれた時刻により診断結果が異なる場合があります。

表2 「表面」換算表

生まれた年＼KEY	2	3	4	5	6	7
1980(昭和55)年	1/6〜2/4	2/5〜3/4	3/5〜4/4	4/5〜5/4	5/5〜6/4	6/5〜7/6
1981(昭和56)年	1/5〜2/3	2/4〜3/5	3/6〜4/4	4/5〜5/4	5/5〜6/5	6/6〜7/6
1982(昭和57)年	1/6〜2/3	2/4〜3/5	3/6〜4/4	4/5〜5/5	5/6〜6/5	6/6〜7/6
1983(昭和58)年	1/6〜2/3	2/4〜3/5	3/6〜4/4	4/5〜5/5	5/6〜6/5	6/6〜7/7
1984(昭和59)年	1/6〜2/4	2/5〜3/4	3/5〜4/3	4/4〜5/4	5/5〜6/4	6/5〜7/6
1985(昭和60)年	1/5〜2/3	2/4〜3/5	3/6〜4/4	4/5〜5/4	5/5〜6/5	6/6〜7/6
1986(昭和61)年	1/6〜2/3	2/4〜3/5	3/6〜4/4	4/5〜5/5	5/6〜6/5	6/6〜7/6
1987(昭和62)年	1/6〜2/3	2/4〜3/5	3/6〜4/4	4/5〜5/5	5/6〜6/5	6/6〜7/7
1988(昭和63)年	1/6〜2/3	2/4〜3/4	3/5〜4/3	4/4〜5/4	5/5〜6/4	6/5〜7/6
1989(平成1)年	1/5〜2/3	2/4〜3/4	3/5〜4/4	4/5〜5/4	5/5〜6/5	6/6〜7/6
1990(平成2)年	1/5〜2/3	2/4〜3/5	3/6〜4/4	4/5〜5/5	5/6〜6/5	6/6〜7/6
1991(平成3)年	1/6〜2/3	2/4〜3/5	3/6〜4/4	4/5〜5/5	5/6〜6/5	6/6〜7/6
1992(平成4)年	1/6〜2/3	2/4〜3/4	3/5〜4/3	4/4〜5/4	5/5〜6/4	6/5〜7/6
1993(平成5)年	1/5〜2/3	2/4〜3/4	3/5〜4/4	4/5〜5/4	5/5〜6/5	6/6〜7/6
1994(平成6)年	1/5〜2/3	2/4〜3/5	3/6〜4/4	4/5〜5/5	5/6〜6/5	6/6〜7/6
1995(平成7)年	1/6〜2/3	2/4〜3/5	3/6〜4/4	4/5〜5/5	5/6〜6/5	6/6〜7/6
1996(平成8)年	1/6〜2/3	2/4〜3/4	3/5〜4/3	4/4〜5/4	5/5〜6/4	6/5〜7/6
1997(平成9)年	1/5〜2/3	2/4〜3/4	3/5〜4/4	4/5〜5/4	5/5〜6/5	6/6〜7/6
1998(平成10)年	1/5〜2/3	2/4〜3/5	3/6〜4/4	4/5〜5/5	5/6〜6/5	6/6〜7/6
1999(平成11)年	1/6〜2/3	2/4〜3/5	3/6〜4/4	4/5〜5/5	5/6〜6/5	6/6〜7/6
2000(平成12)年	1/6〜2/3	2/4〜3/4	3/5〜4/3	4/4〜5/4	5/5〜6/4	6/5〜7/6
2001(平成13)年	1/5〜2/3	2/4〜3/4	3/5〜4/4	4/5〜5/4	5/5〜6/4	6/5〜7/6
2002(平成14)年	1/5〜2/3	2/4〜3/5	3/6〜4/4	4/5〜5/5	5/6〜6/5	6/6〜7/6
2003(平成15)年	1/6〜2/3	2/4〜3/5	3/6〜4/4	4/5〜5/5	5/6〜6/5	6/6〜7/6
2004(平成16)年	1/6〜2/3	2/4〜3/4	3/5〜4/3	4/4〜5/4	5/5〜6/4	6/5〜7/6
2005(平成17)年	1/5〜2/3	2/4〜3/4	3/5〜4/4	4/5〜5/4	5/5〜6/4	6/5〜7/6
2006(平成18)年	1/5〜2/3	2/4〜3/5	3/6〜4/4	4/5〜5/5	5/6〜6/5	6/6〜7/6
2007(平成19)年	1/6〜2/3	2/4〜3/5	3/6〜4/4	4/5〜5/5	5/6〜6/5	6/6〜7/6
2008(平成20)年	1/6〜2/3	2/4〜3/4	3/5〜4/3	4/4〜5/4	5/5〜6/4	6/5〜7/6
2009(平成21)年	1/5〜2/3	2/4〜3/4	3/5〜4/4	4/5〜5/4	5/5〜6/4	6/5〜7/6
2010(平成22)年	1/5〜2/3	2/4〜3/5	3/6〜4/4	4/5〜5/4	5/5〜6/5	6/6〜7/6
2011(平成23)年	1/6〜2/3	2/4〜3/5	3/6〜4/4	4/5〜5/5	5/6〜6/5	6/6〜7/6
2012(平成24)年	1/6〜2/3	2/4〜3/4	3/5〜4/3	4/4〜5/4	5/5〜6/4	6/5〜7/6
2013(平成25)年	1/5〜2/3	2/4〜3/4	3/5〜4/4	4/5〜5/4	5/5〜6/4	6/5〜7/6
2014(平成26)年	1/5〜2/3	2/4〜3/5	3/6〜4/4	4/5〜5/4	5/5〜6/5	6/6〜7/6
2015(平成27)年	1/6〜2/3	2/4〜3/5	3/6〜4/4	4/5〜5/5	5/6〜6/5	6/6〜7/6
2016(平成28)年	1/6〜2/3	2/4〜3/4	3/5〜4/3	4/4〜5/4	5/5〜6/4	6/5〜7/6
2017(平成29)年	1/5〜2/3	2/4〜3/4	3/5〜4/3	4/4〜5/4	5/5〜6/4	6/5〜7/6
2018(平成30)年	1/5〜2/3	2/4〜3/5	3/6〜4/4	4/5〜5/4	5/5〜6/5	6/6〜7/6
2019(平成31)年	1/6〜2/3	2/4〜3/5	3/6〜4/4	4/5〜5/5	5/6〜6/5	6/6〜7/6
2020(平成32)年	1/6〜2/3	2/4〜3/4	3/5〜4/3	4/4〜5/4	5/5〜6/4	6/5〜7/6
2021(平成33)年	1/5〜2/2	2/3〜3/4	3/5〜4/3	4/4〜5/4	5/5〜6/4	6/5〜7/6
2022(平成34)年	1/5〜2/3	2/4〜3/4	3/5〜4/4	4/5〜5/4	5/5〜6/5	6/6〜7/6
2023(平成35)年	1/6〜2/3	2/4〜3/5	3/6〜4/4	4/5〜5/5	5/6〜6/5	6/6〜7/6
2024(平成36)年	1/6〜2/3	2/4〜3/4	3/5〜4/3	4/4〜5/4	5/5〜6/4	6/5〜7/5

※1月4日、もしくは5日までに生まれた方は、前年のKEYをご覧ください。

表3 「意志」換算表

生まれた年	期間	KEY
1934(昭和９)年	2/4〜1935/2/4	11
1935(昭和10)年	2/5〜1936/2/4	12
1936(昭和11)年	2/5〜1937/2/3	1
1937(昭和12)年	2/4〜1938/2/3	2
1938(昭和13)年	2/4〜1939/2/4	3
1939(昭和14)年	2/5〜1940/2/3	4
1940(昭和15)年	2/4〜1941/2/4	5
1941(昭和16)年	2/5〜1942/2/4	6
1942(昭和17)年	2/5〜1943/2/4	7
1943(昭和18)年	2/5〜1944/2/4	8
1944(昭和19)年	2/5〜1945/2/3	9
1945(昭和20)年	2/4〜1946/2/3	10
1946(昭和21)年	2/4〜1947/2/4	11
1947(昭和22)年	2/5〜1948/2/4	12
1948(昭和23)年	2/5〜1949/2/3	1
1949(昭和24)年	2/4〜1950/2/3	2
1950(昭和25)年	2/4〜1951/2/4	3
1951(昭和26)年	2/5〜1952/2/4	4
1952(昭和27)年	2/5〜1953/2/3	5
1953(昭和28)年	2/4〜1954/2/3	6
1954(昭和29)年	2/4〜1955/2/3	7
1955(昭和30)年	2/4〜1956/2/4	8
1956(昭和31)年	2/5〜1957/2/3	9
1957(昭和32)年	2/4〜1958/2/3	10
1958(昭和33)年	2/4〜1959/2/3	11
1959(昭和34)年	2/4〜1960/2/4	12
1960(昭和35)年	2/5〜1961/2/3	1
1961(昭和36)年	2/4〜1962/2/3	2
1962(昭和37)年	2/4〜1963/2/3	3
1963(昭和38)年	2/4〜1964/2/4	4
1964(昭和39)年	2/5〜1965/2/3	5
1965(昭和40)年	2/4〜1966/2/3	6
1966(昭和41)年	2/4〜1967/2/3	7
1967(昭和42)年	2/4〜1968/2/4	8
1968(昭和43)年	2/5〜1969/2/3	9
1969(昭和44)年	2/4〜1970/2/3	10
1970(昭和45)年	2/4〜1971/2/3	11
1971(昭和46)年	2/4〜1972/2/4	12
1972(昭和47)年	2/5〜1973/2/3	1
1973(昭和48)年	2/4〜1974/2/3	2
1974(昭和49)年	2/4〜1975/2/3	3
1975(昭和50)年	2/4〜1976/2/4	4
1976(昭和51)年	2/5〜1977/2/3	5
1977(昭和52)年	2/4〜1978/2/3	6
1978(昭和53)年	2/4〜1979/2/3	7
1979(昭和54)年	2/4〜1980/2/4	8
1980(昭和55)年	2/5〜1981/2/3	9
1981(昭和56)年	2/4〜1982/2/3	10
1982(昭和57)年	2/4〜1983/2/3	11
1983(昭和58)年	2/4〜1984/2/4	12
1984(昭和59)年	2/5〜1985/2/3	1
1985(昭和60)年	2/4〜1986/2/3	2
1986(昭和61)年	2/4〜1987/2/3	3
1987(昭和62)年	2/4〜1988/2/3	4
1988(昭和63)年	2/4〜1989/2/3	5
1989(平成１)年	2/4〜1990/2/3	6
1990(平成２)年	2/4〜1991/2/3	7
1991(平成３)年	2/4〜1992/2/3	8
1992(平成４)年	2/4〜1993/2/3	9
1993(平成５)年	2/4〜1994/2/3	10
1994(平成６)年	2/4〜1995/2/3	11
1995(平成７)年	2/4〜1996/2/3	12
1996(平成８)年	2/4〜1997/2/3	1
1997(平成９)年	2/4〜1998/2/3	2
1998(平成10)年	2/4〜1999/2/3	3
1999(平成11)年	2/4〜2000/2/3	4
2000(平成12)年	2/4〜2001/2/3	5
2001(平成13)年	2/4〜2002/2/3	6
2002(平成14)年	2/4〜2003/2/3	7
2003(平成15)年	2/4〜2004/2/3	8
2004(平成16)年	2/4〜2005/2/3	9
2005(平成17)年	2/4〜2006/2/3	10
2006(平成18)年	2/4〜2007/2/3	11
2007(平成19)年	2/4〜2008/2/3	12
2008(平成20)年	2/4〜2009/2/3	1
2009(平成21)年	2/4〜2010/2/3	2
2010(平成22)年	2/4〜2011/2/3	3
2011(平成23)年	2/4〜2012/2/3	4
2012(平成24)年	2/4〜2013/2/3	5
2013(平成25)年	2/4〜2014/2/3	6
2014(平成26)年	2/4〜2015/2/3	7
2015(平成27)年	2/4〜2016/2/3	8
2016(平成28)年	2/4〜2017/2/3	9
2017(平成29)年	2/4〜2018/2/3	10
2018(平成30)年	2/4〜2019/2/3	11
2019(平成31)年	2/4〜2020/2/3	12
2020(平成32)年	2/4〜2021/2/2	1
2021(平成33)年	2/3〜2022/2/3	2
2022(平成34)年	2/4〜2023/2/3	3
2023(平成35)年	2/4〜2024/2/3	4
2024(平成36)年	2/4〜2025/2/3	5

※2月3日、もしくは4日までに生まれた方は、前年のKEYをご覧ください。

表4 「希望」換算表

生まれた時刻	23時〜0時59分	1時〜2時59分	3時〜4時59分	5時〜6時59分	7時〜8時59分	9時〜10時59分	11時〜12時59分	13時〜14時59分	15時〜16時59分	17時〜18時59分	19時〜20時59分	21時〜22時59分
KEY	1	2	3	4	5	6	7	8	9	10	11	12

※節日に生まれた方は、生まれた時刻により診断結果が異なる場合があります。

「レール」早見表

レールは生年月日から調べます。自分の生年の早見表を探し、生まれた月と日の交わるところを見てください。1972年5月15日なら「F」という記号になります。「F」は下の記号凡例を見ると、「ヒューマニティ」となります。

記号凡例					
	A マイペース	B マイウェイ	C ピース	D ロマン	E リアリティ
	F ヒューマニティ	G エリート	H ワイルド	I ロジック	J ユニーク

1951年（昭和26年）

	1	2	3	4	5	6	7	8	9	10	11	12	13	14	15	16	17	18	19	20	21	22	23	24	25	26	27	28	29	30	31
1月	C	B	A	I	J	G	H	E	F	D	C	B	A	I	J	E	F	D	A	I	J	G	H	E	F	D	C	B	A	I	J
2月	G	H	E	F	G	D	A	B	J	I	H	G	C	D	A	B	J	I	H	E	C	D	A	B	J	I	H	G			
3月	F	E	C	D	A	E	I	J	G	H	E	F	D	C	B	A	I	J	G	H	E	F	D	C	B	A	I	J	G	H	E
4月	F	D	C	B	A	I	J	G	H	E	F	D	C	B	J	G	H	A	B	J	I	H	G	F	E	C	D	A	B	J	
5月	I	H	G	F	E	I	D	A	B	J	I	H	G	H	G	F	E	C	D	A	G	F	E	C	D	A	B	J	I	H	G
6月	F	E	C	D	A	D	J	I	H	G	F	E	C	D	A	C	B	A	I	J	G	H	E	F	D	A	I	J	G	H	
7月	E	F	D	C	B	A	I	I	G	H	E	F	D	C	B	A	I	H	E	F	G	H	E	F	D	C	B	A	I	J	G
8月	H	E	F	D	C	B	A	G	I	H	G	F	E	C	D	F	E	C	D	A	B	J	G	F	E	C	D	A	B	J	I
9月	H	G	F	E	C	D	A	I	I	J	G	H	E	F	D	C	B	A	I	J	G	H	E	F	D	C	B	A	I	J	
10月	G	H	E	F	D	C	B	A	I	J	G	H	E	F	D	C	B	A	E	F	D	E	C	D	A	B	J	I	H	G	F
11月	E	C	D	A	B	J	I	I	G	F	E	C	D	A	B	J	E	C	D	A	B	J	G	F	E	C	D	A	B	J	
12月	I	H	G	F	E	C	D	H	A	I	J	G	H	E	F	D	C	B	A	I	J	G	H	E	F	D	C	B	A	I	J

1952年（昭和27年）

	1	2	3	4	5	6	7	8	9	10	11	12	13	14	15	16	17	18	19	20	21	22	23	24	25	26	27	28	29	30	31
1月	G	H	E	F	D	C	B	A	I	J	G	H	E	F	D	A	I	J	E	F	D	C	B	A	I	J	G	H	E	F	D
2月	C	B	A	I	C	H	G	F	E	C	D	A	I	H	G	F	E	C	D	J	I	H	G	F	E	C	D	A	B		
3月	J	I	H	G	F	I	D	C	B	A	I	J	G	H	E	F	D	C	B	A	I	J	G	H	E	F	D	C	B	A	I
4月	J	G	H	E	F	D	C	B	A	J	J	G	H	E	C	B	A	F	E	C	D	A	B	J	I	H	G	F	E	C	
5月	D	A	B	J	F	H	G	F	E	C	D	A	D	A	B	J	I	H	G	A	B	J	I	H	G	F	E	C	D	A	B
6月	J	I	H	G	F	G	C	D	A	B	J	I	H	G	F	H	E	F	D	C	B	A	I	J	G	F	D	A	B	A	
7月	I	J	G	H	E	F	C	C	B	A	I	J	G	H	E	F	B	A	I	C	B	A	I	J	G	H	E	F	D	C	B
8月	A	I	J	G	H	E	C	C	D	A	B	J	I	H	B	J	I	H	G	F	E	A	B	J	I	H	G	F	E	C	D
9月	A	B	J	I	H	G	F	D	D	C	B	A	I	J	G	H	E	F	D	C	B	A	I	J	G	H	E	F	D	C	
10月	B	A	I	J	G	H	E	F	D	C	B	A	I	J	G	H	E	A	I	J	J	I	H	G	F	E	C	D	A	B	J
11月	I	H	G	F	E	C	F	A	B	J	I	H	G	F	B	J	I	H	G	F	E	A	B	J	I	H	G	F	E	C	
12月	D	A	B	J	I	H	D	E	F	D	C	B	A	I	J	G	H	E	F	D	C	B	A	I	J	G	H	E	F	D	C

1953年（昭和28年）

	1	2	3	4	5	6	7	8	9	10	11	12	13	14	15	16	17	18	19	20	21	22	23	24	25	26	27	28	29	30	31
1月	B	A	I	J	G	H	E	F	D	C	B	A	I	J	G	F	D	C	I	J	G	H	E	F	D	C	B	A	I	J	G
2月	H	E	F	G	D	A	B	J	I	H	G	C	D	A	B	J	I	H	E	C	D	A	B	J	I	H	G	F			
3月	E	C	D	A	B	C	J	G	H	E	F	D	C	B	A	I	J	G	H	E	F	D	C	B	A	I	J	G	H	E	F
4月	D	C	B	A	I	J	G	H	E	F	D	C	B	A	G	H	E	B	J	I	H	G	F	E	C	D	A	B	J	I	
5月	H	G	F	E	C	J	A	B	J	I	H	G	F	G	F	E	C	D	A	B	F	E	C	D	A	B	J	I	H	G	F
6月	E	C	D	A	B	A	I	H	G	F	E	C	D	A	B	B	A	I	J	G	H	E	F	D	C	I	J	G	H	E	
7月	F	D	C	B	A	I	I	G	H	E	F	D	C	B	A	I	H	E	F	G	H	E	F	D	C	B	A	I	J	G	H
8月	E	F	D	C	B	A	I	H	H	G	F	E	C	D	A	E	C	I	A	B	J	I	F	E	C	D	A	B	J	I	H
9月	G	F	E	C	D	A	B	H	J	G	H	E	F	D	C	B	A	I	J	G	H	E	F	D	C	B	A	I	J	G	
10月	H	E	F	D	C	B	A	I	J	G	H	E	F	D	C	B	A	E	F	D	E	C	D	A	B	J	I	H	G	F	E
11月	G	H	E	F	D	C	B	A	F	E	C	D	A	B	J	E	C	D	A	B	J	I	F	E	C	D	A	B	J	I	
12月	G	H	E	F	D	C	B	A	I	J	G	H	E	F	D	C	B	A	I	J	G	H	E	F	D	C	B	A	I	J	G

※節日に生まれた方は、生まれた時刻により診断結果が異なる場合があります。

1954年（昭和29年）

	1	2	3	4	5	6	7	8	9	10	11	12	13	14	15	16	17	18	19	20	21	22	23	24	25	26	27	28	29	30	31
1月	H	E	F	D	C	B	A	I	J	G	H	E	F	D	C	I	J	G	F	D	C	B	A	I	J	G	H	E	F	D	C
2月	B	A	I	C	H	G	F	E	C	D	A	I	H	G	F	E	C	D	J	I	H	G	F	E	C	D	A	B			
3月	J	I	H	G	F	I	D	C	B	A	I	J	G	H	E	F	D	C	B	A	I	J	G	H	E	F	D	C	B	A	I
4月	J	G	H	E	F	D	C	B	A	I	J	G	H	E	C	B	A	F	E	C	D	A	B	J	I	H	G	F	E	C	
5月	D	A	B	J	I	D	G	F	E	C	D	A	B	A	B	J	I	H	G	F	B	J	I	H	G	F	E	C	D	A	B
6月	J	I	H	G	F	G	C	D	A	B	J	I	H	G	F	H	E	F	D	C	B	A	I	J	G	F	D	C	B	A	
7月	I	J	G	H	E	F	D	D	B	A	I	J	G	H	E	F	D	A	I	J	B	A	I	J	G	H	E	F	D	C	B
8月	A	I	J	G	H	E	F	B	D	A	B	J	I	H	G	J	I	H	G	F	E	C	B	J	I	H	G	F	E	C	D
9月	A	B	J	I	H	G	F	D	D	C	B	A	I	J	G	H	E	F	D	C	B	A	I	J	G	H	E	F	D	C	
10月	B	A	I	J	G	H	E	F	D	C	B	A	I	J	G	H	E	F	I	J	G	I	H	G	F	E	C	D	A	B	J
11月	I	H	G	F	E	C	D	D	B	J	I	H	G	F	E	J	I	H	G	F	E	C	B	J	I	H	G	F	E	C	
12月	D	A	B	J	I	H	G	A	F	D	C	B	A	I	J	G	H	E	F	D	C	B	A	I	J	G	H	E	F	D	C

1955年（昭和30年）

	1	2	3	4	5	6	7	8	9	10	11	12	13	14	15	16	17	18	19	20	21	22	23	24	25	26	27	28	29	30	31
1月	B	A	I	J	G	H	E	F	D	C	B	A	I	J	G	F	D	C	I	J	G	H	E	F	D	C	B	A	I	J	G
2月	H	E	F	G	D	A	B	J	I	H	G	C	D	A	B	J	I	H	E	C	D	A	B	J	I	H	G	F			
3月	E	C	D	A	B	C	J	G	H	E	F	D	C	B	A	I	J	G	H	E	F	D	C	B	A	I	J	G	H	E	F
4月	D	C	B	A	I	J	G	H	E	F	D	C	B	A	G	H	E	B	J	I	H	G	F	E	C	D	A	B	J	I	
5月	H	G	F	E	C	J	A	B	J	I	H	G	F	G	F	E	C	D	A	B	F	E	C	D	A	B	J	I	H	G	F
6月	E	C	D	A	B	A	I	H	G	F	E	C	D	A	B	B	A	I	J	G	H	E	F	D	C	I	J	G	H	E	
7月	F	D	C	B	A	I	J	H	H	E	F	D	C	B	A	I	J	E	F	D	H	E	F	D	C	B	A	I	J	G	H
8月	E	F	D	C	B	A	I	H	H	G	F	E	C	D	A	E	C	D	A	B	J	I	F	E	C	D	A	B	J	I	H
9月	G	F	E	C	D	A	B	H	J	G	H	E	F	D	C	B	A	I	J	G	H	E	F	D	C	B	A	I	J	G	
10月	H	E	F	D	C	B	A	I	J	G	H	E	F	D	C	B	A	I	F	D	C	C	D	A	B	J	I	H	G	F	E
11月	C	D	A	B	J	I	H	J	F	E	C	D	A	B	J	E	C	D	A	B	J	I	F	E	C	D	A	B	J	I	
12月	H	G	F	E	C	D	A	G	I	J	G	H	E	F	D	C	B	A	I	J	G	H	E	F	D	C	B	A	I	J	G

1956年（昭和31年）

	1	2	3	4	5	6	7	8	9	10	11	12	13	14	15	16	17	18	19	20	21	22	23	24	25	26	27	28	29	30	31
1月	H	E	F	D	C	B	A	I	J	G	H	E	F	D	C	I	J	G	F	D	C	B	A	I	J	G	H	E	F	D	C
2月	B	A	I	J	B	G	F	E	C	D	A	B	H	G	F	E	C	D	A	I	H	G	F	E	C	D	A	B	J		
3月	I	H	G	F	I	D	C	B	A	I	J	G	H	E	F	D	C	B	A	I	J	G	H	E	F	D	C	B	A	I	J
4月	G	H	E	F	D	C	B	A	I	J	G	H	E	F	B	A	I	E	C	D	A	B	J	I	H	G	F	E	C	D	
5月	A	B	J	I	D	G	F	E	C	D	A	B	A	B	J	I	H	G	F	B	J	I	H	G	F	E	C	D	A	B	J
6月	I	H	G	F	E	F	D	A	B	J	I	H	G	F	E	E	F	D	C	B	A	I	J	G	H	D	C	B	A	I	
7月	J	G	H	E	F	D	D	B	A	I	J	G	H	E	F	D	A	I	J	B	A	I	J	G	H	E	F	D	C	B	A
8月	I	J	G	H	E	F	B	D	A	B	J	I	H	G	F	I	H	G	F	E	C	B	J	I	H	G	F	E	C	D	A
9月	B	J	I	H	G	F	E	A	C	B	A	I	J	G	H	E	F	D	C	B	A	I	J	G	H	E	F	D	C	B	
10月	A	I	J	G	H	E	F	D	C	B	A	I	J	G	H	E	F	I	J	G	I	H	G	F	E	C	D	A	B	J	I
11月	H	G	F	E	C	D	D	B	J	I	H	G	F	E	J	I	H	G	F	E	C	B	J	I	H	G	F	E	C	D	
12月	A	B	J	I	H	G	A	F	D	C	B	A	I	J	G	H	E	F	D	C	B	A	I	J	G	H	E	F	D	C	B

1957年（昭和32年）

	1	2	3	4	5	6	7	8	9	10	11	12	13	14	15	16	17	18	19	20	21	22	23	24	25	26	27	28	29	30	31
1月	A	I	J	G	H	E	F	D	C	B	A	I	J	G	F	D	C	I	J	G	H	E	F	D	C	B	A	I	J	G	H
2月	E	F	D	H	A	B	J	I	H	G	F	D	A	B	J	I	H	G	C	D	A	B	J	I	H	G	F	E			
3月	C	D	A	B	J	D	G	H	E	F	D	C	B	A	I	J	G	H	E	F	D	C	B	A	I	J	G	H	E	F	D
4月	C	B	A	I	J	G	H	E	F	D	C	B	A	I	H	E	F	J	I	H	G	F	E	C	D	A	B	J	I	H	
5月	G	F	E	C	D	G	B	J	I	H	G	H	E	F	E	C	D	A	B	J	E	C	D	A	B	J	I	H	G	F	E
6月	C	D	A	B	J	B	H	G	F	E	C	D	A	B	J	A	I	J	G	H	E	F	D	C	B	J	G	H	E	F	
7月	D	C	B	A	I	J	H	H	E	F	D	C	B	A	I	J	E	F	D	H	E	F	D	C	B	A	I	J	G	H	E
8月	F	D	C	B	A	I	J	E	G	F	E	C	D	A	B	C	D	A	B	J	I	H	E	C	D	A	B	J	I	H	G
9月	F	E	C	D	A	B	J	G	G	H	E	F	D	C	B	A	I	J	G	H	E	F	D	C	B	A	I	J	G	H	
10月	E	F	D	C	B	A	I	J	G	H	E	F	D	C	B	A	I	F	D	C	C	D	A	B	J	I	H	G	F	E	C
11月	D	A	B	J	I	H	G	G	E	C	D	A	B	J	I	C	D	A	B	J	I	H	E	C	D	A	B	J	I	H	
12月	G	F	E	C	D	A	G	I	J	G	H	E	F	D	C	B	A	I	J	G	H	E	F	D	C	B	A	I	J	G	H

※節日に生まれた方は、生まれた時刻により診断結果が異なる場合があります。

1958年（昭和33年）

	1	2	3	4	5	6	7	8	9	10	11	12	13	14	15	16	17	18	19	20	21	22	23	24	25	26	27	28	29	30	31
1月	E	F	D	C	B	A	I	J	G	H	E	F	D	C	B	J	G	H	D	C	B	A	I	J	G	H	E	F	D	C	B
2月	A	I	J	B	G	F	E	C	D	A	B	H	G	F	E	C	D	A	I	H	G	F	E	C	D	A	B	J			
3月	I	H	G	F	E	H	C	B	A	I	J	G	H	E	F	D	C	B	A	I	J	G	H	E	F	D	C	B	A	I	J
4月	G	H	E	F	D	C	B	A	I	J	G	H	E	F	B	A	I	E	C	D	A	B	J	I	H	G	F	E	C	D	
5月	A	B	J	I	H	C	F	E	C	D	A	B	J	B	J	I	H	G	F	E	J	I	H	G	F	E	C	D	A	B	J
6月	I	H	G	F	E	F	D	A	B	J	I	H	G	F	E	E	F	D	C	B	A	I	J	G	H	D	C	B	A	I	
7月	J	G	H	E	F	D	C	A	A	I	J	G	H	E	F	D	C	I	J	G	A	I	J	G	H	E	F	D	C	B	A
8月	I	J	G	H	E	F	D	A	A	B	J	I	H	G	F	I	H	G	F	E	C	D	J	I	H	G	F	E	C	D	A
9月	B	J	I	H	G	F	E	A	C	B	A	I	J	G	H	E	F	D	C	B	A	I	J	G	H	E	F	D	C	B	
10月	A	I	J	G	H	E	F	D	C	B	A	I	J	G	H	E	F	D	J	G	H	H	G	F	E	C	D	A	B	J	I
11月	B	A	I	J	G	H	E	F	J	I	H	G	F	E	C	I	H	G	F	E	A	D	J	I	H	G	F	E	C	D	
12月	B	A	I	J	G	H	E	F	D	C	B	A	I	J	G	H	E	F	D	C	B	A	I	J	G	H	E	F	D	C	B

1959年（昭和34年）

	1	2	3	4	5	6	7	8	9	10	11	12	13	14	15	16	17	18	19	20	21	22	23	24	25	26	27	28	29	30	31
1月	A	I	J	G	H	E	F	D	C	B	A	I	J	G	H	D	C	B	J	G	H	E	F	D	C	B	A	I	J	G	H
2月	E	F	D	H	A	B	J	I	H	G	F	D	A	B	J	I	H	G	C	D	A	B	J	I	H	G	F	E			
3月	C	D	A	B	J	D	G	H	E	F	D	C	B	A	I	J	G	H	E	F	D	C	B	A	I	J	G	H	E	F	D
4月	C	B	A	I	J	G	H	E	F	D	C	B	A	I	H	E	F	J	I	H	G	F	E	C	D	A	B	J	I	H	
5月	G	F	E	C	D	G	B	J	I	H	G	F	E	F	E	C	D	A	B	J	E	C	D	A	B	J	I	H	G	F	E
6月	C	D	A	B	J	B	H	G	F	E	C	D	A	B	J	A	I	J	G	H	E	F	D	C	B	J	G	H	E	F	
7月	D	C	B	A	I	J	G	G	E	F	D	C	B	A	I	J	G	F	D	C	E	F	D	C	B	A	I	J	G	H	E
8月	F	D	C	B	A	I	J	E	G	F	E	C	D	A	B	C	D	H	B	J	I	H	E	C	D	A	B	J	I	H	G
9月	F	E	C	D	A	B	J	G	G	H	E	F	D	C	B	A	I	J	G	H	E	F	D	C	B	A	I	J	G	H	
10月	E	F	D	C	B	A	I	J	G	H	E	F	D	C	B	A	I	J	D	C	B	D	A	B	J	I	H	G	F	E	C
11月	D	A	B	J	I	H	G	G	E	C	D	A	B	J	I	H	D	A	B	J	G	F	E	C	D	A	B	J	I	H	
12月	G	F	E	C	D	A	B	F	J	G	H	E	F	D	C	B	A	I	J	G	H	E	F	D	C	B	A	I	J	G	H

1960年（昭和35年）

	1	2	3	4	5	6	7	8	9	10	11	12	13	14	15	16	17	18	19	20	21	22	23	24	25	26	27	28	29	30	31
1月	E	F	D	C	B	A	I	J	G	H	E	F	D	C	B	J	G	H	D	C	B	A	I	J	G	H	E	F	D	C	B
2月	A	I	J	G	A	F	E	C	D	A	B	J	G	F	E	C	D	A	B	H	G	F	E	C	D	A	B	J	I		
3月	H	G	F	E	H	C	B	A	I	J	G	H	E	F	D	C	B	A	I	J	G	H	E	F	D	C	B	A	I	I	G
4月	H	E	F	D	C	B	A	I	J	G	H	E	F	D	A	I	J	C	D	A	B	J	I	H	G	F	E	C	D	A	
5月	B	J	I	H	C	F	E	C	D	A	B	J	B	J	I	H	G	F	E	J	I	H	G	F	E	C	D	A	B	J	I
6月	H	G	F	E	C	E	A	B	J	I	H	G	F	E	C	F	D	C	B	A	I	J	G	H	E	C	B	A	I	J	
7月	G	H	E	F	D	C	A	A	I	J	G	H	E	F	D	C	I	J	G	A	I	J	G	H	E	F	D	C	B	A	I
8月	J	G	H	E	F	D	A	A	B	J	I	H	G	F	I	H	G	F	E	C	D	J	I	H	G	F	E	C	D	A	B
9月	J	I	H	G	F	E	C	B	B	A	I	J	G	H	E	F	D	C	B	A	I	J	G	H	E	F	D	C	B	A	
10月	I	J	G	H	E	F	D	C	B	A	I	J	G	H	E	F	D	J	G	H	H	G	F	E	C	D	A	B	J	I	H
11月	G	F	E	C	D	A	C	J	I	H	G	F	E	C	I	H	G	F	E	C	D	J	I	H	G	F	E	C	D	A	
12月	B	J	I	H	G	F	B	D	C	B	A	I	J	G	H	E	F	D	C	B	A	I	J	G	H	E	F	D	C	B	A

1961年（昭和36年）

	1	2	3	4	5	6	7	8	9	10	11	12	13	14	15	16	17	18	19	20	21	22	23	24	25	26	27	28	29	30	31
1月	I	J	G	H	E	F	D	C	B	A	I	J	G	H	D	C	B	J	G	H	E	F	D	C	B	A	I	J	G	H	E
2月	F	D	C	E	B	J	I	H	G	F	E	A	B	J	I	H	G	F	D	A	B	J	I	H	G	F	E	C			
3月	D	A	B	J	I	A	H	E	F	D	C	B	A	I	J	G	H	E	F	D	C	B	A	I	J	G	H	E	F	D	C
4月	B	A	I	J	G	H	E	F	D	C	B	A	I	J	E	F	D	I	H	G	F	E	C	D	A	B	J	I	H	G	
5月	F	E	C	D	A	H	J	I	H	G	F	E	C	E	C	D	A	B	J	I	C	D	A	B	J	I	H	G	F	E	C
6月	D	A	B	J	I	J	G	F	E	C	D	A	B	J	I	I	J	G	H	E	F	D	C	B	A	G	H	E	F	D	
7月	C	B	A	I	J	G	G	E	F	D	C	B	A	I	J	G	F	D	C	E	F	D	C	B	A	I	J	G	H	E	F
8月	D	C	B	A	I	J	G	F	F	E	C	D	A	B	J	D	B	B	J	I	H	G	C	D	A	B	J	I	H	G	F
9月	E	C	D	A	B	J	I	F	H	E	F	D	C	B	A	I	J	G	H	E	F	D	C	B	A	I	J	G	H	E	
10月	F	D	C	B	A	I	J	G	H	E	F	D	C	B	A	I	J	D	C	B	D	A	B	J	I	H	G	F	E	C	D
11月	A	B	J	I	H	G	F	H	C	D	A	B	J	I	H	D	A	B	J	I	H	G	C	D	A	B	J	I	H	G	
12月	F	E	C	D	A	B	F	J	G	H	E	F	D	C	B	A	I	J	G	H	E	F	D	C	B	A	I	J	G	H	E

※節日に生まれた方は、生まれた時刻により診断結果が異なる場合があります。

1962年（昭和37年）

	1	2	3	4	5	6	7	8	9	10	11	12	13	14	15	16	17	18	19	20	21	22	23	24	25	26	27	28	29	30	31
1月	F	D	C	B	A	I	J	G	H	E	F	D	C	B	A	G	H	E	C	B	A	I	J	G	H	E	F	D	C	B	A
2月	I	J	G	A	F	E	C	D	A	B	J	G	F	E	C	D	A	B	H	G	F	E	C	D	A	B	J	I			
3月	H	G	F	E	C	G	B	A	I	J	G	H	E	F	D	C	B	A	I	J	G	H	E	F	D	C	B	A	I	J	G
4月	H	E	F	D	C	B	A	I	J	G	H	E	F	D	A	I	J	C	D	A	B	J	I	H	G	F	E	C	D	A	
5月	B	J	I	H	G	B	E	C	D	A	B	J	I	J	I	H	G	F	E	C	I	H	G	F	E	C	D	A	B	J	I
6月	H	G	F	E	C	E	A	B	J	I	H	G	F	E	C	F	D	C	B	A	I	J	G	H	E	C	B	A	I	J	
7月	G	H	E	F	D	C	A	A	I	J	G	H	E	F	D	C	I	J	G	A	I	J	G	H	E	F	D	C	B	A	I
8月	J	G	H	E	F	D	C	I	B	J	I	H	G	F	E	H	G	F	E	C	D	A	I	H	G	F	E	C	D	A	B
9月	J	I	H	G	F	E	C	B	B	A	I	J	G	H	E	F	D	C	B	A	I	J	G	H	E	F	D	C	B	A	
10月	I	J	G	H	E	F	D	C	B	A	I	J	G	H	E	F	D	C	G	H	E	G	F	E	C	D	A	B	J	I	H
11月	G	F	E	C	D	A	B	B	I	H	G	F	E	C	D	H	G	F	E	C	D	A	I	H	G	F	E	C	D	A	
12月	B	J	I	H	G	F	B	D	C	B	A	I	J	G	H	E	F	D	C	B	A	I	J	G	H	E	F	D	C	B	A

1963年（昭和38年）

	1	2	3	4	5	6	7	8	9	10	11	12	13	14	15	16	17	18	19	20	21	22	23	24	25	26	27	28	29	30	31
1月	I	J	G	H	E	F	D	C	B	A	I	J	G	H	E	C	B	A	G	H	E	F	D	C	B	A	I	J	G	H	E
2月	F	D	C	E	B	J	I	H	G	F	E	A	B	J	I	H	G	F	D	A	B	J	I	H	G	F	E	C			
3月	D	A	B	J	I	A	H	E	F	D	C	B	A	I	J	G	H	E	F	D	C	B	A	I	J	G	H	E	F	D	C
4月	B	A	I	J	G	H	E	F	D	C	B	A	I	J	E	F	D	I	H	G	F	E	C	D	A	B	J	I	H	G	
5月	F	E	C	D	A	H	J	I	H	G	F	E	C	E	C	D	A	B	J	I	C	D	A	B	J	I	H	G	F	E	C
6月	D	A	B	J	I	J	G	F	E	C	D	A	B	J	I	I	J	G	H	E	F	D	C	B	A	G	H	E	F	D	
7月	C	B	A	I	J	G	H	F	F	D	C	B	A	I	J	G	H	D	C	B	F	D	C	B	A	I	J	G	H	E	F
8月	D	C	B	A	I	J	G	F	F	E	C	D	A	B	J	D	A	B	J	I	H	G	C	D	A	B	J	I	H	G	F
9月	E	C	D	A	B	J	I	F	H	E	F	D	C	B	A	I	J	G	H	E	F	D	C	B	A	I	J	G	H	E	
10月	F	D	C	B	A	I	J	G	H	E	F	D	C	B	A	I	J	G	C	B	A	A	B	J	I	H	G	F	E	C	D
11月	E	F	D	C	B	A	I	J	C	D	A	B	J	I	H	D	A	B	J	I	H	G	C	D	A	B	J	I	H	G	
12月	E	F	D	C	B	A	I	J	G	H	E	F	D	C	B	A	I	J	G	H	E	F	D	C	B	A	I	J	G	H	E

1964年（昭和39年）

	1	2	3	4	5	6	7	8	9	10	11	12	13	14	15	16	17	18	19	20	21	22	23	24	25	26	27	28	29	30	31
1月	F	D	C	B	A	I	J	G	H	E	F	D	C	B	A	G	H	E	C	B	A	I	J	G	H	E	F	D	C	B	A
2月	I	J	G	H	I	E	C	D	A	B	J	I	F	E	C	D	A	B	J	G	F	E	C	D	A	B	J	I	H		
3月	G	F	E	C	G	B	A	I	J	G	H	E	F	D	C	B	A	I	J	G	H	E	F	D	C	B	A	I	J	G	H
4月	E	F	D	C	B	A	I	J	G	H	E	F	D	C	I	J	G	D	A	B	J	I	H	G	F	E	C	D	A	B	
5月	J	I	H	G	B	E	C	D	A	B	J	I	J	I	H	G	F	E	C	I	H	G	F	E	C	D	A	B	J	I	H
6月	G	F	E	C	D	C	B	J	I	H	G	F	E	C	D	D	C	B	A	I	J	G	H	E	F	B	A	I	J	G	
7月	H	E	F	D	C	B	B	I	J	G	H	E	F	D	C	B	J	G	H	I	J	G	H	E	F	D	C	B	A	I	J
8月	G	H	E	F	D	C	I	B	J	I	H	G	F	E	H	G	F	E	C	D	J	I	H	G	F	E	C	D	A	B	J
9月	I	H	G	F	E	C	B	B	A	I	J	G	H	E	F	D	C	B	A	I	J	G	H	E	F	D	C	B	A	I	
10月	J	G	H	E	F	D	C	B	A	I	J	G	H	E	F	D	C	G	H	E	G	F	E	C	D	A	B	J	I	H	G
11月	F	E	C	D	A	B	B	I	H	G	F	E	C	D	H	G	F	E	C	B	J	I	H	G	F	E	C	D	A	B	
12月	J	I	H	G	F	E	H	C	B	A	I	J	G	H	E	F	D	C	B	A	I	J	G	H	E	F	D	C	B	A	I

1965年（昭和40年）

	1	2	3	4	5	6	7	8	9	10	11	12	13	14	15	16	17	18	19	20	21	22	23	24	25	26	27	28	29	30	31
1月	J	G	H	E	F	D	C	B	A	I	J	G	H	E	C	B	A	G	H	E	F	D	C	B	A	I	J	G	H	E	F
2月	D	C	B	F	J	I	H	G	F	E	C	B	J	I	H	G	F	E	A	B	J	I	H	G	F	E	C	D			
3月	A	B	J	I	H	B	E	F	D	C	B	A	I	J	G	H	E	F	D	C	B	A	I	J	G	H	E	F	D	C	B
4月	A	I	J	G	H	E	F	D	C	B	A	I	J	G	F	D	C	H	G	F	E	C	D	A	B	J	I	H	G	F	
5月	E	C	D	A	B	E	I	H	G	F	E	C	D	C	D	A	B	J	I	H	D	A	B	J	I	H	G	F	E	C	D
6月	A	B	J	I	H	I	F	E	C	D	A	B	J	I	H	J	G	H	E	F	D	C	B	A	I	H	E	F	D	C	
7月	B	A	I	J	G	H	B	F	D	C	B	A	I	J	G	H	D	C	B	F	D	C	B	A	I	J	G	H	E	F	D
8月	C	B	A	I	J	G	H	D	E	C	D	A	B	J	I	A	B	J	I	H	G	F	D	A	B	J	I	H	G	F	E
9月	C	D	A	B	J	I	H	E	E	F	D	C	B	A	I	J	G	H	E	F	D	C	B	A	I	J	G	H	E	F	
10月	D	C	B	A	I	J	G	H	E	F	D	C	B	A	I	J	G	C	B	A	A	B	J	I	H	G	F	E	C	D	A
11月	B	J	I	H	G	F	E	E	D	A	B	J	I	H	G	A	B	J	I	H	E	F	D	A	B	J	I	H	G	F	
12月	E	C	D	A	B	J	E	G	H	E	F	D	C	B	A	I	J	G	H	E	F	D	C	B	A	I	J	G	H	E	F

※節日に生まれた方は、生まれた時刻により診断結果が異なる場合があります。

1966年（昭和41年）

	1	2	3	4	5	6	7	8	9	10	11	12	13	14	15	16	17	18	19	20	21	22	23	24	25	26	27	28	29	30	31
1月	D	C	B	A	I	J	G	H	E	F	D	C	B	A	I	H	E	F	B	A	I	J	G	H	E	F	D	C	B	A	I
2月	J	G	H	!	E	C	D	A	B	J	I	F	E	C	D	A	B	J	G	F	E	C	D	A	B	J	I	H			
3月	G	F	E	C	D	F	A	I	J	G	H	E	F	D	C	B	A	I	J	G	H	E	F	D	C	B	A	I	J	G	H
4月	E	F	D	C	B	A	I	J	G	H	E	F	D	C	I	J	G	D	A	B	J	I	H	G	F	E	C	D	A	B	
5月	J	I	H	G	F	A	C	D	A	B	J	B	H	I	H	G	F	E	C	D	H	G	F	E	C	D	A	B	J	I	H
6月	G	F	E	C	D	C	B	J	I	H	G	F	E	C	D	D	C	B	A	I	J	G	H	E	F	B	A	I	J	G	
7月	H	E	F	D	C	B	B	I	J	G	H	E	F	D	C	B	J	G	H	I	J	G	H	E	F	D	C	B	A	I	J
8月	G	H	E	F	D	C	B	J	J	I	H	G	F	E	C	G	F	E	C	D	A	B	H	G	F	E	C	D	A	B	J
9月	I	H	G	F	E	C	D	J	A	I	J	G	H	E	F	D	C	B	A	I	J	G	H	E	F	D	C	B	A	I	
10月	J	G	H	E	F	D	C	B	A	I	J	G	H	E	F	D	C	B	H	E	F	F	E	C	D	A	B	J	I	H	G
11月	F	E	C	D	A	B	J	A	H	G	F	E	C	D	A	G	F	E	C	D	A	B	H	G	F	E	C	D	A	B	
12月	J	I	H	G	F	E	J	C	B	A	I	J	G	H	E	F	D	C	B	A	I	J	G	H	E	F	D	C	B	A	I

1967年（昭和42年）

	1	2	3	4	5	6	7	8	9	10	11	12	13	14	15	16	17	18	19	20	21	22	23	24	25	26	27	28	29	30	31
1月	J	G	H	E	F	D	C	B	A	I	J	G	H	E	F	B	A	I	H	E	F	D	C	B	A	I	J	G	H	E	F
2月	D	C	B	F	J	I	H	G	F	E	C	B	J	I	H	G	F	E	A	B	J	I	H	G	F	E	C	D			
3月	A	B	J	I	H	B	E	F	D	C	B	A	I	J	G	H	E	F	D	C	B	A	I	J	G	H	E	F	D	C	B
4月	A	I	J	G	H	E	F	D	C	B	A	I	J	G	F	D	C	H	G	F	E	C	D	A	B	J	I	H	G	F	
5月	E	C	D	A	B	E	I	H	G	F	E	C	D	C	D	A	B	J	I	H	D	A	B	J	I	H	G	F	E	C	D
6月	A	B	J	I	H	I	F	E	C	D	A	B	J	I	H	J	G	H	E	F	D	C	B	A	I	H	E	F	D	C	
7月	B	A	I	J	G	H	E	E	D	C	B	A	I	J	G	H	E	C	B	A	D	C	B	A	I	J	G	H	E	F	D
8月	C	B	A	I	J	G	H	D	E	C	D	A	B	J	I	H	B	J	I	H	G	F	D	A	B	J	I	H	G	F	E
9月	C	D	A	B	J	I	H	E	E	F	D	C	B	A	I	J	G	H	E	F	D	C	B	A	I	J	G	H	E	F	
10月	D	C	B	A	I	J	G	H	E	F	D	C	B	A	I	J	G	H	B	A	I	B	J	I	H	G	F	E	C	D	A
11月	B	J	I	H	G	F	E	E	D	A	B	J	I	H	G	A	B	J	I	H	E	F	D	A	B	J	I	H	G	F	
12月	E	C	D	A	B	J	I	C	H	E	F	D	C	B	A	I	J	G	H	E	F	D	C	B	A	I	J	G	H	E	F

1968年（昭和43年）

	1	2	3	4	5	6	7	8	9	10	11	12	13	14	15	16	17	18	19	20	21	22	23	24	25	26	27	28	29	30	31
1月	D	C	B	A	I	J	G	H	E	F	D	C	B	A	I	H	E	F	B	A	I	J	G	H	E	F	D	C	B	A	I
2月	J	G	H	E	J	C	D	A	B	J	I	H	E	C	D	A	B	J	I	F	E	C	D	A	B	J	I	H	G		
3月	F	E	C	D	F	A	I	J	G	H	E	F	D	C	B	A	I	J	G	H	E	F	D	C	B	A	I	J	G	H	E
4月	F	D	C	B	A	I	J	G	H	E	F	D	C	B	J	G	H	A	B	J	I	H	G	F	E	C	D	A	B	J	
5月	I	H	G	F	A	C	D	A	B	J	I	H	I	H	G	F	E	C	D	H	G	F	E	C	D	A	B	J	I	H	G
6月	F	E	C	D	A	D	J	I	H	G	F	E	C	D	A	C	B	A	I	J	G	H	E	F	D	A	I	J	G	H	
7月	E	F	D	C	B	A	J	J	G	H	E	F	D	C	B	A	G	H	E	J	G	H	E	F	D	C	B	A	I	J	G
8月	H	E	F	D	C	B	J	J	I	H	G	F	E	C	G	A	E	C	D	A	J	H	G	F	E	C	D	A	B	J	I
9月	H	G	F	E	C	D	J	A	I	J	G	H	E	F	D	C	B	A	I	J	G	H	E	F	D	C	B	A	I	J	
10月	G	H	E	F	D	C	B	A	I	J	G	H	E	F	D	C	B	H	E	F	F	E	C	D	A	B	J	I	H	G	F
11月	J	G	H	E	D	D	C	H	G	F	E	C	D	A	G	F	E	C	D	J	I	H	G	F	E	C	D	A	B	J	
12月	J	G	H	E	F	D	C	B	A	I	J	G	H	E	F	D	C	B	A	I	J	G	H	E	F	D	C	B	A	I	J

1969年（昭和44年）

	1	2	3	4	5	6	7	8	9	10	11	12	13	14	15	16	17	18	19	20	21	22	23	24	25	26	27	28	29	30	31
1月	G	H	E	F	D	C	B	A	I	J	G	H	E	F	D	A	I	J	E	F	D	C	B	A	I	J	G	H	E	F	D
2月	C	B	A	D	I	H	G	F	E	C	D	J	I	H	G	F	E	C	B	J	I	H	G	F	E	C	D	A			
3月	B	J	I	H	G	J	F	D	C	B	A	I	J	G	H	E	F	D	C	B	A	I	J	G	H	E	F	D	C	B	A
4月	I	J	G	H	E	F	D	C	B	A	I	J	G	H	D	C	B	G	F	E	C	D	A	B	J	I	H	G	F	E	
5月	C	D	A	B	J	F	H	G	F	E	C	D	A	D	A	B	J	I	H	G	A	B	J	I	H	G	F	E	C	D	A
6月	B	J	I	H	G	H	E	C	D	A	B	J	I	H	G	G	H	E	F	D	C	B	A	I	J	E	F	D	C	B	
7月	A	I	J	G	H	E	E	D	C	B	A	I	J	G	H	E	C	B	A	D	C	B	A	I	J	G	H	E	F	D	C
8月	B	A	I	J	G	H	E	C	C	D	A	B	J	I	H	G	J	E	H	G	F	E	A	B	J	I	H	G	F	E	C
9月	D	A	B	J	I	H	G	C	F	D	C	B	A	I	J	G	H	E	F	D	C	B	A	I	J	G	H	E	F	D	
10月	C	B	A	I	J	G	H	E	F	D	C	B	A	I	J	G	H	B	A	I	B	J	I	H	G	F	E	C	D	A	B
11月	J	I	H	G	F	E	E	D	A	B	J	I	H	G	A	B	J	I	H	G	C	D	A	B	J	I	H	G	F	E	
12月	C	D	A	B	J	I	C	H	E	F	D	C	B	A	I	J	G	H	E	F	D	C	B	A	I	J	G	H	E	F	D

※節日に生まれた方は、生まれた時刻により診断結果が異なる場合があります。

1970年（昭和45年）

	1	2	3	4	5	6	7	8	9	10	11	12	13	14	15	16	17	18	19	20	21	22	23	24	25	26	27	28	29	30	31
1月	C	B	A	I	J	G	H	E	F	D	C	B	A	I	J	E	F	D	A	I	J	G	H	E	F	D	C	B	A	I	J
2月	G	H	E	J	C	D	A	B	J	I	H	E	C	D	A	B	J	I	F	E	C	D	A	B	J	I	H	G			
3月	F	E	C	D	A	E	I	J	G	H	E	F	D	C	B	A	I	J	G	H	E	F	D	C	B	A	I	J	G	H	E
4月	F	D	C	B	A	I	J	G	H	E	F	D	C	B	J	G	H	A	B	J	I	H	G	F	E	C	D	A	B	J	
5月	I	H	G	F	E	I	D	A	B	J	I	H	G	H	G	F	E	C	D	A	G	F	E	C	D	A	B	J	I	H	G
6月	F	E	C	D	A	D	J	I	H	G	F	E	C	D	A	C	B	A	I	J	G	H	E	F	D	A	I	J	G	H	
7月	E	F	D	C	B	A	J	J	G	H	E	F	D	C	B	A	G	H	E	J	G	H	E	F	D	C	B	A	I	J	G
8月	H	E	F	D	C	B	A	G	I	H	G	F	E	C	D	F	E	C	D	A	B	H	G	F	E	C	D	A	B	J	I
9月	H	G	F	E	C	D	A	I	I	J	G	H	E	F	D	C	B	A	I	J	G	H	E	F	D	C	B	A	I	J	
10月	G	H	E	F	D	C	B	A	I	J	G	H	E	F	D	C	B	A	E	F	D	E	C	D	A	B	J	I	H	G	F
11月	E	C	D	A	B	J	I	I	G	F	E	C	D	A	B	F	E	C	D	A	B	J	G	F	E	C	D	A	B	J	
12月	I	H	G	F	E	C	I	B	A	I	J	G	H	E	F	D	C	B	A	I	J	G	H	E	F	D	C	B	A	I	J

1971年（昭和46年）

	1	2	3	4	5	6	7	8	9	10	11	12	13	14	15	16	17	18	19	20	21	22	23	24	25	26	27	28	29	30	31
1月	G	H	E	F	D	C	B	A	I	J	G	H	E	F	D	A	I	J	E	F	D	C	B	A	I	J	G	H	E	F	D
2月	C	B	A	D	I	H	G	F	E	C	D	J	I	H	G	F	E	C	B	J	I	H	G	F	E	C	D	A			
3月	B	J	I	H	G	J	F	D	C	B	A	I	J	G	H	E	F	D	C	B	A	I	J	G	H	E	F	D	C	B	A
4月	I	J	G	H	E	F	D	C	B	A	I	J	G	H	D	C	B	G	F	E	C	D	A	B	J	I	H	G	F	E	
5月	C	D	A	B	J	F	H	G	F	E	C	D	A	D	A	B	J	I	H	G	A	B	J	I	H	G	F	E	C	D	A
6月	B	J	I	H	G	H	E	C	D	A	B	J	I	H	G	G	H	E	F	D	C	B	A	I	J	E	F	D	C	B	
7月	A	I	J	G	H	E	F	C	C	B	A	I	J	G	H	E	F	B	A	I	C	B	A	I	J	G	H	E	F	D	C
8月	B	A	I	J	G	H	E	C	C	D	A	B	J	I	H	B	J	I	H	G	F	E	A	B	J	I	H	G	F	E	C
9月	D	A	B	J	I	H	G	C	F	D	C	B	A	I	J	G	H	E	F	D	C	B	A	I	J	G	H	E	F	D	
10月	C	B	A	I	J	G	H	E	F	D	C	B	A	I	J	G	H	E	A	I	J	J	I	H	G	F	E	C	D	A	B
11月	J	I	H	G	F	E	C	F	A	B	J	I	H	G	F	B	J	I	H	G	F	E	A	B	J	I	H	G	F	E	
12月	C	D	A	B	J	I	H	D	E	F	D	C	B	A	I	J	G	H	E	F	D	C	B	A	I	J	G	H	E	F	D

1972年（昭和47年）

	1	2	3	4	5	6	7	8	9	10	11	12	13	14	15	16	17	18	19	20	21	22	23	24	25	26	27	28	29	30	31
1月	C	B	A	I	J	G	H	E	F	D	C	B	A	I	J	E	F	D	A	I	J	G	H	E	F	D	C	B	A	I	J
2月	G	H	E	F	G	D	A	B	J	I	H	G	C	D	A	B	J	I	H	E	C	D	A	B	J	I	H	G	F		
3月	E	C	D	A	E	I	J	G	H	E	F	D	C	B	A	I	J	G	H	E	F	D	C	B	A	I	J	G	H	E	F
4月	D	C	B	A	I	J	G	H	E	F	D	C	B	A	G	H	E	B	J	I	H	G	F	E	C	D	A	B	J	I	
5月	H	G	F	E	I	D	A	B	J	I	H	G	H	G	F	E	C	D	A	G	F	E	C	D	A	B	J	I	H	G	F
6月	E	C	D	A	B	J	B	H	G	F	E	C	D	A	B	J	A	I	J	G	H	E	F	D	C	B	J	G	H	E	
7月	F	D	C	B	A	I	I	G	H	E	F	D	C	B	A	I	H	E	F	G	H	E	F	D	C	B	A	I	J	G	H
8月	E	F	D	C	B	A	G	I	H	G	F	E	C	D	F	E	C	D	A	B	J	G	F	E	C	D	A	B	J	I	H
9月	G	F	E	C	D	A	I	I	J	G	H	E	F	D	C	B	A	I	J	G	H	E	F	D	C	B	A	I	J	G	
10月	H	E	F	D	C	B	A	I	J	G	H	E	F	D	C	B	A	E	F	D	E	C	D	A	B	J	I	H	G	F	E
11月	C	D	A	B	J	I	I	G	F	E	C	D	A	B	F	E	C	D	A	B	J	G	F	E	C	D	A	B	J	I	
12月	H	G	F	E	C	D	H	A	I	J	G	H	E	F	D	C	B	A	I	J	G	H	E	F	D	C	B	A	I	J	G

1973年（昭和48年）

	1	2	3	4	5	6	7	8	9	10	11	12	13	14	15	16	17	18	19	20	21	22	23	24	25	26	27	28	29	30	31
1月	H	E	F	D	C	B	A	I	J	G	H	E	F	D	A	I	J	E	F	D	C	B	A	I	J	G	H	E	F	D	C
2月	B	A	I	C	H	G	F	E	C	D	A	I	H	G	F	E	C	D	J	I	H	G	F	E	C	D	A	B			
3月	J	I	H	G	F	I	D	C	B	A	I	J	G	H	E	F	D	C	B	A	I	J	G	H	E	F	D	C	B	A	I
4月	J	G	H	E	F	D	C	B	A	I	J	G	H	E	C	B	A	F	E	C	D	A	B	J	I	H	G	F	E	C	
5月	D	A	B	J	I	D	G	F	E	C	D	A	B	A	B	J	I	H	G	F	B	J	I	H	G	F	E	C	D	A	B
6月	J	I	H	G	F	G	C	D	A	B	J	I	H	G	F	H	E	F	D	C	B	A	I	J	G	F	D	C	B	A	
7月	I	J	G	H	E	F	C	C	B	A	I	J	G	H	E	F	B	A	I	C	B	A	I	J	G	H	E	F	D	C	B
8月	A	I	J	G	H	E	F	B	D	A	B	J	I	H	G	J	I	H	G	F	E	C	B	J	I	H	G	F	E	C	D
9月	A	B	J	I	H	G	H	D	D	C	B	A	I	J	G	H	E	F	D	C	B	A	I	J	G	H	E	F	D	C	
10月	B	A	I	J	G	H	E	F	D	C	B	A	I	J	G	H	E	A	I	J	J	I	H	G	F	E	C	D	A	B	J
11月	C	B	A	I	J	G	H	A	B	J	I	H	G	F	B	J	I	H	G	C	E	A	B	J	I	H	G	F	E	C	
12月	C	B	A	I	J	G	H	E	F	D	C	B	A	I	J	G	H	E	F	D	C	B	A	I	J	G	H	E	F	D	C

※節日に生まれた方は、生まれた時刻により診断結果が異なる場合があります。

1974年（昭和49年）

	1	2	3	4	5	6	7	8	9	10	11	12	13	14	15	16	17	18	19	20	21	22	23	24	25	26	27	28	29	30	31
1月	B	A	I	J	G	H	E	F	D	C	B	A	I	J	G	F	D	C	I	J	G	H	E	F	D	C	B	A	I	J	G
2月	H	E	F	G	D	A	B	J	I	H	G	C	D	A	B	J	I	H	E	C	D	A	B	J	I	H	G	F			
3月	E	C	D	A	B	C	J	G	H	E	F	D	C	B	A	I	J	G	H	E	F	D	C	B	A	I	J	G	H	E	F
4月	D	C	B	A	I	J	G	H	E	F	D	C	B	A	G	H	E	B	J	I	H	G	F	E	C	D	A	B	J	I	
5月	H	G	F	E	C	J	A	B	J	I	H	I	F	G	F	E	C	D	A	B	F	E	C	D	A	B	J	I	H	G	F
6月	E	C	D	A	B	A	I	H	G	F	E	C	D	A	B	B	A	I	J	G	H	E	F	D	C	I	J	G	H	E	
7月	F	D	C	B	A	I	I	G	H	E	F	D	C	B	A	I	H	E	F	G	H	E	F	D	C	B	A	I	J	G	H
8月	E	F	D	C	B	A	I	H	H	G	F	E	C	D	A	E	C	D	A	B	J	I	F	E	C	D	A	B	J	I	H
9月	G	F	E	C	D	A	B	H	J	G	H	E	F	D	C	B	A	I	J	G	H	E	F	D	C	B	A	I	J	G	
10月	H	E	F	D	C	B	A	I	J	G	H	E	F	D	C	B	A	I	F	D	C	C	D	A	B	J	I	H	G	F	E
11月	C	D	A	B	J	I	H	J	F	E	C	D	A	B	J	E	C	D	A	B	J	I	F	E	C	D	A	B	J	I	
12月	H	G	F	E	C	D	H	A	I	J	G	H	E	F	D	C	B	A	I	J	G	H	E	F	D	C	B	A	I	J	G

1975年（昭和50年）

	1	2	3	4	5	6	7	8	9	10	11	12	13	14	15	16	17	18	19	20	21	22	23	24	25	26	27	28	29	30	31
1月	H	E	F	D	C	B	A	I	J	G	H	E	F	D	C	I	J	G	F	D	C	B	A	I	J	G	H	E	F	D	C
2月	B	A	I	C	H	G	F	E	C	D	A	I	H	G	F	E	C	D	J	I	H	G	F	E	C	D	A	B			
3月	J	I	H	G	F	I	D	C	B	A	I	J	G	H	E	F	D	C	B	A	I	J	G	H	E	F	D	C	B	A	I
4月	J	G	H	E	F	D	C	B	A	I	J	G	H	E	F	D	A	I	J	C	D	A	B	J	I	H	G	F	E	C	
5月	D	A	B	J	I	D	G	F	E	C	D	A	B	A	B	J	I	H	G	F	B	J	I	H	G	F	E	C	D	A	B
6月	J	I	H	G	F	G	C	D	A	B	J	I	H	G	F	H	E	F	D	C	B	A	I	J	G	F	D	C	B	A	
7月	I	J	G	H	E	F	D	D	B	A	I	J	G	H	E	F	D	A	I	J	B	A	I	J	G	H	E	F	D	C	B
8月	A	I	J	G	H	E	F	B	D	A	B	J	I	H	G	J	I	H	G	F	E	C	B	J	I	H	G	F	E	C	D
9月	A	B	J	I	H	G	F	D	D	C	B	A	I	J	G	H	E	F	D	C	B	A	I	J	G	H	E	F	D	C	
10月	B	A	I	J	G	H	E	F	D	C	B	A	I	J	G	H	E	F	I	J	G	I	H	G	F	E	C	D	A	B	J
11月	I	H	G	F	E	C	D	D	B	J	I	H	G	F	E	J	I	H	G	F	E	C	B	J	I	H	G	F	E	C	
12月	D	A	B	J	I	H	G	A	F	D	C	B	A	I	J	G	H	E	F	D	C	B	A	I	J	G	H	E	F	D	C

1976年（昭和51年）

	1	2	3	4	5	6	7	8	9	10	11	12	13	14	15	16	17	18	19	20	21	22	23	24	25	26	27	28	29	30	31
1月	B	A	I	J	G	H	E	F	D	C	B	A	I	J	G	F	D	C	I	J	G	H	E	F	D	C	B	A	I	J	G
2月	H	E	F	D	H	A	B	J	I	H	G	F	D	A	B	J	I	H	G	C	D	A	B	J	I	H	G	F	E		
3月	C	D	A	B	C	J	G	H	E	F	D	C	B	A	I	J	G	H	E	F	D	C	B	A	I	J	G	H	E	F	D
4月	C	B	A	I	J	G	H	E	F	D	C	B	A	I	H	E	F	J	I	H	G	F	E	C	D	A	B	J	I	H	
5月	G	F	E	C	J	A	B	J	I	H	G	F	G	F	E	C	D	A	B	F	E	C	D	A	B	J	I	H	G	F	E
6月	C	D	A	B	A	I	H	G	F	E	C	D	A	B	B	A	I	J	G	H	E	F	D	C	I	J	G	H	E	F	
7月	D	C	B	A	I	J	H	H	E	F	D	C	B	A	I	J	E	F	D	H	E	F	D	C	B	A	I	J	G	H	E
8月	F	D	C	B	A	I	H	H	G	F	E	C	D	A	B	C	D	A	B	J	I	F	E	C	D	A	B	J	I	H	G
9月	F	E	C	D	A	B	H	J	G	H	E	F	D	C	B	A	I	J	G	H	E	F	D	C	B	A	I	J	G	H	
10月	E	F	D	C	B	A	I	J	G	H	E	F	D	C	B	A	I	F	D	C	C	D	A	B	J	I	H	G	F	E	C
11月	D	A	B	J	I	H	J	F	E	C	D	A	B	J	E	C	D	A	B	J	I	F	E	C	D	A	B	J	I	H	
12月	G	F	E	C	D	A	G	I	J	G	H	E	F	D	C	B	A	I	J	G	H	E	F	D	C	B	A	I	J	G	H

1977年（昭和52年）

	1	2	3	4	5	6	7	8	9	10	11	12	13	14	15	16	17	18	19	20	21	22	23	24	25	26	27	28	29	30	31
1月	E	F	D	C	B	A	I	J	G	H	E	F	D	C	I	J	G	F	D	C	B	A	I	J	G	H	E	F	D	C	B
2月	A	I	J	B	G	F	E	C	D	A	B	H	G	F	E	C	D	A	I	H	G	F	E	C	D	A	B	J			
3月	I	H	G	F	E	H	C	B	A	I	J	G	H	E	F	D	C	B	A	I	J	G	H	E	F	D	C	B	A	I	J
4月	G	H	E	F	D	C	B	A	I	J	G	H	E	F	B	A	I	E	C	D	A	B	J	I	H	G	F	E	C	D	
5月	A	B	J	I	D	G	F	E	C	D	A	B	A	B	J	I	H	G	F	B	J	I	H	G	F	E	C	D	A	B	J
6月	I	H	G	F	E	F	D	A	B	J	I	H	G	F	E	E	F	D	C	B	A	I	J	G	H	D	C	B	A	I	
7月	J	G	H	E	F	D	D	B	A	I	J	G	H	E	F	D	A	I	J	B	A	I	J	G	H	E	F	D	C	B	A
8月	I	J	G	H	E	F	D	A	A	B	J	I	H	G	F	I	H	D	F	E	C	D	J	I	H	G	F	E	C	D	A
9月	B	J	I	H	G	F	E	A	C	B	A	I	J	G	H	E	F	D	C	B	A	I	J	G	H	E	F	D	C	B	
10月	A	I	J	G	H	E	F	D	C	B	A	I	J	G	H	E	F	I	J	G	I	H	G	F	E	C	D	A	B	J	I
11月	H	G	F	E	C	D	D	B	J	I	H	G	F	E	J	I	H	G	F	E	C	B	J	I	H	G	F	E	C	D	
12月	A	B	J	I	H	G	A	F	D	C	B	A	I	J	G	H	E	F	D	C	B	A	I	J	G	H	E	F	D	C	B

※節日に生まれた方は、生まれた時刻により診断結果が異なる場合があります。

1978年（昭和53年）

	1	2	3	4	5	6	7	8	9	10	11	12	13	14	15	16	17	18	19	20	21	22	23	24	25	26	27	28	29	30	31
1月	A	I	J	G	H	E	F	D	C	B	A	I	J	G	H	D	C	B	J	G	H	E	F	D	C	B	A	I	J	G	H
2月	E	F	D	H	A	B	J	I	H	G	F	D	A	B	J	I	H	G	C	D	A	B	J	I	H	G	F	E			
3月	C	D	A	B	J	D	G	H	E	F	D	C	B	A	I	J	G	H	E	F	D	C	B	A	I	J	G	H	E	F	D
4月	C	B	A	I	J	G	H	E	F	D	C	B	A	I	H	E	F	J	I	H	G	F	E	C	D	A	B	J	I	H	
5月	G	F	E	C	D	G	B	J	I	H	G	H	E	F	E	C	D	A	B	J	E	C	D	A	B	J	I	H	G	F	E
6月	C	D	A	B	J	B	H	G	F	E	C	D	A	B	J	A	I	J	G	H	E	F	D	C	B	J	G	H	E	F	
7月	D	D	B	A	I	J	H	H	E	F	D	C	B	A	I	J	E	F	D	H	E	F	D	C	B	A	I	J	G	H	E
8月	F	D	C	B	A	I	J	E	G	F	E	C	D	A	B	C	D	A	B	J	I	H	E	C	D	A	B	J	I	H	G
9月	F	E	C	D	A	B	J	G	G	H	E	F	D	C	B	A	I	J	G	H	E	F	D	C	B	A	I	J	G	H	
10月	E	F	D	C	B	A	I	J	G	H	E	F	D	C	B	A	I	J	D	C	B	D	A	B	J	I	H	G	F	E	C
11月	H	E	F	D	C	B	A	I	E	C	D	A	B	J	I	C	D	A	B	J	I	H	E	C	D	A	B	J	I	H	
12月	H	E	F	D	C	B	A	I	J	G	H	E	F	D	C	B	A	I	J	G	H	E	F	D	C	B	A	I	J	G	H

1979年（昭和54年）

	1	2	3	4	5	6	7	8	9	10	11	12	13	14	15	16	17	18	19	20	21	22	23	24	25	26	27	28	29	30	31
1月	E	F	D	C	B	A	I	J	G	H	E	F	D	C	B	J	G	H	D	C	B	A	I	J	G	H	E	F	D	C	B
2月	A	I	J	B	G	F	E	C	D	A	B	H	G	F	E	C	D	A	I	H	G	F	E	C	D	A	B	J			
3月	I	H	G	F	E	D	C	B	A	I	J	G	H	E	F	D	C	B	A	I	J	G	H	E	F	D	C	B	A	I	J
4月	G	H	E	F	D	C	B	A	I	J	G	H	E	F	B	A	I	E	C	D	A	B	J	I	H	G	F	E	C	D	
5月	A	B	J	I	H	C	F	E	C	D	A	B	A	B	J	I	E	G	F	E	J	I	H	G	F	E	C	D	A	B	J
6月	I	H	G	F	E	F	D	A	B	J	I	H	G	F	E	E	F	D	C	B	A	I	J	G	H	D	C	B	A	I	
7月	J	G	H	E	F	D	C	A	A	I	J	G	H	E	F	D	C	I	J	G	A	I	J	G	H	E	F	D	C	B	A
8月	I	J	G	H	E	F	D	A	A	B	J	I	H	G	F	I	H	G	F	E	C	D	J	I	H	G	F	E	C	D	A
9月	B	J	I	H	G	F	E	A	C	B	A	I	J	G	H	E	F	D	C	B	A	I	J	G	H	E	F	D	C	B	
10月	A	I	J	G	H	E	F	D	C	B	A	I	J	G	H	E	F	D	J	G	H	H	G	F	E	C	D	A	B	J	I
11月	H	G	F	E	C	D	A	C	J	I	H	G	F	E	C	I	H	G	F	E	C	D	J	I	H	G	F	E	C	D	
12月	A	B	J	I	H	G	F	B	D	C	B	A	I	J	G	H	E	F	D	C	B	A	I	J	G	H	E	F	D	C	B

1980年（昭和55年）

	1	2	3	4	5	6	7	8	9	10	11	12	13	14	15	16	17	18	19	20	21	22	23	24	25	26	27	28	29	30	31
1月	A	I	J	G	H	E	F	D	C	B	A	I	J	G	H	D	C	B	J	G	H	E	F	D	C	B	A	I	J	G	H
2月	E	F	D	C	E	B	J	I	H	G	F	E	A	B	J	I	H	G	F	D	A	B	J	I	H	G	F	E	C		
3月	D	A	B	J	D	G	H	E	F	D	C	B	A	I	J	G	H	E	F	D	C	B	A	I	J	G	H	E	F	D	C
4月	B	A	I	J	G	H	E	F	D	C	B	A	I	H	E	F	J	I	H	G	F	E	C	D	A	B	J	I	H	G	
5月	F	E	C	D	G	B	J	I	H	G	H	E	F	E	C	D	A	B	J	E	C	D	A	B	J	I	H	G	F	E	C
6月	D	A	B	J	B	H	G	F	E	C	D	A	B	J	A	I	J	G	H	E	F	D	C	B	J	G	H	E	F	D	
7月	C	B	A	I	J	G	H	E	F	D	C	B	A	I	J	G	F	D	C	E	F	D	C	B	A	I	J	G	H	E	F
8月	D	C	B	A	I	J	E	G	F	E	C	D	A	B	C	D	A	B	J	I	H	E	C	D	A	B	J	I	H	G	F
9月	E	C	D	A	B	J	G	G	H	E	F	D	C	B	A	I	J	G	H	E	F	D	C	B	A	I	J	G	H	E	
10月	F	D	C	B	A	I	J	G	H	E	F	D	C	B	A	I	J	D	C	B	D	A	B	J	I	H	G	F	E	C	D
11月	A	B	J	I	H	G	G	E	C	D	A	B	J	I	C	D	A	B	J	I	H	E	C	D	A	B	J	I	H	G	
12月	F	E	C	D	A	B	F	J	G	H	E	F	D	C	B	A	I	J	G	H	E	F	D	C	B	A	I	J	G	H	E

1981年（昭和56年）

	1	2	3	4	5	6	7	8	9	10	11	12	13	14	15	16	17	18	19	20	21	22	23	24	25	26	27	28	29	30	31
1月	F	D	C	B	A	I	J	G	H	E	F	D	C	B	J	G	H	D	C	B	A	I	J	G	H	E	F	D	C	B	A
2月	I	J	G	A	F	E	C	D	A	B	J	G	F	E	C	D	A	B	H	G	F	E	C	D	A	B	J	I			
3月	H	G	F	E	C	G	B	A	I	J	G	H	E	F	D	C	B	A	I	J	G	H	E	F	D	C	B	A	I	J	G
4月	H	E	F	D	C	B	A	I	J	G	H	E	F	D	A	I	J	C	D	A	B	J	I	H	G	F	E	C	D	A	
5月	B	J	I	H	C	F	E	C	D	A	B	J	B	J	I	H	G	E	E	J	I	H	G	F	E	C	D	A	B	J	I
6月	H	G	F	E	C	E	A	B	J	I	H	G	F	E	C	F	D	C	B	A	I	J	G	H	E	C	B	A	I	J	
7月	G	H	E	F	D	C	A	A	I	J	G	H	E	F	D	C	I	J	G	A	I	J	G	H	E	F	D	C	B	A	I
8月	J	G	H	E	F	D	A	A	B	J	I	H	G	F	I	H	G	F	E	C	D	J	I	H	G	F	E	C	D	A	B
9月	J	I	H	G	F	E	C	B	B	A	I	J	G	H	E	F	D	C	B	A	I	J	G	H	E	F	D	C	B	A	
10月	I	J	G	H	E	F	D	C	B	A	I	J	G	H	E	F	D	J	G	H	H	G	F	E	C	D	A	B	J	I	H
11月	G	F	E	C	D	A	C	J	I	H	G	F	E	C	I	H	G	F	E	C	D	J	I	H	G	F	E	C	D	A	
12月	B	J	I	H	G	F	B	D	C	B	A	I	J	G	H	E	F	D	C	B	A	I	J	G	H	E	F	D	C	B	A

※節日に生まれた方は、生まれた時刻により診断結果が異なる場合があります。

1982年（昭和57年）

	1	2	3	4	5	6	7	8	9	10	11	12	13	14	15	16	17	18	19	20	21	22	23	24	25	26	27	28	29	30	31
1月	I	J	G	H	E	F	D	C	B	A	I	J	G	H	E	C	B	A	G	H	E	F	D	C	B	A	I	J	G	H	E
2月	F	D	C	E	B	J	I	H	G	F	E	A	B	J	I	H	G	F	D	A	B	J	I	H	G	F	E	C			
3月	D	A	B	J	I	A	H	E	F	D	C	B	A	I	J	G	H	E	F	D	C	B	A	I	J	G	H	E	F	D	C
4月	B	A	I	J	G	H	E	F	D	C	B	A	I	J	E	F	D	I	H	G	F	E	C	D	A	B	J	I	H	G	
5月	F	E	C	D	A	H	J	I	H	G	F	G	C	E	C	D	A	B	J	I	C	D	A	B	J	I	H	G	F	E	C
6月	D	A	B	J	I	J	G	F	E	C	D	A	B	J	I	I	J	G	H	E	F	D	C	B	A	G	H	E	F	D	
7月	C	B	A	I	J	G	G	E	F	D	C	B	A	I	J	G	F	D	C	E	F	D	C	B	A	I	J	G	H	E	F
8月	D	C	B	A	I	J	G	F	F	E	C	D	A	B	J	D	A	B	J	I	H	E	C	D	A	B	J	I	H	G	F
9月	E	C	D	A	B	J	I	F	H	E	F	D	C	B	A	I	J	G	H	E	F	D	C	B	A	I	J	G	H	E	
10月	F	D	C	B	A	I	J	G	H	E	F	D	C	B	A	I	J	D	C	B	D	A	B	J	I	H	G	F	E	C	D
11月	A	B	J	I	H	G	F	H	C	D	A	B	J	I	H	D	A	B	J	I	H	E	C	D	A	B	J	I	H	G	
12月	F	E	C	D	A	B	F	J	G	H	E	F	D	C	B	A	I	J	G	H	E	F	D	C	B	A	I	J	G	H	E

1983年（昭和58年）

	1	2	3	4	5	6	7	8	9	10	11	12	13	14	15	16	17	18	19	20	21	22	23	24	25	26	27	28	29	30	31
1月	F	D	C	B	A	I	J	G	H	E	F	D	C	B	A	G	H	E	C	B	A	I	J	G	H	E	F	D	C	B	A
2月	I	J	G	A	F	E	C	D	A	B	J	G	F	E	C	D	A	B	H	G	F	E	C	D	A	B	J	I			
3月	H	G	F	E	C	G	B	A	I	J	G	H	E	F	D	C	B	A	I	J	G	H	E	F	D	C	B	A	I	J	G
4月	H	E	F	D	C	B	A	I	J	G	H	E	F	D	A	I	J	C	D	A	B	J	I	H	G	F	E	C	D	A	
5月	B	J	I	H	G	B	E	C	D	A	B	J	I	J	I	H	G	F	E	C	I	H	G	F	E	C	D	A	B	J	I
6月	H	G	F	E	C	E	A	B	J	I	H	G	F	E	C	F	D	C	B	A	I	J	G	H	E	C	B	A	I	J	
7月	G	H	E	F	D	C	B	B	I	J	G	H	E	F	D	C	B	J	G	H	I	J	G	H	E	F	D	C	B	A	I
8月	J	G	H	E	F	D	C	I	B	J	I	H	G	F	E	H	G	F	E	C	D	A	I	H	G	F	E	C	D	A	B
9月	J	I	H	G	F	E	C	B	B	A	I	J	G	H	E	F	D	C	B	A	I	J	G	H	E	F	D	C	B	A	
10月	I	J	G	H	E	F	D	C	B	A	I	J	G	H	E	F	D	C	G	H	E	G	F	E	C	D	A	B	J	I	H
11月	A	I	J	G	H	E	F	D	I	H	G	F	E	C	D	H	G	F	E	C	D	A	I	H	G	F	E	C	D	A	
12月	A	I	J	G	H	E	F	D	C	B	A	I	J	G	H	E	F	D	C	B	A	I	J	G	H	E	F	D	C	B	A

1984年（昭和59年）

	1	2	3	4	5	6	7	8	9	10	11	12	13	14	15	16	17	18	19	20	21	22	23	24	25	26	27	28	29	30	31
1月	I	J	G	H	E	F	D	C	B	A	I	J	G	H	E	C	B	A	G	H	E	F	D	C	B	A	I	J	G	H	E
2月	F	D	C	E	B	J	I	H	G	F	E	A	B	J	I	H	G	F	D	A	B	J	I	H	G	F	E	C	D		
3月	A	B	J	I	A	H	E	F	D	C	B	A	I	J	G	H	E	F	D	C	B	A	I	J	G	H	E	F	D	C	B
4月	A	I	J	G	H	E	F	D	C	B	A	I	J	E	F	D	I	H	G	F	E	C	D	A	B	J	I	H	G	F	
5月	E	C	D	A	H	J	I	H	G	F	E	C	E	C	D	A	B	J	I	C	D	A	B	J	I	H	G	F	E	C	D
6月	A	B	J	I	J	G	F	E	C	D	A	B	J	I	I	J	G	H	E	F	D	C	B	A	G	H	E	F	D	C	
7月	B	A	I	J	G	H	F	F	D	C	B	A	I	J	G	H	D	C	B	F	D	C	B	A	I	J	G	H	E	F	D
8月	C	B	A	I	J	G	F	F	E	C	D	A	B	J	D	H	B	J	I	H	G	C	D	A	B	J	I	H	G	F	E
9月	C	D	A	B	J	I	F	H	E	F	D	C	B	A	I	J	G	H	E	F	D	C	B	A	I	J	G	H	E	F	
10月	D	C	B	A	I	J	G	H	E	F	D	C	B	A	I	J	G	C	B	A	A	B	J	I	H	G	F	E	C	D	A
11月	B	J	I	H	G	F	H	C	D	A	B	J	I	H	D	A	B	J	I	H	G	C	D	A	B	J	I	H	G	F	
12月	E	C	D	A	B	J	E	G	H	E	F	D	C	B	A	I	J	G	H	E	F	D	C	B	A	I	J	G	H	E	F

1985年（昭和60年）

	1	2	3	4	5	6	7	8	9	10	11	12	13	14	15	16	17	18	19	20	21	22	23	24	25	26	27	28	29	30	31
1月	D	C	B	A	I	J	G	H	E	F	D	C	B	A	G	H	E	C	B	A	I	J	G	H	E	F	D	C	B	A	I
2月	J	G	H	I	E	C	D	A	B	J	I	F	E	C	D	A	B	J	G	F	E	C	D	A	B	J	I	H			
3月	G	F	E	C	G	B	A	I	J	G	H	E	F	D	C	B	A	I	J	G	H	E	F	D	C	B	A	I	J	G	H
4月	E	F	D	C	B	A	I	J	G	H	E	F	D	C	I	J	G	D	A	B	J	I	H	G	F	E	C	D	A	B	
5月	J	I	H	G	B	E	C	D	A	B	J	I	J	I	H	G	F	E	C	I	H	G	F	E	C	D	A	B	J	I	H
6月	G	F	E	C	D	C	B	J	I	H	G	F	E	C	D	D	C	B	A	I	J	G	H	E	F	B	A	I	J	G	
7月	H	E	F	D	C	B	B	I	J	G	H	E	F	D	C	B	J	G	H	I	J	G	H	E	F	D	C	B	A	I	J
8月	G	H	E	F	D	C	I	B	J	I	H	G	F	E	H	G	F	E	C	D	A	I	H	G	F	E	C	D	A	B	J
9月	I	H	G	F	E	C	D	J	A	I	J	G	H	E	F	D	C	B	A	I	J	G	H	E	F	D	C	B	A	I	
10月	J	G	H	E	F	D	C	B	A	I	J	G	H	E	F	D	C	G	H	E	G	F	E	C	D	A	B	J	I	H	G
11月	F	E	C	D	A	B	B	I	H	G	F	E	C	D	H	G	F	E	C	D	A	I	H	G	F	E	C	D	A	B	
12月	J	I	H	G	F	E	J	C	B	A	I	J	G	H	E	F	D	C	B	A	I	J	G	H	E	F	D	C	B	A	I

※節日に生まれた方は、生まれた時刻により診断結果が異なる場合があります。

1986年（昭和61年）

	1	2	3	4	5	6	7	8	9	10	11	12	13	14	15	16	17	18	19	20	21	22	23	24	25	26	27	28	29	30	31
1月	J	G	H	E	F	D	C	B	A	I	J	G	H	E	F	B	A	G	H	E	F	D	C	B	A	I	J	G	H	E	F
2月	D	C	B	E	J	I	H	G	F	E	C	B	J	I	H	G	F	E	A	B	J	I	H	G	F	E	C	D			
3月	A	B	J	I	H	B	E	F	D	C	B	A	I	J	G	H	E	F	D	C	B	A	I	J	G	H	E	F	D	C	B
4月	A	I	J	G	H	E	F	D	C	B	A	I	J	G	F	D	C	H	G	F	E	C	D	A	B	J	I	H	G	F	
5月	E	C	D	A	B	E	I	H	G	F	E	C	D	C	D	A	B	J	I	H	D	A	B	J	I	H	G	F	E	C	D
6月	A	B	J	I	H	I	F	E	C	D	A	B	J	I	H	J	G	H	E	F	D	C	B	A	I	H	E	F	D	C	
7月	B	A	I	J	G	H	F	F	D	C	B	A	I	J	G	H	D	C	B	F	D	C	B	A	I	J	G	H	E	F	D
8月	C	B	A	I	J	G	H	D	E	C	D	A	B	J	I	A	B	J	I	H	G	F	D	A	B	J	I	H	G	F	E
9月	C	D	A	B	J	I	H	E	E	F	D	C	B	A	I	J	G	H	E	F	D	C	B	A	I	J	G	H	E	F	
10月	D	C	B	A	I	J	G	H	E	F	D	C	B	A	I	J	G	C	B	A	A	B	J	I	H	G	F	E	C	D	A
11月	B	J	I	H	G	F	E	E	D	A	B	J	I	H	G	A	B	J	I	H	G	F	D	A	B	J	I	H	G	F	
12月	E	C	D	A	B	J	E	G	H	E	F	D	C	B	A	I	J	G	H	E	F	D	C	B	A	I	J	G	H	E	F

1987年（昭和62年）

	1	2	3	4	5	6	7	8	9	10	11	12	13	14	15	16	17	18	19	20	21	22	23	24	25	26	27	28	29	30	31
1月	D	C	B	A	I	J	G	H	E	F	D	C	B	A	I	H	E	F	B	A	I	J	G	H	E	F	D	C	B	A	I
2月	J	G	H	I	E	C	D	A	B	J	I	F	E	C	D	A	B	J	G	F	E	C	D	A	B	J	I	H			
3月	G	F	E	C	D	F	A	I	J	G	H	E	F	D	C	B	A	I	J	G	H	E	F	D	C	B	A	I	J	G	H
4月	E	F	D	C	B	A	I	J	G	H	E	F	D	C	I	J	G	D	A	B	J	I	H	G	F	E	C	D	A	B	
5月	J	I	H	G	F	A	C	D	A	B	J	I	H	I	H	G	F	E	C	D	H	G	F	E	C	D	A	B	J	I	H
6月	G	F	E	C	D	C	B	J	I	H	G	F	E	C	D	D	C	B	A	I	J	G	H	E	F	B	A	I	J	G	
7月	H	E	F	D	C	B	A	J	J	G	H	E	F	D	C	B	A	G	H	E	J	G	H	E	F	D	C	B	A	I	J
8月	G	H	E	F	D	C	B	J	J	I	H	G	F	E	C	G	F	E	C	D	A	B	H	G	F	E	C	D	A	B	J
9月	I	H	G	F	E	C	D	J	A	I	J	G	H	E	F	D	C	B	A	I	J	G	H	E	F	D	C	B	A	I	
10月	J	G	H	E	F	D	C	B	A	I	J	G	H	E	F	D	C	B	H	E	F	F	E	C	D	A	B	J	I	H	G
11月	F	E	C	D	A	B	J	A	H	G	F	E	C	D	A	G	F	E	C	D	A	B	H	G	F	E	C	D	A	B	
12月	J	I	H	G	F	E	J	C	B	A	I	J	G	H	E	F	D	C	B	A	I	J	G	H	E	F	D	C	B	A	I

1988年（昭和63年）

	1	2	3	4	5	6	7	8	9	10	11	12	13	14	15	16	17	18	19	20	21	22	23	24	25	26	27	28	29	30	31
1月	J	G	H	E	F	D	C	B	A	I	J	G	H	E	F	B	A	I	H	E	F	D	C	B	A	I	J	G	H	E	F
2月	D	C	B	F	J	I	H	G	F	E	C	B	J	I	H	G	F	E	A	B	J	I	H	G	F	E	C	D	A		
3月	B	J	I	H	B	E	F	D	C	B	A	I	J	G	H	E	F	D	C	B	A	I	J	G	H	E	F	D	C	B	A
4月	I	J	G	H	E	F	D	C	B	A	I	J	G	F	D	C	H	G	F	E	C	D	A	B	J	I	H	G	F	E	
5月	C	D	A	B	E	I	H	G	F	E	C	D	C	D	A	B	J	I	H	D	A	B	J	I	H	G	F	E	C	D	A
6月	B	J	I	H	I	F	E	C	D	A	B	J	I	H	J	G	H	E	F	D	C	B	A	I	H	E	F	D	C	B	
7月	A	I	J	G	H	E	E	D	C	B	A	I	J	G	H	E	C	B	A	D	C	B	A	I	J	G	H	E	F	D	C
8月	B	A	I	J	G	H	D	E	C	D	A	B	J	I	A	B	J	I	H	G	F	D	A	B	J	I	H	G	F	E	C
9月	D	A	B	J	I	H	E	E	F	D	C	B	A	I	J	G	H	E	F	D	C	B	A	I	J	G	H	E	F	D	
10月	C	B	A	I	J	G	H	E	F	D	C	B	A	I	J	G	H	B	A	I	B	J	I	H	G	F	E	C	D	A	B
11月	D	C	B	A	I	J	G	D	A	B	J	I	H	G	A	B	J	I	H	E	F	D	A	B	J	I	H	G	F	E	
12月	D	C	B	B	I	J	G	H	E	F	D	C	B	A	I	J	G	H	E	F	D	C	B	A	I	J	G	H	E	F	D

1989年（平成1年）

	1	2	3	4	5	6	7	8	9	10	11	12	13	14	15	16	17	18	19	20	21	22	23	24	25	26	27	28	29	30	31
1月	C	B	A	I	J	G	H	E	F	D	C	B	A	I	H	E	F	B	A	I	J	G	H	E	F	D	C	B	A	I	J
2月	G	H	E	J	C	D	A	B	J	I	H	E	C	D	A	B	J	I	F	E	C	D	A	B	J	I	H	G			
3月	F	E	C	D	F	A	I	J	G	H	E	F	D	C	B	A	I	J	G	H	E	F	D	C	B	A	I	J	G	H	E
4月	F	D	C	B	A	I	J	G	H	E	F	D	C	B	J	G	H	A	B	J	I	H	G	F	E	C	D	A	B	J	
5月	I	H	G	F	A	C	D	A	B	J	I	H	I	H	G	F	E	C	D	H	G	F	E	C	D	A	B	J	I	H	G
6月	F	E	C	D	A	D	J	I	H	G	F	E	C	D	A	C	B	A	I	J	G	H	E	F	D	A	I	J	G	H	
7月	E	F	D	C	B	A	J	J	G	H	E	F	D	C	B	A	G	H	E	J	G	H	E	F	D	C	B	A	I	J	G
8月	H	E	F	D	C	B	J	J	I	H	G	F	E	C	G	F	E	C	D	A	B	H	G	F	E	C	D	A	B	J	I
9月	H	G	F	E	C	D	A	I	I	J	G	H	E	F	D	C	B	A	I	J	G	H	E	F	D	C	B	A	I	J	
10月	G	H	E	F	D	C	B	A	I	J	G	H	E	F	D	C	B	H	E	F	F	E	C	D	A	B	J	I	H	G	F
11月	E	C	D	A	B	J	A	H	G	F	E	C	D	A	G	F	E	C	D	A	B	H	G	F	E	C	D	A	B	J	
12月	I	H	G	F	E	C	I	B	A	I	J	G	H	E	F	D	C	B	A	I	J	G	H	E	F	D	C	B	A	I	J

※昭和64年1月１日~7日生まれの方は平成1年をご覧ください。
※節日に生まれた方は、生まれた時刻により診断結果が異なる場合があります。

1990年（平成2年）

	1	2	3	4	5	6	7	8	9	10	11	12	13	14	15	16	17	18	19	20	21	22	23	24	25	26	27	28	29	30	31
1月	G	H	E	F	D	C	B	A	I	J	G	H	E	F	B	A	I	H	E	F	D	C	B	A	I	J	G	H	E	F	D
2月	C	B	A	D	I	H	G	F	E	C	D	J	I	H	G	F	E	C	B	J	I	H	G	F	E	C	D	A			
3月	B	J	I	H	G	J	F	D	C	B	A	I	J	G	H	E	F	D	C	B	A	I	J	G	H	E	F	D	C	B	A
4月	I	J	G	H	E	F	D	C	B	A	I	J	G	H	D	C	B	G	F	E	C	D	A	B	J	I	H	G	F	E	
5月	C	D	A	B	J	F	H	G	F	E	C	D	A	D	A	B	J	I	H	G	A	B	J	I	H	G	F	E	C	D	A
6月	B	J	I	H	G	H	E	C	D	A	B	J	I	H	G	G	H	E	F	D	C	B	A	I	J	E	F	D	C	B	
7月	A	I	J	G	H	E	E	D	C	B	A	I	J	G	H	E	C	B	A	D	C	B	A	I	J	G	H	E	F	D	C
8月	B	A	I	J	G	H	E	C	C	D	A	B	J	I	H	B	J	I	H	G	F	E	A	B	J	I	H	G	F	E	C
9月	D	A	B	J	I	H	G	C	F	D	C	B	A	I	J	G	H	E	F	D	C	B	A	I	J	G	H	E	F	D	
10月	C	B	A	I	J	G	H	E	F	D	C	B	A	I	J	G	H	E	A	I	J	J	I	H	G	F	E	C	D	A	B
11月	J	I	H	G	F	E	C	F	A	B	J	I	H	G	F	B	J	I	H	G	F	E	A	B	J	I	H	G	F	E	
12月	C	D	A	B	J	I	C	H	E	F	D	C	B	A	I	J	G	H	E	F	D	C	B	A	I	J	G	H	E	F	D

1991年（平成3年）

	1	2	3	4	5	6	7	8	9	10	11	12	13	14	15	16	17	18	19	20	21	22	23	24	25	26	27	28	29	30	31
1月	C	B	A	I	J	G	H	E	F	D	C	B	A	I	J	E	F	D	A	I	J	G	H	E	F	D	C	B	A	I	J
2月	G	H	E	J	C	D	A	B	J	I	H	E	C	D	A	B	J	I	F	E	C	D	A	B	J	I	H	G			
3月	F	E	C	D	A	E	I	J	G	H	E	F	D	C	B	A	I	J	G	H	E	F	D	C	B	A	I	J	G	H	E
4月	F	D	C	B	A	I	J	G	H	E	F	D	C	B	J	G	H	A	B	J	I	H	G	F	E	C	D	A	B	J	
5月	I	H	G	F	E	I	D	A	B	J	I	H	G	H	G	F	E	C	D	A	G	F	E	C	D	A	B	J	I	H	G
6月	F	E	C	D	A	D	J	I	H	G	F	E	C	D	A	C	B	A	I	J	G	H	E	F	D	A	I	J	G	H	
7月	E	F	D	C	B	A	J	J	G	H	E	F	D	C	B	A	G	H	E	J	G	H	E	F	D	C	B	A	I	J	G
8月	H	E	F	D	C	B	A	G	I	H	G	F	E	C	D	F	E	C	D	A	B	J	G	F	E	C	D	A	B	J	I
9月	H	G	F	E	C	D	A	I	I	J	G	H	E	F	D	C	B	A	I	J	E	H	E	F	D	C	B	A	I	J	
10月	G	H	E	F	D	C	B	A	I	J	G	H	E	F	D	C	B	A	E	F	D	E	C	D	A	B	J	I	H	G	F
11月	E	C	D	A	B	J	I	I	G	F	E	C	D	A	B	F	E	C	D	A	B	J	G	F	E	C	D	A	B	J	
12月	I	H	G	F	E	C	I	B	A	I	J	G	H	E	F	D	C	B	A	I	J	G	H	E	F	D	C	B	A	I	J

1992年（平成4年）

	1	2	3	4	5	6	7	8	9	10	11	12	13	14	15	16	17	18	19	20	21	22	23	24	25	26	27	28	29	30	31
1月	G	H	E	F	D	C	B	A	I	J	G	H	E	F	D	A	I	J	E	F	D	C	B	A	I	J	G	H	E	F	D
2月	C	B	A	D	I	H	G	F	E	C	D	J	I	H	G	F	E	C	B	J	I	H	G	F	E	C	D	A	B		
3月	J	I	H	G	J	F	D	C	B	A	I	J	G	H	E	F	D	C	B	A	I	J	G	H	E	F	D	C	B	A	I
4月	J	G	H	E	F	D	C	B	A	I	J	G	H	D	C	B	G	F	E	C	D	A	B	J	I	H	G	F	E	C	
5月	D	A	B	J	F	H	G	F	E	C	D	A	D	A	B	J	I	H	G	A	B	J	I	H	G	F	E	C	D	A	B
6月	J	I	H	G	H	E	C	D	A	B	J	I	H	G	G	H	E	F	D	C	B	A	I	J	E	F	D	C	B	A	
7月	I	J	G	H	E	F	C	C	B	A	I	J	G	H	E	F	B	A	I	C	B	A	I	J	G	H	E	F	D	C	B
8月	A	I	J	G	H	E	C	C	D	A	B	J	I	H	B	J	I	H	G	F	E	A	B	J	I	H	G	F	E	C	D
9月	A	B	J	I	H	G	C	F	D	C	B	A	I	J	G	H	E	F	D	C	B	A	I	J	G	H	E	F	D	C	
10月	B	A	I	J	G	H	E	F	D	C	B	A	I	J	G	H	E	A	I	J	J	I	H	G	F	E	C	D	A	B	J
11月	I	H	G	F	E	C	F	A	B	J	I	H	G	F	B	J	I	H	G	F	E	A	B	J	I	H	G	F	E	C	
12月	D	A	B	J	I	H	D	E	F	D	C	B	A	I	J	G	H	E	F	D	C	B	A	I	J	G	H	E	F	D	C

1993年（平成5年）

	1	2	3	4	5	6	7	8	9	10	11	12	13	14	15	16	17	18	19	20	21	22	23	24	25	26	27	28	29	30	31
1月	B	A	I	J	G	H	E	F	D	C	B	A	I	J	E	F	D	A	I	J	G	H	E	F	D	C	B	A	I	J	G
2月	H	E	F	G	D	A	B	J	I	H	G	C	D	A	B	J	I	H	E	C	D	A	B	J	I	H	G	F			
3月	E	C	D	A	E	I	J	G	H	E	F	D	C	B	A	I	J	G	H	E	F	D	C	B	A	I	J	G	H	E	F
4月	D	C	B	A	I	J	G	H	E	F	D	C	B	A	G	H	E	B	J	I	H	G	F	E	C	D	A	B	J	I	
5月	H	G	F	E	I	D	A	B	J	I	H	G	H	G	F	E	C	D	A	G	F	E	C	D	A	B	J	I	H	G	F
6月	E	C	D	A	B	A	I	H	G	F	E	C	D	A	B	B	A	I	J	G	H	E	F	D	C	I	J	G	H	E	
7月	F	D	C	B	A	I	I	G	H	E	F	D	C	B	A	I	H	E	F	G	H	E	F	D	C	B	A	I	J	G	H
8月	E	F	D	C	B	A	G	I	H	G	F	E	C	D	F	E	C	D	A	B	J	G	F	E	C	D	A	B	J	I	H
9月	G	F	E	C	D	A	B	H	J	G	H	E	F	D	C	B	A	I	J	G	H	E	F	D	C	B	A	I	J	G	
10月	H	E	F	D	C	B	A	I	J	G	H	E	F	D	C	B	A	E	F	D	E	C	D	A	B	J	I	H	G	F	E
11月	G	H	E	F	D	C	B	G	F	E	C	D	A	B	F	E	C	D	A	B	J	G	F	E	C	D	A	B	J	I	
12月	G	H	E	F	D	C	B	A	I	J	G	H	E	F	D	C	B	A	I	J	G	H	E	F	D	C	B	A	I	J	G

※節日に生まれた方は、生まれた時刻により診断結果が異なる場合があります。

1994年（平成6年）

	1	2	3	4	5	6	7	8	9	10	11	12	13	14	15	16	17	18	19	20	21	22	23	24	25	26	27	28	29	30	31
1月	H	E	F	D	C	B	A	I	J	G	H	E	F	D	A	I	J	E	F	D	C	B	A	I	J	G	H	E	F	D	C
2月	B	A	I	C	H	G	F	E	C	D	A	I	H	G	F	E	C	D	J	I	H	G	F	E	C	D	A	B			
3月	J	I	E	G	F	I	D	C	B	A	I	J	G	H	E	F	D	C	B	A	I	J	G	H	E	F	D	C	B	A	I
4月	J	G	H	E	F	D	C	B	A	I	J	G	H	E	C	B	A	F	E	C	D	A	B	J	I	H	G	F	E	C	
5月	D	A	B	J	I	D	G	F	E	C	D	A	B	A	B	J	I	H	G	F	B	J	I	H	G	F	E	C	D	A	B
6月	J	I	H	G	F	G	C	D	A	B	J	I	H	G	F	H	E	F	D	C	B	A	I	J	G	F	D	C	B	A	
7月	I	J	G	H	E	F	C	C	B	A	I	J	G	H	E	F	B	A	I	C	B	A	I	J	G	H	E	F	D	C	B
8月	A	I	J	G	H	E	F	B	D	A	B	J	I	H	G	J	I	H	G	F	E	C	B	J	I	H	G	F	E	C	D
9月	A	B	J	I	H	G	F	D	D	C	B	A	I	J	G	H	E	F	D	C	B	A	I	J	G	H	E	F	D	C	
10月	B	A	I	J	G	H	E	F	D	C	B	A	I	J	G	H	E	A	I	J	J	I	H	G	F	E	C	D	A	B	J
11月	I	H	G	F	E	C	F	A	B	J	I	H	G	F	B	J	I	H	G	F	E	A	B	J	I	H	G	F	E	C	
12月	D	A	B	J	I	H	D	E	F	D	C	B	A	I	J	G	H	E	F	D	C	B	A	I	J	G	H	E	F	D	C

1995年（平成7年）

	1	2	3	4	5	6	7	8	9	10	11	12	13	14	15	16	17	18	19	20	21	22	23	24	25	26	27	28	29	30	31
1月	B	A	I	J	G	H	E	F	D	C	B	A	I	J	G	F	D	C	I	J	G	H	E	F	D	C	B	A	I	J	G
2月	H	E	F	G	D	A	B	J	I	H	G	C	D	A	B	J	I	H	E	C	D	A	B	J	I	H	G	F			
3月	E	C	D	A	B	C	J	G	H	E	F	D	C	B	A	I	J	G	H	E	F	D	C	B	A	I	J	G	H	E	F
4月	D	C	B	A	I	J	G	H	E	F	D	C	B	A	G	H	E	B	J	I	H	G	F	E	C	D	A	B	J	I	
5月	H	G	F	E	C	J	A	B	J	I	H	G	H	G	F	E	C	D	A	B	F	E	C	D	A	B	J	I	H	G	F
6月	E	C	D	A	B	A	I	H	G	F	E	C	D	A	B	B	A	I	J	G	H	E	F	D	C	I	J	G	H	E	
7月	F	D	C	B	A	I	I	G	H	E	F	D	C	B	A	I	H	E	F	G	H	E	F	D	C	B	A	I	J	G	H
8月	E	F	D	C	B	A	I	H	H	G	F	E	C	D	A	E	C	D	A	B	J	I	F	E	C	D	A	B	J	I	H
9月	G	F	E	C	D	A	B	H	J	G	H	E	F	D	C	B	A	I	J	G	H	E	F	D	C	B	A	I	J	G	
10月	H	E	F	D	C	B	A	I	J	G	H	E	F	D	C	B	A	I	F	D	C	C	D	A	B	J	I	H	G	F	E
11月	C	D	A	B	J	I	H	J	F	E	C	D	A	B	J	E	C	D	A	B	H	I	F	E	C	D	A	B	J	I	
12月	H	G	F	E	C	D	H	A	I	J	G	H	E	F	D	C	B	A	I	J	G	H	E	F	D	C	B	A	I	J	G

1996年（平成8年）

	1	2	3	4	5	6	7	8	9	10	11	12	13	14	15	16	17	18	19	20	21	22	23	24	25	26	27	28	29	30	31
1月	H	E	F	D	C	B	A	I	J	G	H	E	F	D	C	I	J	G	F	D	C	B	A	I	J	G	H	E	F	D	C
2月	B	A	I	C	H	G	F	E	C	D	A	I	H	G	F	E	C	D	J	I	H	G	F	E	C	D	A	B	J		
3月	I	H	G	F	I	D	C	B	A	I	J	G	H	E	F	D	C	B	A	I	J	G	H	E	F	D	C	B	A	I	J
4月	G	H	E	F	D	C	B	A	I	J	G	H	E	C	B	A	F	E	C	D	A	B	J	I	H	G	F	E	C	D	
5月	A	B	J	I	D	G	F	E	C	D	A	B	A	B	J	I	H	G	F	B	J	I	H	G	F	E	C	D	A	B	J
6月	I	H	G	F	G	C	D	A	B	J	I	H	G	F	H	E	F	D	C	B	A	I	J	G	F	D	C	B	A	I	
7月	J	G	H	E	F	D	D	B	A	I	J	G	H	E	F	D	A	I	J	B	A	I	J	G	H	E	F	D	C	B	A
8月	I	J	G	H	E	F	B	D	A	B	J	I	H	G	F	I	H	G	F	E	C	B	J	I	H	G	F	E	C	D	A
9月	B	J	I	H	G	F	D	D	C	B	A	I	J	G	H	E	F	D	C	B	A	I	J	G	H	E	F	D	C	B	
10月	A	I	J	G	H	E	F	D	C	B	A	I	J	G	H	E	F	I	J	G	I	H	G	F	E	C	D	A	B	J	I
11月	H	G	F	E	C	D	D	B	J	I	H	G	F	E	J	I	H	G	F	E	C	B	J	I	H	G	F	E	C	D	
12月	A	B	J	I	H	G	A	F	D	C	B	A	I	J	G	H	E	F	D	C	B	A	I	J	G	H	E	F	D	C	B

1997年（平成9年）

	1	2	3	4	5	6	7	8	9	10	11	12	13	14	15	16	17	18	19	20	21	22	23	24	25	26	27	28	29	30	31
1月	A	I	J	G	H	E	F	D	C	B	A	I	J	G	F	D	C	I	J	G	H	E	F	D	C	B	A	I	J	G	H
2月	E	F	D	H	A	B	J	I	H	G	F	D	A	B	J	I	H	G	C	D	A	B	J	I	H	G	F	E			
3月	C	D	A	B	C	J	G	H	E	F	D	C	B	A	I	J	G	H	E	F	D	C	B	A	I	J	G	H	E	F	D
4月	C	B	A	I	J	G	H	E	F	D	C	B	A	I	H	E	F	J	I	H	G	F	E	C	D	A	B	J	I	H	
5月	G	F	E	C	J	A	B	J	I	H	G	H	G	F	E	C	D	A	B	F	E	C	D	A	B	J	I	H	G	F	E
6月	C	D	A	B	J	B	H	G	F	E	C	D	A	B	J	A	I	J	G	H	E	F	D	C	B	J	G	H	E	F	
7月	D	C	B	A	I	J	H	H	E	F	D	C	B	A	I	J	E	F	D	H	E	F	D	C	B	A	I	J	G	H	E
8月	F	D	C	B	A	I	H	H	G	F	E	C	D	A	E	C	I	A	B	J	I	F	E	C	D	A	B	J	I	H	G
9月	F	E	C	D	A	B	H	J	G	H	E	F	D	C	B	A	I	J	G	H	E	F	D	C	B	A	I	J	G	H	
10月	E	F	D	C	B	A	I	J	G	H	E	F	D	C	B	A	I	F	D	C	C	D	A	B	J	I	H	G	F	E	C
11月	D	A	B	J	I	H	J	F	E	C	D	A	B	J	E	C	D	A	B	J	I	F	E	C	D	A	B	J	I	H	
12月	G	F	E	C	D	A	G	I	J	G	H	E	F	D	C	B	A	I	J	G	H	E	F	D	C	B	A	I	J	G	H

※節日に生まれた方は、生まれた時刻により診断結果が異なる場合があります。

1998年（平成10年）

	1	2	3	4	5	6	7	8	9	10	11	12	13	14	15	16	17	18	19	20	21	22	23	24	25	26	27	28	29	30	31
1月	E	F	D	C	B	A	I	J	G	H	E	F	D	C	I	J	G	F	D	C	B	A	I	J	G	H	E	F	D	C	B
2月	A	I	J	B	G	F	E	C	D	A	B	H	G	F	E	C	D	A	I	H	G	F	E	C	D	A	B	J			
3月	I	H	G	F	E	H	C	B	A	I	J	G	H	E	F	D	C	B	A	I	J	G	H	E	F	D	C	B	A	I	J
4月	G	H	E	F	D	C	B	A	I	J	G	H	E	F	B	A	I	E	C	D	A	B	J	I	H	G	F	E	C	D	
5月	A	B	J	I	H	C	F	E	C	D	A	B	J	B	J	I	H	G	F	E	J	I	H	G	F	E	C	D	A	B	J
6月	I	H	G	F	E	F	D	A	B	J	I	H	G	F	E	E	F	D	C	B	A	I	J	G	H	D	C	B	A	I	
7月	J	G	H	E	F	D	D	B	A	I	J	G	H	E	F	D	A	I	J	B	A	I	J	G	H	E	F	D	C	B	A
8月	I	J	G	H	E	F	D	A	A	B	J	I	H	G	F	I	H	G	F	E	C	D	J	I	H	G	F	E	C	D	A
9月	B	J	I	H	G	F	E	A	C	B	A	I	J	G	H	E	F	D	C	B	A	I	J	G	H	E	F	D	C	B	
10月	A	I	J	G	H	E	F	D	C	B	A	I	J	G	H	E	F	I	J	G	I	H	G	F	E	C	D	A	B	J	I
11月	B	A	I	J	G	H	E	F	J	I	H	G	F	E	C	I	H	G	F	E	C	D	J	I	H	G	F	E	C	D	
12月	B	A	I	J	G	H	E	F	D	C	B	A	I	J	G	H	E	F	D	C	B	A	I	J	G	H	E	F	D	C	B

1999年（平成11年）

	1	2	3	4	5	6	7	8	9	10	11	12	13	14	15	16	17	18	19	20	21	22	23	24	25	26	27	28	29	30	31
1月	A	I	J	G	H	E	F	D	C	B	A	I	J	G	H	D	C	B	J	G	H	E	F	D	C	B	A	I	J	G	H
2月	E	F	D	H	A	B	J	I	H	G	F	D	A	B	J	I	H	G	C	D	A	B	J	I	H	G	F	E			
3月	C	D	A	B	J	D	G	H	E	F	D	C	B	A	I	J	G	H	E	F	D	C	B	A	I	J	G	H	E	F	D
4月	C	B	A	I	J	G	H	E	F	D	C	B	A	I	H	E	F	J	I	H	G	F	E	C	D	A	B	J	I	H	
5月	G	H	E	C	D	G	B	J	I	H	G	H	E	F	E	C	D	A	B	J	E	C	D	A	B	J	I	H	G	F	E
6月	C	D	A	B	J	B	H	G	F	E	C	D	A	B	J	A	I	J	G	H	E	F	D	C	B	J	G	H	E	F	
7月	D	C	B	A	I	J	H	H	E	F	D	C	B	A	I	J	E	F	D	H	E	F	D	C	B	A	I	J	G	H	E
8月	F	D	C	B	A	I	J	E	G	F	E	C	D	A	B	C	D	A	B	J	I	H	E	C	D	A	B	J	I	H	G
9月	F	E	C	D	A	B	J	G	G	H	E	F	D	C	B	A	I	J	G	H	E	F	D	C	B	A	I	J	G	H	
10月	E	F	D	C	B	A	I	J	G	H	E	F	D	C	B	A	I	J	D	C	B	D	A	B	J	I	H	G	F	E	C
11月	D	A	B	J	I	H	G	G	E	C	D	A	B	J	I	C	D	A	B	J	I	H	E	C	D	A	B	J	I	H	
12月	G	F	E	C	D	A	G	I	J	G	H	E	F	D	C	B	A	I	J	G	H	E	F	D	C	B	A	I	J	G	H

2000年（平成12年）

	1	2	3	4	5	6	7	8	9	10	11	12	13	14	15	16	17	18	19	20	21	22	23	24	25	26	27	28	29	30	31
1月	E	F	D	C	B	A	I	J	G	H	E	F	D	C	B	J	G	H	D	C	B	A	I	J	G	H	E	F	D	C	B
2月	A	I	J	B	G	F	E	C	D	A	B	H	G	F	E	C	D	A	I	H	G	F	E	C	D	A	B	J	I		
3月	H	G	F	E	H	C	B	A	I	J	G	H	E	F	D	C	B	A	I	J	G	H	E	F	D	C	B	A	I	J	G
4月	H	E	F	D	C	B	A	I	J	G	H	E	F	B	A	I	E	C	D	A	B	J	I	H	G	F	E	C	D	A	
5月	B	J	I	H	C	F	E	C	D	A	B	J	B	J	I	H	G	F	E	J	I	H	G	F	E	C	D	A	B	J	I
6月	H	G	F	E	F	D	A	B	J	I	H	G	F	E	E	F	D	C	B	A	I	J	G	H	D	C	B	A	I	J	
7月	G	H	E	F	D	C	B	A	I	J	G	H	E	F	D	C	I	J	G	A	I	J	G	H	E	F	D	C	B	A	I
8月	J	G	H	E	F	D	A	A	B	J	I	H	G	F	I	H	G	F	E	C	D	J	I	H	G	F	E	C	D	A	B
9月	J	I	H	G	F	E	A	C	B	A	I	J	G	H	E	F	D	C	B	A	I	J	G	H	E	F	D	C	B	A	
10月	I	J	G	H	E	F	D	C	B	A	I	J	G	H	E	F	D	J	G	H	H	G	F	E	C	D	A	B	J	I	H
11月	G	F	E	C	D	A	C	J	I	H	G	F	E	C	I	H	G	F	E	C	D	J	I	H	G	F	E	C	D	A	
12月	B	J	I	H	G	F	B	D	C	B	A	I	J	G	H	E	F	D	C	B	A	I	J	G	H	E	F	D	C	B	A

2001年（平成13年）

	1	2	3	4	5	6	7	8	9	10	11	12	13	14	15	16	17	18	19	20	21	22	23	24	25	26	27	28	29	30	31
1月	I	J	G	H	E	F	D	C	B	A	I	J	G	H	D	C	B	J	G	H	E	F	D	C	B	A	I	J	G	H	E
2月	F	D	C	E	B	J	I	H	G	F	E	A	B	J	I	H	G	F	D	A	B	J	I	H	G	F	E	C			
3月	D	A	B	J	D	G	H	E	F	D	C	B	A	I	J	G	H	E	F	D	C	B	A	I	J	G	H	E	F	D	C
4月	B	A	I	J	G	H	E	F	D	C	B	A	I	J	E	F	D	I	H	G	F	E	C	D	A	B	J	I	H	G	
5月	F	E	C	D	G	B	J	I	H	G	F	E	F	E	C	D	A	B	J	E	C	D	A	B	J	I	H	G	F	E	C
6月	D	A	B	J	B	H	G	F	E	C	D	A	B	J	A	I	J	G	H	E	F	D	C	B	J	G	H	E	F	D	
7月	C	B	A	I	J	G	G	E	F	D	C	B	A	I	J	G	F	D	C	E	F	D	C	B	A	I	J	G	H	E	F
8月	D	C	B	A	I	J	E	G	F	E	C	D	A	B	C	D	A	B	J	I	H	E	C	D	A	B	J	I	H	G	F
9月	E	C	D	A	B	J	G	G	H	E	F	D	C	B	A	I	J	G	H	E	F	D	C	B	A	I	J	G	H	E	
10月	F	D	C	B	A	I	J	G	H	E	F	D	C	B	A	I	J	D	C	B	D	A	B	J	I	H	G	F	E	C	D
11月	A	B	J	I	H	G	G	E	C	D	A	B	J	I	C	D	A	B	J	I	H	E	C	D	A	B	J	I	H	G	
12月	F	E	C	D	A	B	F	J	G	H	E	F	D	C	B	A	I	J	G	H	E	F	D	C	B	A	I	J	G	H	E

※節日に生まれた方は、生まれた時刻により診断結果が異なる場合があります。

2002年（平成14年）

	1	2	3	4	5	6	7	8	9	10	11	12	13	14	15	16	17	18	19	20	21	22	23	24	25	26	27	28	29	30	31
1月	F	D	C	B	A	I	J	G	H	E	F	D	C	B	J	G	H	D	C	B	A	I	J	G	H	E	F	D	C	B	A
2月	I	J	G	A	F	E	C	D	A	B	J	G	F	E	C	D	A	B	H	G	F	E	C	D	A	B	J	I			
3月	H	G	F	E	C	G	B	A	I	J	G	H	E	F	D	C	B	A	I	J	G	H	E	F	D	C	B	A	I	J	G
4月	H	E	F	D	C	B	A	I	J	G	H	E	F	D	A	I	J	C	D	A	B	J	I	H	G	F	E	C	D	A	
5月	B	J	I	H	G	B	E	C	D	A	B	J	I	J	I	H	G	F	E	C	I	H	G	F	E	C	D	A	B	J	I
6月	H	G	F	E	C	E	A	B	J	I	H	G	F	E	C	F	D	C	B	A	I	J	G	H	E	C	B	A	I	J	
7月	G	H	E	F	D	C	A	A	I	J	G	H	E	F	D	C	I	J	G	A	I	J	G	H	E	F	D	C	B	A	I
8月	J	G	H	E	F	D	C	I	B	J	I	H	G	F	E	H	G	F	E	C	D	A	I	H	G	F	E	C	D	A	B
9月	J	I	H	G	F	E	C	B	B	A	I	J	G	H	E	F	D	C	B	A	I	J	G	H	E	F	D	C	B	A	
10月	I	J	G	H	E	F	D	C	B	A	I	J	G	H	E	F	D	J	G	H	H	G	F	E	C	D	A	B	J	I	H
11月	G	F	E	C	D	A	C	J	I	H	G	F	E	C	I	H	G	F	E	C	D	J	I	H	G	F	E	C	D	A	
12月	B	J	I	H	G	F	B	D	C	B	A	I	J	G	H	E	F	D	C	B	A	I	J	G	H	E	F	D	C	B	A

2003年（平成15年）

	1	2	3	4	5	6	7	8	9	10	11	12	13	14	15	16	17	18	19	20	21	22	23	24	25	26	27	28	29	30	31
1月	I	J	G	H	E	F	D	C	B	A	I	J	G	H	E	C	B	A	G	H	E	F	D	C	B	A	I	J	G	H	E
2月	F	D	C	E	B	J	I	H	G	F	E	A	B	J	I	H	G	F	D	A	B	J	I	H	G	F	E	C			
3月	D	A	B	J	I	A	H	E	F	D	C	B	A	I	J	G	H	E	F	D	C	B	A	I	J	G	H	E	F	D	C
4月	B	A	I	J	G	H	E	F	D	C	B	A	I	J	E	F	D	I	H	G	F	E	C	D	A	B	J	I	H	G	
5月	F	E	C	D	A	H	J	I	H	G	F	E	C	E	C	D	A	B	J	I	C	D	A	B	J	I	H	G	F	E	C
6月	D	A	B	J	I	J	G	F	E	C	D	A	B	J	I	I	J	G	H	E	F	D	C	B	A	G	H	E	F	D	
7月	C	B	A	I	J	G	G	E	F	D	C	B	A	I	J	G	F	D	C	E	F	D	C	B	A	I	J	G	H	E	F
8月	D	C	B	A	I	J	G	F	F	E	C	D	A	B	J	D	A	B	J	I	H	G	C	D	A	B	J	I	H	G	F
9月	E	C	D	A	B	J	I	F	H	E	F	D	C	B	A	I	J	G	H	E	F	D	C	B	A	I	J	G	H	E	
10月	F	D	C	B	A	I	J	G	H	E	F	D	C	B	A	I	J	G	C	B	A	A	B	J	I	H	G	F	E	C	D
11月	E	F	D	C	B	A	I	J	C	D	A	B	J	I	H	D	A	B	J	I	H	G	C	D	A	B	J	I	H	G	
12月	E	F	D	C	B	A	I	J	G	H	E	F	D	C	B	A	I	J	G	H	E	F	D	C	B	A	I	J	G	H	E

2004年（平成16年）

	1	2	3	4	5	6	7	8	9	10	11	12	13	14	15	16	17	18	19	20	21	22	23	24	25	26	27	28	29	30	31
1月	F	D	C	B	A	I	J	G	H	E	F	D	C	B	A	G	H	E	C	B	A	I	J	G	H	E	F	D	C	B	A
2月	I	J	G	A	F	E	C	D	A	B	J	G	F	E	C	D	A	B	H	G	F	E	C	D	A	B	J	I	H		
3月	G	F	E	C	G	B	A	I	J	G	H	E	F	D	C	B	A	I	J	G	H	E	F	D	C	B	A	I	J	G	H
4月	E	F	D	C	B	A	I	J	G	H	E	F	D	A	I	J	C	D	A	B	J	I	H	G	F	E	C	D	A	B	
5月	J	I	H	G	B	E	C	D	A	B	J	I	J	I	H	G	F	E	C	I	H	G	F	E	C	D	A	B	J	I	H
6月	G	F	E	C	E	A	B	J	I	H	G	F	E	C	F	D	C	B	A	I	J	G	H	E	C	B	A	I	J	G	
7月	H	E	F	D	C	B	B	I	J	G	H	E	F	D	C	B	J	G	H	I	J	G	H	E	F	D	C	B	A	I	J
8月	G	H	E	F	D	C	I	B	J	I	H	G	F	E	H	G	F	E	C	D	A	I	H	G	F	E	C	D	A	B	J
9月	I	H	G	F	E	C	B	B	A	I	J	G	H	E	F	D	C	B	A	I	J	G	H	E	F	D	C	B	A	I	
10月	J	G	H	E	F	D	C	B	A	I	J	G	H	E	F	D	C	G	H	E	G	F	E	C	D	A	B	J	I	H	G
11月	F	E	C	D	A	B	B	I	H	G	F	E	C	D	H	G	F	E	C	D	A	I	H	G	F	E	C	D	A	B	
12月	J	I	H	G	F	E	J	C	B	A	I	J	G	H	E	F	D	C	B	A	I	J	G	H	E	F	D	C	B	A	I

2005年（平成17年）

	1	2	3	4	5	6	7	8	9	10	11	12	13	14	15	16	17	18	19	20	21	22	23	24	25	26	27	28	29	30	31
1月	J	G	H	E	F	D	C	B	A	I	J	G	H	E	C	B	A	G	H	E	F	D	C	B	A	I	J	G	H	E	F
2月	D	C	B	F	J	I	H	G	F	E	C	B	J	I	H	G	F	E	A	B	J	I	H	G	F	E	C	D			
3月	A	B	J	I	A	H	E	F	D	C	B	A	I	J	G	H	E	F	D	C	B	A	I	J	G	H	E	F	D	C	B
4月	A	I	J	G	H	E	F	D	C	B	A	I	J	G	F	D	C	H	G	F	E	C	D	A	B	J	I	H	G	F	
5月	E	C	D	A	H	J	I	H	G	F	E	C	E	C	D	A	B	J	I	C	D	A	B	J	I	H	G	F	E	C	D
6月	A	B	J	I	J	G	F	E	C	D	A	B	J	I	I	J	G	H	E	F	D	C	B	A	G	H	E	F	D	C	
7月	B	A	I	J	G	H	F	F	D	C	B	A	I	J	G	H	D	C	B	F	D	C	B	A	I	J	G	H	E	F	D
8月	C	B	A	I	J	G	F	F	E	C	D	A	B	J	D	A	B	J	I	H	G	C	D	A	B	J	I	H	G	F	E
9月	C	D	A	B	J	I	F	H	E	F	D	C	B	A	I	J	G	H	E	F	D	C	B	A	I	J	G	H	E	F	
10月	D	C	B	A	I	J	G	H	E	F	D	C	B	A	I	J	G	C	B	A	A	B	J	I	H	G	F	E	C	D	A
11月	B	J	I	H	G	F	H	C	D	A	B	J	I	H	D	A	B	J	I	H	G	C	D	A	B	J	I	H	G	F	
12月	E	C	D	A	B	J	E	G	H	E	F	D	C	B	A	I	J	G	H	E	F	D	C	B	A	I	J	G	H	E	F

※節日に生まれた方は、生まれた時刻により診断結果が異なる場合があります。

2006年（平成18年）

	1	2	3	4	5	6	7	8	9	10	11	12	13	14	15	16	17	18	19	20	21	22	23	24	25	26	27	28	29	30	31
1月	D	C	B	A	I	J	G	H	E	F	D	C	B	A	G	H	E	C	B	A	I	J	G	H	E	F	D	C	B	A	I
2月	J	G	H	I	E	C	D	A	B	J	I	F	E	C	D	A	B	J	G	F	E	C	D	A	B	J	I	H			
3月	G	F	E	C	D	F	A	I	J	G	H	E	F	D	C	B	A	I	J	G	H	E	F	D	C	B	A	I	J	G	H
4月	E	F	D	C	B	A	I	J	G	H	E	F	D	C	I	J	G	D	A	B	J	I	H	G	F	E	C	D	A	B	
5月	J	I	H	G	F	A	C	D	A	B	J	I	H	I	H	G	F	E	C	D	H	G	F	E	C	D	A	B	J	I	H
6月	G	F	E	C	D	C	B	J	I	H	G	F	E	C	D	D	C	B	A	I	J	G	H	E	F	B	A	I	J	G	
7月	H	E	F	D	C	B	B	I	J	G	H	E	F	D	C	B	J	G	H	I	J	G	H	E	F	D	C	B	A	I	J
8月	G	H	E	F	D	C	B	J	J	I	H	G	F	E	C	G	F	E	C	D	A	B	H	G	F	E	C	D	A	B	J
9月	I	H	G	F	E	C	D	J	A	I	J	G	H	E	F	D	C	B	A	I	J	G	H	E	F	D	C	B	A	I	
10月	J	G	H	E	F	D	C	B	A	I	J	G	H	E	F	D	C	G	H	E	G	F	E	C	D	A	B	J	I	H	G
11月	F	E	C	D	A	B	B	I	H	G	F	E	C	D	H	G	F	E	C	D	A	I	H	G	F	E	C	D	A	B	
12月	J	I	H	G	F	E	J	C	B	A	I	J	G	H	E	F	D	C	B	A	I	J	G	H	E	F	D	C	B	A	I

2007年（平成19年）

	1	2	3	4	5	6	7	8	9	10	11	12	13	14	15	16	17	18	19	20	21	22	23	24	25	26	27	28	29	30	31
1月	J	G	H	E	F	D	C	B	A	I	J	G	H	E	F	B	A	I	H	E	F	D	C	B	A	I	J	G	H	E	F
2月	D	C	B	F	J	I	H	G	F	E	C	B	J	I	H	G	F	E	A	B	J	I	H	G	F	E	C	D			
3月	A	B	J	I	H	B	E	F	D	C	B	A	I	J	G	H	E	F	D	C	B	A	I	J	G	H	E	F	D	C	B
4月	A	I	J	G	H	E	F	D	C	B	A	I	J	G	F	D	C	H	G	F	E	C	D	A	B	J	I	H	G	F	
5月	E	C	D	A	B	E	I	H	G	F	E	C	D	C	D	A	B	J	I	H	D	A	B	J	I	H	G	F	E	C	D
6月	A	B	J	I	H	I	F	E	C	D	A	B	J	I	H	J	G	H	E	F	D	C	B	A	I	H	E	F	D	C	
7月	B	A	I	J	G	H	F	F	D	C	B	A	I	J	G	H	D	C	B	F	D	C	B	A	I	J	G	H	E	F	D
8月	C	B	A	I	J	G	H	D	E	C	D	A	B	J	I	A	B	J	I	H	G	F	D	A	B	J	I	H	G	F	E
9月	C	D	A	B	J	I	H	E	E	F	D	C	B	A	I	J	G	H	E	F	D	C	B	A	I	J	G	H	E	F	
10月	D	C	B	A	I	J	G	H	E	F	D	C	B	A	I	J	G	H	B	A	I	B	J	I	H	G	F	E	C	D	A
11月	B	J	I	H	G	F	E	E	D	A	B	J	I	H	G	A	B	J	I	H	G	F	D	A	B	J	I	H	G	F	
12月	E	C	D	A	B	J	E	G	H	E	F	D	C	B	A	I	J	G	H	E	F	D	C	B	A	I	J	G	H	E	F

2008年（平成20年）

	1	2	3	4	5	6	7	8	9	10	11	12	13	14	15	16	17	18	19	20	21	22	23	24	25	26	27	28	29	30	31
1月	D	C	B	A	I	J	G	H	E	F	D	C	B	A	I	H	E	F	B	A	I	J	G	H	E	F	D	C	B	A	I
2月	J	G	H	I	E	C	D	A	B	J	I	F	E	C	D	A	B	J	G	F	E	C	D	A	B	J	I	H	G		
3月	F	E	C	D	F	A	I	J	G	H	E	F	D	C	B	A	I	J	G	H	E	F	D	C	B	A	I	J	G	H	E
4月	F	D	C	B	A	I	J	G	H	E	F	D	C	I	J	G	D	A	B	J	I	H	G	F	E	C	D	A	B	J	
5月	I	H	G	F	A	C	D	A	B	J	I	H	I	H	G	F	E	C	D	H	G	F	E	C	D	A	B	J	I	H	G
6月	F	E	C	D	C	B	J	I	H	G	F	E	C	D	D	C	B	A	I	J	G	H	E	F	B	A	I	J	G	H	
7月	E	F	D	C	B	A	J	J	G	H	E	F	D	C	B	A	G	H	E	J	G	H	E	F	D	C	B	A	I	J	G
8月	H	E	F	D	C	B	J	J	I	H	G	F	E	C	G	F	E	C	D	A	B	H	G	F	E	C	D	A	B	J	I
9月	H	G	F	E	C	D	J	A	I	J	G	H	E	F	D	C	B	A	I	J	G	H	E	F	D	C	B	A	I	J	
10月	G	H	E	F	D	C	B	A	I	J	G	H	E	F	D	C	B	H	E	F	F	E	C	D	A	B	J	I	H	G	F
11月	J	G	H	E	F	D	C	H	G	F	E	C	D	A	G	F	E	C	D	A	B	H	G	F	E	C	D	A	B	J	
12月	J	G	H	E	F	D	C	B	A	I	J	G	H	E	F	D	C	B	A	I	J	G	H	E	F	D	C	B	A	I	J

2009年（平成21年）

	1	2	3	4	5	6	7	8	9	10	11	12	13	14	15	16	17	18	19	20	21	22	23	24	25	26	27	28	29	30	31
1月	G	H	E	F	D	C	B	A	I	J	G	H	E	F	B	A	I	H	E	F	D	C	B	A	I	J	G	H	E	F	D
2月	C	B	A	D	I	H	G	F	E	C	D	J	I	H	G	F	E	C	B	J	I	H	G	F	E	C	D	A			
3月	B	J	I	H	B	E	F	D	C	B	A	I	J	G	H	E	F	D	C	B	A	I	J	G	H	E	F	D	C	B	A
4月	I	J	G	H	E	F	D	C	B	A	I	J	G	H	D	C	B	G	F	E	C	D	A	B	J	I	H	G	F	E	
5月	C	D	A	B	E	I	H	G	F	E	C	D	C	D	A	B	J	I	H	D	A	B	J	I	H	G	F	E	C	D	A
6月	B	J	I	H	I	F	E	C	D	A	B	J	I	H	J	G	H	E	F	D	C	B	A	I	H	E	F	D	C	B	
7月	A	I	J	G	H	E	E	D	C	B	A	I	J	G	H	E	C	B	A	D	C	B	A	I	J	G	H	E	F	D	C
8月	B	A	I	J	G	H	D	E	C	D	A	B	J	I	A	B	J	I	H	G	F	D	A	B	J	I	H	G	F	E	C
9月	D	A	B	J	I	H	E	E	F	D	C	B	A	I	J	G	H	E	F	D	C	B	A	I	J	G	H	E	F	D	
10月	C	B	A	I	J	G	H	E	F	D	C	B	A	I	J	G	H	B	A	I	B	J	I	H	G	F	E	C	D	A	B
11月	J	I	H	G	F	E	E	D	A	B	J	I	H	G	A	B	J	I	H	G	F	D	A	B	J	I	H	G	F	E	
12月	C	D	A	B	J	I	C	H	E	F	D	C	B	A	I	J	G	H	E	F	D	C	B	A	I	J	G	H	E	F	D

※節日に生まれた方は、生まれた時刻により診断結果が異なる場合があります。

2010年（平成22年）

	1	2	3	4	5	6	7	8	9	10	11	12	13	14	15	16	17	18	19	20	21	22	23	24	25	26	27	28	29	30	31
1月	C	B	A	I	J	G	H	E	F	D	C	B	A	I	H	E	F	B	A	I	J	G	H	E	F	D	C	B	A	I	J
2月	G	H	E	J	C	D	A	B	J	I	H	E	C	D	A	B	J	I	F	E	C	D	A	B	J	I	H	G			
3月	F	E	C	D	A	E	I	J	G	H	E	F	D	C	B	A	I	J	G	H	E	F	D	C	B	A	I	J	G	H	E
4月	F	D	C	B	A	I	J	G	H	E	F	D	C	B	J	G	H	A	B	J	I	H	G	F	E	C	D	A	B	J	
5月	I	H	G	F	A	C	D	A	B	J	I	H	I	H	G	F	E	C	D	H	G	F	E	C	D	A	B	J	I	H	G
6月	F	E	C	D	A	D	J	I	H	G	F	E	C	D	A	C	B	A	I	J	G	H	E	F	D	A	I	J	G	H	
7月	E	F	D	C	B	A	J	J	G	H	E	F	D	C	B	A	G	H	E	J	G	H	E	F	D	C	B	A	I	J	G
8月	H	E	F	D	C	B	J	J	I	H	G	F	E	C	G	F	E	C	D	A	B	H	G	F	E	C	D	A	B	J	I
9月	H	G	F	E	C	D	A	I	I	J	G	H	E	F	D	C	B	A	I	J	G	H	E	F	D	C	B	A	I	J	
10月	G	H	E	F	D	C	B	A	I	J	G	H	E	F	D	C	B	H	E	F	F	E	C	D	A	B	J	I	H	G	F
11月	E	C	D	A	B	J	A	H	G	F	E	C	D	A	G	F	E	C	D	A	B	H	G	F	E	C	D	A	B	J	
12月	I	H	G	F	E	C	I	B	A	I	J	G	H	E	F	D	C	B	A	I	J	G	H	E	F	D	C	B	A	I	J

2011年（平成23年）

	1	2	3	4	5	6	7	8	9	10	11	12	13	14	15	16	17	18	19	20	21	22	23	24	25	26	27	28	29	30	31
1月	G	H	E	F	D	C	B	A	I	J	G	H	E	F	D	A	I	J	E	F	D	C	B	A	I	J	G	H	E	F	D
2月	C	B	A	D	I	H	G	F	E	C	D	J	I	H	G	F	E	C	B	J	I	H	G	F	E	C	D	A			
3月	B	J	I	H	G	J	F	D	C	B	A	I	J	G	H	E	F	D	C	B	A	I	J	G	H	E	F	D	C	B	A
4月	I	J	G	H	E	F	D	C	B	A	I	J	G	H	D	C	B	G	F	E	C	D	A	B	J	I	H	G	F	E	
5月	C	D	A	B	J	F	H	G	F	E	C	D	A	D	A	B	J	I	H	G	A	B	J	I	H	G	F	E	C	D	A
6月	B	J	I	H	G	H	E	C	D	A	B	J	I	H	G	G	H	E	F	D	C	B	A	I	J	E	F	D	C	B	
7月	A	I	J	G	H	E	E	D	C	B	A	I	J	G	H	E	C	B	A	D	C	B	A	I	J	G	H	E	F	D	C
8月	B	A	I	J	G	H	E	C	C	D	A	B	J	I	H	B	J	I	H	G	F	E	A	B	J	I	H	G	F	E	C
9月	D	A	B	J	I	H	G	C	F	D	C	B	A	I	J	G	H	E	F	D	C	B	A	I	J	G	H	E	F	D	
10月	C	B	A	I	J	G	H	E	F	D	C	B	A	I	J	G	H	E	A	I	J	J	I	H	G	F	E	C	D	A	B
11月	J	I	H	G	F	E	C	F	A	B	J	I	H	G	F	B	J	I	H	G	F	E	A	B	J	I	H	G	F	E	
12月	C	D	A	B	J	I	C	H	E	F	D	C	B	A	I	J	G	H	E	F	D	C	B	A	I	J	G	H	E	F	D

2012年（平成24年）

	1	2	3	4	5	6	7	8	9	10	11	12	13	14	15	16	17	18	19	20	21	22	23	24	25	26	27	28	29	30	31
1月	C	B	A	I	J	G	H	E	F	D	C	B	A	I	J	E	F	D	A	I	J	G	H	E	F	D	C	B	A	I	J
2月	G	H	E	J	C	D	A	B	J	I	H	E	C	D	A	B	J	I	F	E	C	D	A	B	J	I	H	G	F		
3月	E	C	D	A	E	I	J	G	H	E	F	D	C	B	A	I	J	G	H	E	F	D	C	B	A	I	J	G	H	E	F
4月	D	C	B	A	I	J	G	H	E	F	D	C	B	J	G	H	A	B	J	I	H	G	F	E	C	D	A	B	J	I	
5月	H	G	F	E	I	D	A	B	J	I	H	G	H	G	F	E	C	D	A	G	F	E	C	D	A	B	J	I	H	G	F
6月	E	C	D	A	D	J	I	H	G	F	E	C	D	A	C	B	A	I	J	G	H	E	F	D	A	I	J	G	H	E	
7月	F	D	C	B	A	I	I	G	H	E	F	D	C	B	A	I	H	E	F	G	H	E	F	D	C	B	A	I	J	G	H
8月	E	F	D	C	B	A	G	I	H	G	F	E	C	D	F	E	C	D	A	B	J	G	F	E	C	D	A	B	J	I	H
9月	G	F	E	C	D	A	I	I	J	G	H	E	F	D	C	B	A	I	J	G	H	E	F	D	C	B	A	I	J	G	
10月	H	E	F	D	C	B	A	I	J	G	H	E	F	D	C	B	A	E	F	D	E	C	D	A	B	J	I	H	G	F	E
11月	C	D	A	B	J	I	I	G	F	E	C	D	A	B	F	E	C	D	A	B	J	G	F	E	C	D	A	B	J	I	
12月	H	G	F	E	C	D	H	A	I	J	G	H	E	F	D	C	B	A	I	J	G	H	E	F	D	C	B	A	I	J	G

2013年（平成25年）

	1	2	3	4	5	6	7	8	9	10	11	12	13	14	15	16	17	18	19	20	21	22	23	24	25	26	27	28	29	30	31
1月	H	E	F	D	C	B	A	I	J	G	H	E	F	D	A	D	J	E	F	D	C	B	A	I	J	G	H	E	F	D	C
2月	B	A	I	I	H	G	F	E	C	D	A	I	H	G	F	E	C	D	J	I	H	G	F	E	C	D	A	B			
3月	J	I	H	G	E	F	D	C	B	A	I	J	G	H	E	F	D	C	B	A	I	J	G	H	E	F	D	C	B	A	I
4月	J	G	H	E	F	D	C	B	A	I	J	G	H	E	C	B	A	F	E	C	D	A	B	J	I	H	G	F	E	C	
5月	D	A	B	J	I	H	G	F	E	C	D	A	D	A	B	J	I	H	G	A	B	J	I	H	G	F	E	C	D	A	B
6月	J	I	H	G	F	E	C	D	A	B	J	I	H	G	G	H	E	E	C	B	B	A	I	J	E	F	D	C	B	A	
7月	I	J	G	H	E	F	D	C	B	A	I	J	G	H	E	F	B	A	I	C	B	A	I	J	G	H	E	F	D	C	B
8月	A	I	J	G	H	E	E	C	D	A	B	J	I	H	B	J	I	H	G	F	E	A	B	J	I	H	G	F	E	C	D
9月	A	B	J	I	H	G	E	F	D	C	B	A	I	J	G	H	E	F	D	C	B	A	I	J	G	H	E	F	D	C	
10月	B	A	I	J	G	H	E	F	D	C	B	A	I	J	G	H	E	A	I	J	J	I	H	G	F	E	C	D	A	B	J
11月	I	H	G	F	E	C	D	A	B	J	I	H	G	F	B	J	I	H	G	F	E	A	B	J	I	H	G	F	E	C	
12月	D	A	B	J	I	H	H	E	F	D	C	B	A	I	J	G	H	E	F	D	C	B	A	I	J	G	H	E	F	D	C

※節日に生まれた方は、生まれた時刻により診断結果が異なる場合があります。

2014年（平成26年）

	1	2	3	4	5	6	7	8	9	10	11	12	13	14	15	16	17	18	19	20	21	22	23	24	25	26	27	28	29	30	31
1月	B	A	I	J	G	H	E	F	D	C	B	A	I	J	E	F	D	A	I	J	G	H	E	F	D	C	B	A	I	J	G
2月	H	E	F	C	D	A	B	J	I	H	G	C	D	A	B	J	I	H	E	C	D	A	B	J	I	H	G	F			
3月	E	C	D	A	B	I	J	G	H	E	F	D	C	B	A	I	J	G	H	E	F	D	C	B	A	I	J	G	H	E	F
4月	D	C	B	A	I	J	G	H	E	F	D	C	B	A	G	H	E	B	J	I	H	G	F	E	C	D	A	B	J	I	
5月	H	G	F	E	C	D	A	B	J	I	H	G	H	G	F	E	C	D	A	G	F	E	C	D	A	B	J	I	H	G	F
6月	E	C	D	A	B	J	I	H	G	F	E	C	D	A	B	B	A	I	G	H	H	E	F	D	C	I	J	G	H	E	
7月	F	D	C	B	A	I	J	G	H	E	F	D	C	B	A	I	H	E	F	G	H	E	F	D	C	B	A	I	J	G	H
8月	E	F	D	C	B	A	J	I	H	G	F	E	C	D	F	E	C	D	A	B	J	G	F	E	C	D	A	B	J	I	H
9月	G	F	E	F	D	A	B	I	J	G	H	E	F	D	C	B	A	I	J	G	H	E	F	D	C	B	A	I	J	G	
10月	H	E	F	D	C	B	A	I	J	G	H	E	F	D	C	B	A	E	F	D	E	C	D	A	B	J	I	H	G	F	E
11月	C	D	A	B	J	I	H	G	F	E	C	D	A	B	F	E	C	D	A	B	J	G	F	E	C	D	A	B	J	I	
12月	H	G	E	E	C	D	B	A	I	J	G	H	E	F	D	C	B	A	I	J	G	H	E	F	D	C	B	A	I	J	G

2015年（平成27年）

	1	2	3	4	5	6	7	8	9	10	11	12	13	14	15	16	17	18	19	20	21	22	23	24	25	26	27	28	29	30	31
1月	H	E	F	D	C	B	A	I	J	G	H	E	F	D	C	D	J	G	F	D	C	B	A	I	J	G	H	E	F	D	C
2月	B	A	I	I	H	G	F	E	C	D	A	I	H	G	F	E	C	D	J	I	H	G	F	E	C	D	A	B			
3月	J	I	H	G	F	F	D	C	B	A	I	J	G	H	E	F	D	C	B	A	I	J	G	H	E	F	D	C	B	A	I
4月	J	G	H	E	F	D	C	B	A	I	J	G	H	E	C	B	A	F	E	C	D	A	B	J	I	H	G	F	E	C	
5月	D	A	B	J	I	H	G	F	E	C	D	A	B	A	B	J	I	H	G	F	B	J	I	H	G	F	E	C	D	A	B
6月	J	I	H	G	F	E	C	D	A	B	J	I	H	G	F	H	E	F	C	B	B	A	I	J	G	F	D	C	B	A	
7月	I	J	G	H	E	F	D	C	B	A	I	J	G	H	E	F	B	A	I	C	B	A	I	J	G	H	E	F	D	C	B
8月	A	I	J	G	H	E	F	C	D	A	B	J	I	H	G	J	I	H	G	F	E	C	B	J	I	H	G	F	E	C	D
9月	A	B	J	I	H	G	F	F	D	C	B	A	I	J	G	H	E	F	D	C	B	A	I	J	G	H	E	F	D	C	
10月	B	A	I	J	G	H	E	F	D	C	B	A	I	J	G	H	E	F	I	J	G	I	H	J	F	E	C	D	A	B	J
11月	I	H	G	F	E	C	D	A	A	J	I	H	G	F	E	J	I	H	G	C	E	C	B	B	I	H	G	F	E	C	
12月	D	A	B	J	I	H	H	E	F	D	C	B	A	I	J	G	H	E	F	D	C	B	A	I	J	G	H	E	F	D	C

2016年（平成28年）

	1	2	3	4	5	6	7	8	9	10	11	12	13	14	15	16	17	18	19	20	21	22	23	24	25	26	27	28	29	30	31
1月	B	A	I	J	G	H	E	F	D	C	B	A	I	J	G	F	D	C	I	J	G	H	E	F	D	C	B	A	I	J	G
2月	H	E	F	C	D	A	B	J	I	H	G	C	D	A	B	J	I	H	E	C	D	A	B	J	I	H	G	F	E		
3月	C	D	A	B	I	J	G	H	E	F	D	C	B	A	I	J	G	H	E	F	D	C	B	A	I	J	G	H	E	F	D
4月	C	B	A	I	J	G	H	E	F	D	C	B	A	G	H	E	B	J	I	H	G	F	E	C	D	A	B	J	I	H	
5月	G	F	E	C	D	A	B	J	I	H	G	F	G	F	E	C	D	A	B	F	E	C	D	A	B	J	I	H	G	F	E
6月	C	D	A	B	J	I	H	G	F	E	C	D	A	B	B	A	I	J	G	H	E	F	D	C	I	J	G	H	E	F	
7月	D	C	B	A	I	J	G	H	E	F	D	C	B	A	I	J	E	F	D	H	E	F	D	C	B	A	I	J	G	H	E
8月	F	D	C	B	A	I	I	H	G	F	E	C	D	A	E	C	D	A	B	J	I	F	E	C	D	A	B	J	I	H	G
9月	F	E	C	D	A	B	I	J	G	H	E	F	D	C	B	A	I	J	G	H	E	F	D	C	B	A	I	J	G	H	
10月	E	F	D	C	B	A	I	J	G	H	E	F	D	C	B	A	I	F	D	C	C	D	A	B	J	I	H	G	F	E	C
11月	D	A	B	J	I	H	G	F	E	C	D	A	B	J	E	C	D	A	B	J	I	F	E	C	D	A	B	J	I	H	
12月	G	F	E	C	D	A	A	I	J	G	H	E	F	D	C	B	A	I	J	G	H	E	F	D	C	B	A	I	J	G	H

2017年（平成29年）

	1	2	3	4	5	6	7	8	9	10	11	12	13	14	15	16	17	18	19	20	21	22	23	24	25	26	27	28	29	30	31
1月	E	F	D	C	B	A	I	J	G	H	E	F	D	C	I	J	G	F	D	C	B	A	I	J	G	H	E	F	D	C	B
2月	A	I	J	H	G	F	E	C	D	A	B	H	G	F	E	C	D	A	I	H	G	F	E	C	D	A	B	J			
3月	I	H	G	F	F	D	C	B	A	I	J	G	H	E	F	D	C	B	A	I	J	G	H	E	F	D	C	B	A	I	J
4月	G	H	E	F	D	C	B	A	I	J	G	H	E	F	B	A	I	E	C	D	A	B	J	I	H	G	F	E	C	D	
5月	A	B	J	I	H	G	F	E	C	D	A	B	A	B	J	I	H	G	F	B	J	I	H	G	F	E	C	D	A	B	J
6月	I	H	G	F	E	C	D	A	B	J	I	H	G	F	H	E	F	D	C	B	A	I	J	G	F	D	C	B	A	I	
7月	J	G	H	E	F	D	C	B	A	I	J	G	H	E	F	D	A	I	J	B	A	I	J	G	H	E	F	D	C	B	A
8月	I	J	G	H	E	F	C	D	A	B	J	I	H	G	J	I	H	G	F	E	C	B	J	I	H	G	F	E	C	D	A
9月	B	J	I	H	G	F	F	D	C	B	A	I	J	G	H	E	F	D	C	B	A	I	J	G	H	E	F	D	C	B	
10月	A	I	J	G	H	E	F	D	C	B	A	I	J	G	H	E	F	I	J	G	I	H	G	F	E	C	D	A	B	J	I
11月	H	G	F	E	C	D	A	B	J	I	H	G	F	E	J	I	H	G	F	E	C	B	J	I	H	G	F	E	C	D	
12月	A	B	J	I	H	G	E	F	D	C	B	A	I	J	G	H	E	F	D	C	B	A	I	J	G	H	E	F	D	C	B

※節日に生まれた方は、生まれた時刻により診断結果が異なる場合があります。

2018年（平成30年）

	1	2	3	4	5	6	7	8	9	10	11	12	13	14	15	16	17	18	19	20	21	22	23	24	25	26	27	28	29	30	31
1月	A	I	J	G	H	E	F	D	C	B	A	I	J	G	F	D	C	I	J	G	H	E	F	D	C	B	A	I	J	G	H
2月	E	F	D	D	A	B	J	I	H	G	F	D	A	B	J	I	H	G	C	D	A	B	J	I	H	G	F	E			
3月	C	D	A	B	J	J	G	H	E	F	D	C	B	A	I	J	G	H	E	F	D	C	B	A	I	J	G	H	E	F	D
4月	C	B	A	I	J	G	H	E	F	D	C	B	A	I	H	E	F	J	I	H	G	F	E	C	D	A	B	J	I	H	
5月	G	F	E	C	D	A	B	J	I	H	G	F	G	F	E	C	D	A	B	F	E	C	D	A	B	J	I	H	G	F	E
6月	C	D	A	B	J	I	H	G	F	E	C	D	A	B	J	A	I	J	G	H	E	F	D	C	B	J	G	H	E	F	
7月	D	C	B	A	I	J	G	H	E	F	D	C	B	A	I	J	E	F	D	H	E	F	D	C	B	A	I	J	G	H	E
8月	F	D	C	B	A	I	I	H	G	F	E	C	D	A	E	C	D	A	B	J	I	F	E	C	D	A	B	J	I	H	G
9月	F	E	C	D	A	B	J	J	G	H	E	F	D	C	B	A	I	J	G	H	E	F	D	C	B	A	I	J	G	H	
10月	E	F	D	C	B	A	I	J	G	H	E	F	D	C	B	A	I	F	D	C	C	D	A	B	J	I	H	G	F	E	C
11月	D	A	B	J	I	H	G	F	E	C	D	A	B	J	E	C	D	A	B	J	I	F	E	C	D	A	B	J	I	H	
12月	G	F	E	C	D	A	A	I	J	G	H	E	F	D	C	B	A	I	J	G	H	E	F	D	C	B	A	I	J	G	H

2019年（平成31年）

	1	2	3	4	5	6	7	8	9	10	11	12	13	14	15	16	17	18	19	20	21	22	23	24	25	26	27	28	29	30	31
1月	E	F	D	C	B	A	I	J	G	H	E	F	D	C	B	J	G	H	D	C	B	A	I	J	G	H	E	F	D	C	B
2月	A	I	J	H	G	F	E	C	D	A	B	H	G	F	E	C	D	A	I	H	G	F	E	C	D	A	B	J			
3月	I	H	G	F	E	D	C	B	A	I	J	G	H	E	F	D	C	B	A	I	J	G	H	E	F	D	C	B	A	I	J
4月	G	H	E	F	D	C	B	A	I	J	G	H	E	F	B	A	I	E	C	D	A	B	J	I	H	G	F	E	C	D	
5月	A	B	J	I	H	G	F	E	C	D	A	B	J	B	J	I	H	G	F	E	J	I	H	G	F	E	C	D	A	B	J
6月	I	H	G	F	E	C	D	A	B	J	I	H	G	F	E	E	F	D	C	B	A	I	J	G	H	D	C	B	A	I	
7月	J	G	H	E	F	D	C	B	A	I	J	G	H	E	F	D	A	I	J	B	A	I	J	G	H	E	F	D	C	B	A
8月	I	J	G	H	E	F	D	D	A	B	J	I	H	G	F	I	H	G	F	E	C	D	J	I	H	G	F	E	C	D	A
9月	B	J	I	H	G	F	E	D	C	B	A	I	J	G	H	E	F	D	C	B	A	I	J	G	H	E	F	D	C	B	
10月	A	I	J	G	H	E	F	D	C	B	A	I	J	G	H	E	F	I	J	G	I	H	G	F	E	C	D	A	B	J	I
11月	H	G	F	E	C	D	A	B	J	I	H	G	F	E	C	I	H	G	F	E	C	D	J	I	H	G	F	E	C	D	
12月	A	B	J	I	H	G	E	F	D	C	B	A	I	J	G	H	E	F	D	C	B	A	I	J	G	H	E	F	D	C	B

2020年（平成32年）

	1	2	3	4	5	6	7	8	9	10	11	12	13	14	15	16	17	18	19	20	21	22	23	24	25	26	27	28	29	30	31
1月	A	I	J	G	H	E	F	D	C	B	A	I	J	G	H	D	C	B	J	G	H	E	F	D	C	B	A	I	J	G	H
2月	E	F	D	D	A	B	J	I	H	G	F	D	A	B	J	I	H	G	C	D	A	B	J	I	H	G	F	E	C		
3月	D	A	B	J	J	G	H	E	F	D	C	B	A	I	J	G	H	E	F	D	C	B	A	I	J	G	H	E	F	D	C
4月	B	A	I	J	G	H	E	F	D	C	B	A	I	H	E	F	J	I	H	G	F	E	C	D	A	B	J	I	H	G	
5月	F	E	C	D	A	B	J	I	H	G	F	E	F	E	C	D	A	B	J	E	C	D	A	B	J	I	H	G	F	E	C
6月	D	A	B	J	I	H	G	F	E	C	D	A	B	J	A	I	J	G	H	E	F	D	C	B	J	G	H	E	F	D	
7月	C	B	A	I	J	G	H	E	F	D	C	B	A	I	J	G	F	D	C	E	F	D	C	B	A	I	J	G	H	E	F
8月	D	C	B	A	I	J	H	G	F	E	C	D	A	B	C	D	A	B	J	I	H	E	C	D	A	B	J	I	H	G	F
9月	E	C	D	A	B	J	J	G	H	E	F	D	C	B	A	I	J	G	H	E	F	D	C	B	A	I	J	G	H	E	
10月	F	D	C	B	A	I	J	G	H	E	F	D	C	B	A	I	J	D	C	B	D	A	B	J	I	H	G	F	E	C	D
11月	A	B	J	I	H	G	F	E	C	D	A	B	J	I	C	D	A	B	J	I	H	E	C	D	A	B	J	I	H	G	
12月	F	E	C	D	A	B	I	J	G	H	E	F	D	C	B	A	I	J	G	H	E	F	D	C	B	A	I	J	G	H	E

※節日に生まれた方は、生まれた時刻により診断結果が異なる場合があります。

おわりに

「キャラナビ」は私がつくった造語です。キャラクター＋ナビゲーションの略語です。今では、ほとんどの車にカーナビがついていますね。一度カーナビつきの車に乗ってしまうと、もうついていない車には乗れません。しかも、音楽が聞けたり、情報が受け取れたりと、随分と進化してきています。

同じように、「キャラナビ」は人間関係のナビゲーションなのです。親子・兄弟・友人・恋人・夫婦などなど、私たちは様々な人間関係の中で生きています。最近特に問題になっているのが、親子の断絶や希薄になってしまった人間関係ではないでしょうか？　これらは、すべてコミュニケーション不足が原因だと私は思っています。

いま、「キャラナビ」が注目を集めているのは、単なる占いや性格診断ではなく、コミュニケーション・ツールとしての心理学だからだと思います。

私自身も、喫茶店や居酒屋に行くと、「私は黒ひょうなんだけど、あなたはなに？」とか、「オレは優雅なペガサスだぜ！　ペガサスの中にもいろいろあるんだぜ！」などと、動物キャラたちが至るところで活躍しているのを目の当たりにして、嬉しくなることがあります。

イメージ心理学の手法が功を奏して、若者を中心に浸透し、やがてその若者たちが社会人や主婦となり、さらにビジネスや子育てに活用してくれているからなのでしょう。また、ほかの占いとは違って、「この3年間は八方ふさがりです！」とか「あなたは、何をやっても上手くいきません」といった、脅しや否定的な表現を一切使っていないのも親しまれる理由のひとつかもしれません。なぜなら、個性心理學そのものが「みんなを勇気づけて、元気にする唯一の学問である！」と自負しているからです。

昨今では、個性心理學が企業に正式に導入されたり、学校のカリキュラムに入ったり、病院のシステムに取り入れられる時代になりました。もっともっと世間に普及して、教職課程に組み込まれたり、小学校の国語の教科書に載るようになれば、きっと学校も楽しくなるだろうと思います。先生も生徒も保護者も、みんな笑顔が少な過ぎると思います。

いまや、世界11か国にまで広がり親しまれている「個性心理學」ですが、海外では統一名称として「CHARANAVI」を使用しています。ただ、フランスでは「CH」の発音を「キャ」と発音しないため、「animalogie」として発表しました。これも造語で「アニマル」と「サイコロジー」を組み合わせたものです。ですから、フランスではConnaissez vous animalogie?（キャラナビを知ってる?）などと聞かれます。すでに、英語版・中国語版・台湾版・韓国語版・フランス語版・フィンランド語版が出版されていますが、今後はさらにフィリピン語版・インドネシア語版・ヒンドゥ語版など、アジア圏からドイツ語・イタリア語・ポルトガル語など、世界の言語に翻訳され、地球規模でキャラナビが浸透することを目指しています。

私の夢は、オリンピックで世界の選手団がみんな自分のキャラのワッペンを胸に貼って登場することなのです。こんな話をすると笑われてしまいますが、かつて、人間が空を飛んで移動することを、誰も考えつきませんでしたし、ポケットの中に電話を入れて持ち歩くことなんて、想像すらできませんでした。いつか私の夢が実現し、この地球上から戦争がなくなる時代がくることを願っています。

いま、この原稿を、私はタイランドのバンコクで書いています。ちょうど、バンコクの駐在員のご夫人方に、個性心理學の講演会を企画したためです。おかげさまで、タイランド初の講演会は大盛況でした。キャラナビ・タイランドの設立準備室もできました。5日間バンコクに滞在していますが、キャラナビは予想以上に大人気で、私の周辺は、連日連夜、個性心理學の話で持ち切りです。

あわせて、タイランド初の資格認定講座を特別に開催し、タイ国籍を持つ山本元氏が、見事タイランドで第一号の個性心理學認定講師及び認定カウンセラーの資格を取得されました。

山本元さん、本当におめでとう！　そして、本当にありがとう!!

これからは、日本人だけでなく、広く国外の方々にも資格を取得してもらって、キャラナビの普及が加速するよう、私も精一杯世界中を飛び歩こうと思っております。つまらない常識や古い慣習や、固定概念を捨てて、世界に通用する、強くて、楽しい日本人になりましょう。そのために大いにキャラナビを活用し、自分に自信を持って、自分らしく、日本人らしく生きてください。卑屈になることはありません。自分を卑下してもいけません。誇らしく生きていきましょう。

このキャラナビは、日本ではまだ稀少な「文化の輸出」になるに違いありません。世界中で人気の日本製アニメだけでなく、キャラナビもまた、「文化」として世界に定着するものと、私は確信しています。そのキャラナビ発祥の国である日本に、もっと元気になってもらいたいとも願っています。

私の使命は、これから始まるのだと自負しています。今後は、健康に留意し、80歳までなんとか現役のまま、キャラナビの普及活動に努めようと思います。個性心理學の創始者であり、動物キャラナビの生みの親として、私は「伝道師」となってこれを伝えなければならないのです。どうか、みなさん、お力をお貸しいただけないでしょうか？

本書に掲載されている「杉の木の両親と松の木の子どものお話」などは、ぜひ子育て中のお友だちにも知らせてあげてください。

みなが世界平和を願っておられましょう。でもその前に、私たちひとりひとりの心が、平穏でなくてはなりません。本書が、少しでもそのお役に立てれば幸いです。

タイランド・バンコクのホテルにて
個性心理學研究所　所長　弦本將裕

弦本將裕 Masahiro Tsurumoto

[磨き上げられたたぬき]

1957年、東京都生まれ。学習院大法学部卒。明治生命保険相互会社勤務を経て、97年、個性心理學研究所を設立。世界で初めて、12の動物キャラを使った個性心理學を発表。現在、世界11か国で翻訳され、広く支持を得ている。所属の認定講師・カウンセラーは、国内だけで1500人超。著書も40冊を超え、累計500万部を誇る。執筆活動のほか、講演活動にも熱心で、全国各地を飛び回る日々。主な著書に、『ラブ・ナビ』(集英社)『動物キャラナビ』シリーズ(日本文芸社)、『動物キャラナビ～心と身体の相性診断～』(ソーシャルメディア出版)、『こどもキャラナビ』(世界文化社) ほか多数。

装丁 ○ 村沢尚美(NAOMI DESIGN AGENCY)[ネアカの狼]

本文デザイン&ディレクション ○ 本橋 健(Natty Works)[面倒見のいい黒ひょう]

カバー&本文イラスト ○ 西川伸司[落ち着きのあるペガサス]

構成 ○ 稲田美保[協調性のないひつじ]

動物《どうぶつ》キャラナビ[バイブル]

2013年4月30日　第1刷発行

著　者　弦本將裕《つるもとまさひろ》［磨き上げられたたぬき］

発行人　髙橋あぐり［頼られると嬉しいひつじ］

編集人　水木　英［フットワークの軽い子守熊］

発行所　株式会社 集英社
〒101-8050 東京都千代田区一ツ橋2-5-10
TEL　編集部：03(3230)6205
販売部：03(3230)6393
読者係：03(3230)6080

プリプレス　Natty Works
印　刷　図書印刷株式会社
製　本　ナショナル製本協同組合

　ISBN 978-4-08-780675-5 C0076